KB035404

비즈&노믹스

지식 세상 만드는 깊고 다양한 생각

비즈&
노믹스

홍기영 매경이코노미 칼럼집

매일경제신문사

일러두기

칼럼의 생생함을 살리기 위해 시의성 있는 단어와 문장을 연재 당시 그대로 수록하되 독자들의 혼선을 막기 위해 〈매경이코노미〉 게재 날짜를 병기했습니다. 단, 일부 칼럼은 현재 상황에 맞게 수정 및 보완을 했습니다.

역사는 과거와 현재의 대화이자 도전과 응전의 기록이다. 역사는 반복된다. 그래서 우리는 역사를 통해 미래를 내다본다. 기자는 글쟁이다. 글 쓰는 게 평생의 업業이다. 기자는 조선시대 사관史官과 다를 바 없다. 기자가 쓴 기록은 역사의 사료史料가 된다. 기자는 감동과 슬픔, 분노, 충격과 회한 등 지금의 시대가 분출하는 입체적인 스토리를 전달하는 '메신저'다.

기자는 시대적 소명의식召命意識을 지녀야 한다. 기자는 시대의 트렌드를 파악하고 앞서간다는 사명감을 가져야 한다. 기자는 편견이 없어야 한다. 기자의 생각이 올곧아야 과장되거나 왜곡 없는 기록이 가능하다. 미디어 산업 내 경쟁은 치열해진다. 정확한 정보를 해석하고 남보다 한발 먼저 전달하려면 긴장 속에 피나는 노력을 기울일 수밖에 없다.

많은 언론인이 글을 쓰면서 대안을 제시하지 않고 남의 허물이나 문제점만 들추어내는 데 혈안이 되는 경우가 비일비재하다. 거창하게 시작하지만 용두사미龍頭蛇尾에 그치는 글도 수두룩하다. 글은 읽을 만한 가치가 있어야 사람들이 공감한다. 중량감이 있는 콘텐츠를 담아야 한다. 아무리 글재주가 뛰어난 저작이라도 알맹이가 없으면 미사여구美辭麗句에 불과하다.

나는 매일경제신문사에서 기자와 주요 데스크를 역임하면서 많은 기사와 칼럼을 썼다. 하지만 아무리 특종 기사, 명칼럼이라고 해도 글은 시간이 흐를수록 때를 탄다. 글을 쓸 당시와 시대 상황이 크게 달라지기 때문이다. 참신함과 시의성이 떨어진다. 예전에 쓴 글을 그대로 책으로 묶어내는 건 다소 낯 뜨거운 일이다. 그래도 변함없는 진리는 존재하는 법이다.

《비즈&노믹스》는 나의 첫 칼럼집이다. 칼럼집이 늦어진 건 "나중에 내면 되지"하는 게으름 때문이기도 하다. 〈매경이코노미〉 국장으로 재직해 온 2년여 동안 대한민국에서 주목받은 사건과 이슈를 다룬 〈매경이코노미〉 '홍기영 칼럼'을 책으로 엮었다. 불확실성의 시대에 의미 있는 이슈를 반추反芻한 글은 독자의 지식과 판단력을 높이는 데 다소나마 도움이 될 수 있다는 생각에서 책을 내기로 마음먹었다. 구슬이 서 말이라도 꿰어야 보배라는 옛말이 있지 않은가. 졸고拙稿를 다시 꼼꼼히 읽으면서 다듬고 수정을 가했다.

이 책은 '뉴노멀New Normal'로 굳어진 저성장기의 글로벌 경제와 대한민국 기업, 금융산업, 그리고 사회 각계각층에서 일어난 현상을 재조명하고 있다. 브렉시트, 취업난, 고령화, 제조업 위기, 구조조정, 롯데가의 경영권분쟁, 땅콩회항 등 격동기 중대 사건과 이슈를 다룬다. 글재주가 남달리 빼어나거나 화려하진 않지만 지금의 글은 내가 매일경제신문사에서 기자, 차장, 부장, 부국장으로 27년 동안 취재 현장에서 뛰면서 축적된 지식의 앙금이다.

내가 〈매경이코노미〉에서 경험하는 일상도 글의 좋은 소재가 됐다. 〈매경이코노미〉는 국내 주간지 시장에서 1등을 달리는 국내 최정상 매거진이다. 정관계 유력 인사를 비롯해 기업인, 학자 등 수많은 대한민국 오피니언 리더가 열독하고 피드백을 보낸다. 〈매경이코노미〉를 제작하는 총책임자로서 본인은 기자들과 함께 심층 분석기사, 국내외 최신 경제 동향과 미래 예측, 통찰력을 갖는 칼럼, 인문학적 지식 등 다방면의 유익한 읽을거리를 독자에게 제공하는 데 역점을 둔다.

매주 마음에 딱 드는 주제의 칼럼을 쓰는 일이 쉽지만은 않다. 어쩌다 주제를 찾지 못해 고민하다 바쁜 행사까지 겹치면 초읽기에 몰려 난감할 때가 많다. 원고 마감을 앞두고 초조한 마음에 잠을 제대로 이루지 못하기 십상이다. 마치 먹구름이 낀 경제의 해법이 잘 보이지 않는 상황과 다를 바 없다. 다양한 시도와 고민 끝에 섬광같이 번뜩이는 아이디어가 떠오른다. 그리곤 극적으로 칼럼을 마무리하곤 한다.

나는 현실이 묻는 질문에 대답을 하는 형식으로 글을 쓴다. 현실에 의미를 부여하고 좌표를 획정하며 시대정신時代精神을 간파하고자 애를 쓴다. 주어진 제약조건에서 최선의 해답을 찾아내기 위해 책과 신문을 뒤지면서 소재를 찾고 생각하며 고민한다. 어떤 선택이든 초래할 미래의 결과도 예상해본다.

기자 생활에서 해외 연수는 재충전의 기회다. 덮었던 경제학 책을 펴고 집중적으로 심도 있게 공부할 수 있었던 점은 나에게 대단한 행운이었다. 미국 미주리대학교 경제학과에서의 유학생활은 만학도로서 경제와 경영, 그리고 금융 분야의 학문을 다시 천착하면서 지적인 발전을 기하는 데 큰 힘이 됐다. 요즘 각광받는 플랫폼 전략에 대한 이해를 높일 수 있는 호기였다. 그 결과 나는 2014년 노벨경제학상 수상자로 선정된 장 티롤Jean Tirole 프랑스 툴루즈 제1대학교 교수의 다면시장多面市場, Multi–Sided Markets 이론을 국내 언론에 처음 소개했다고 자부한다.

나는 칼럼에서 경영과 경제의 융합을 시도한다. 다차원적 대안 제시를 위해서다. 글마다 다른 이슈를 다루지만 경제·경영학적 관점에서 서로 연결돼 있다. 통섭統攝을 지향하는 것이다. 기업 경영과 나라 경제는 떼려야 뗄 수 없는 관계에 있다. 구름 잡는 이론은 내용이 공허하다. 지식은 현실과 연결돼야만 빛나고 진정한 의미를 갖는다. 그래서 칼럼집 제목을 '비즈&노믹스'로 정했다. 책 부제는 '지식 세상 만드는 깊고 다양한 생각'으로 지었다. 투자자, 기업인, 정부 관계자 등 경제 주체의 선택과 의사결정에 도움이 됐으면 하는 의도에서다.

글은 한번 쓰면 계속 다듬어야 좋은 글이 된다. 절차탁마切磋琢磨라는 말처럼 쓰고 압축하고 읽으면서 고치고 다듬는 퇴고推敲의 과정을 거듭한다. 미완성 단계의 글을 다시 읽을 때마다 새로운 생각이 떠오른다. 글을 수도 없이 읽다 보면 교열상의 오류뿐만 아니라 동어반복同語反覆, 상투적인 표현 같은 어색한 점이 속속 드러난다. 전체 구성에도 신경을 쓰는데 처음 설계한 글의 틀이 마지막 단계엔 많이 달라진 모습이 된다. 그래도 좀처럼 깔끔하게 완성됐다는 생각이 들지는 않는다. 뭔가 부족하고 미흡하다는 생각뿐이다.

이 책은 사회, 경영, 경제, 금융 등 네 분야로 구성돼 있다. 독자는 어느 페이지든 흥미로운 주제를 선택해 자유롭게 읽으면 될 듯싶다. 모든 일은 나 혼자 한 게 아니다. 주변의 도움을 적잖게 받았다. 칼럼에 각각 삽입된 사진은 〈매경이코노미〉 표지로 사용된 그래픽 신기철 일러스트레이터 제작을 활용했다. 나를 믿음과 사랑으로 내조하면서 때론 냉철한 비판자로서 문제점을 지적하고 격려를 아끼지 않은 평생의 반려, 아내에게 이 책을 바친다.

무더위가 기승을 부린
2016년 7월 집무실에서
홍기영

CONTENTS

머리말   5

/ PART 01 / 사회

九折羊腸 같은 세상, 羊 이야기   16

교육개혁의 골든타임   20

가족, 사랑 그리고 죽음   24

소통 리더십 강화하라   28

분노조절장애의 심리학   32

다시 읽어야 하는 《懲毖錄》   36

'野神' 김성근의 흔들리는 리더십   40

구멍 난 방역시스템과 메르스發 충격   44

배신·복수…不通 리더십   48

〈연평해전〉과 '내부의 적들'   52

편견을 깨는 〈복면가왕〉   56

난민의 정치경제학   60

'셰프 전성시대' 언제까지   64

政爭보다 民生이 최우선   68

로스쿨 vs 司試 운명은?   72

馬上封侯처럼 승승장구하길 염원하며   76

노인대책 급하다 전해라   80

수포로 돌아간 노사정 대타협   84

'응답하라' 추억의 신드롬   88

국가개조 첫 단추는 정치개혁   92

일파만파 '정운호 스캔들'   96

/ PART 02 / 경 영

한국에 상륙한 이케아 가구　102

불황기 대박상품 비결　106

파괴자 우버와 공유경제　110

복원력 강화로 치유하라　114

沒入으로 不況 이겨내자　118

제조업 위기돌파 전략은　122

기업 어닝쇼크 극복하라　126

플랫폼-모듈 전략의 혁신　130

실패한 미망인 해운 경영　134

걱정되는 트럼프 신드롬　138

이재용, 뉴삼성 미래도전　142

평판경영에 실패한 옥시　146

땅콩회항과 오너 리스크　150

폭스바겐 사건의 교훈　154

갑질사회와 기업인 도덕성 회복　158

재벌家 경영권 분쟁史　162

재계 '왕자의 난' 예방하라　166

有錢重罪 역차별 시정…기업총수 뛰게 하라　170

기업인만 잡는 '부패와의 전쟁'　174

창업 걸림돌 뿌리 뽑아라　178

무작정 청년창업 '버블' 우려　182

세계5대 와인품평회 '베를린와인트로피'　186

/ PART **03** / 경제

노벨경제학상 수상자, 단통법을 꾸짖다   192

로봇과 제4차 산업혁명   196

일자리 소멸과 미래 직업   200

원격의료, 노인과 로봇의 만남   204

13월의 세금폭탄 유감   208

샌드위치 한국호의 선택   212

경제예측 신뢰 회복하라   216

아베노믹스에 뒤진 초이노믹스   220

'2,000만 요우커' 대비하라   224

청년실업 탈출구를 찾아라   228

비상 걸린 수출을 살려내라   232

점화된 '내수 살리기 운동'   236

G2+신흥국 위험 주의보   240

YS서거·외환위기의 교훈   244

진흙탕 各自圖生으로 통과하기   248

일자리 소멸과 미래 직업   252

주택 공급〉수요 '경고등'   256

중국 '공급 측 개혁' 주목하라   260

서비스업 혁신만이 살길   264

최저임금 인상과 기본소득 도입 논쟁   268

/ PART **04** / 금융

세계는 핀테크 전쟁…   274
한국만 낙오할 순 없다

靑 문고리 권력과 서금회   278

고령화와 노동·연금개혁   282

福不福 이기는 주식투자   286

백만장자 보고서 유감   290

삼성 공격한 엘리엇 꼼수   294

美 금리인상에 대비하라   298

은행 수수료 자율화 해법   302

험로 넘어야 하는 '금융빅뱅'   306

삼성페이의 결제혁명   310

P2P·인터넷은행과 중금리 대출   314

박현주 도전은 계속된다   318

딜레마에 빠진 금리정책   322

ISA 가입하면 대박이 난다?   326

국책은행 자본확충 유감   330

"자산 140조 원 아시아   334
40위 금융그룹 도약"

'투뱅크' 상품·서비스·스피드 차별화   340

사회

SOCIETY

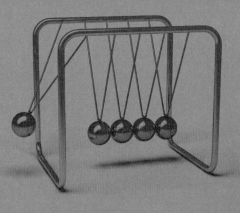

〈매경이코노미〉 2015.1.1

九折羊腸 같은 세상, 羊 이야기

양은 순수함, 평화, 희생, 공동체, 그리고 효심의 표상
과거의 잘못을 반성하는 亡羊補牢의 자세로 새출발을

    10여 년 전 취재차 아랍에미리트 두바이를 방문했을 때의 일이다. 금강산도 식후경이라고 점심 때 현지 한식당을 어렵사리 찾았다. 일행을 안내한 가이드가 불고기를 주문했는데 두툼한 고깃살에서 나는 향미가 독특했다. "이건 소고기가 아니잖아?" 맛을 보고 깜짝 놀랐다. "먹을수록 괜찮네." 뼈를 발라낸 양고기에 간을 맞춰 불에서 구워 먹도록 조리법을 바꾼 것이다. 금방 중동 고유의 풍미에 혀가 반했다. 소 대신 양을 쓴다는 이양역우以羊易牛가 잘 맞아떨어진 케이스다.

    중동에선 동물 가운데 양의 가치가 으뜸이다. 조상이 유목민인 중동 사람들은 양고기를 즐겨 먹는다. 양고기는 상온에서 금방 상하지 않고 영양이 풍부하다. 소고기나 돼지고기, 닭고기와 같은 육류가 쉽게 부패하는 것과 큰 차이다. 양젖 또한 중요한 영양 공급원이자 식재료

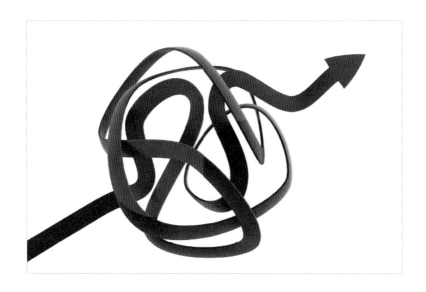

다. 양가죽으론 가방을 만든다. 고기에서 털, 가죽, 뼈에 이르기까지 양은 버릴 것이 하나도 없다. 양은 건조하고 척박한 땅에서도 잘 자란다. "젖과 꿀이 흐르는 땅"이란 구약성경 표현은 실제론 양을 키울 정도로 풀이 있고 대추야자가 자라는 생명의 땅을 지칭한다.

갑은 지고 을이 떴다. 갑오년甲午年이 저물고 을미년乙未年 새해가 밝았다. 2015년은 청양靑羊의 해다. 양은 성질이 온순하고 무리를 지어 산다. 참을성 많고 욕심을 내지 않으며 싸우거나 다른 동물을 해치지도 않는다. 양띠 사람은 인정이 많고 성실하며 화합하는 성향이 강하다고 한다. 그래서 사려 깊고 인간관계가 원만하며 단체생활을 잘한다는 평을 듣는다. 자연과 운명에 순응하는 양은 평화를 상징하는 동물이다. 비발디가 작곡한 모테토 〈세상에 참 평화 없어라〉가 전하는 잔잔한 감동은 석양이 지는 초원에서 풀을 뜯는 양떼를 떠올리게 한다.

양은 희생의 표상이다. 양은 인간의 죄를 사해 달라고 신에게 바치는 제물로 쓰였다. 속죄양 贖罪羊, Scapegoat 또는 희생양 犧牲羊이 바로 그것이다. 과거에는 염소 山羊, Soat 와 양 綿羊, Sheep 이 혼동돼 쓰인 결과다. 또한 양은 효 孝의 상징이기도 하다. 늙어서 기력을 잃은 부모 양에게 자식 양이 젖을 물려 봉양할 정도로 효심이 깊다고 한다.

또한 양은 순수하고 선하다. 그렇지만 평범하다. 이와 관련해선 겉과 속이 다르다는 뜻의 사자성어가 생겨났다. 양두구육 羊頭狗肉은 양 머리를 걸어놓고 개고기를 판다는 뜻으로, 말과 행동이 일치하지 않음을 의미한다. 양의 몸에 호랑이 가죽을 걸친다는 양질호피 羊質虎皮는 겉모습이 화려하지만 실속이 없음을 뜻한다.

무리에서 이탈하는 어린 양도 있다. 다기망양 多岐亡羊은 달아난 양을 찾다가 여러 갈래 길에 이르러 길을 잃었다는 말로, 학문의 갈래가 너무 많아 참된 진리에 도달하기 어렵다는 의미다. 신약성경에서 양은 공동체다. 예수의 비유는 100마리 가운데 한 마리의 양을 잃어버린 목자가 어린양을 끝까지 찾아 나서는 모습을 전한다. 이는 돌아온 탕자와 마찬가지로 공동체가 온전하게 회복되는 것을 강조하는 스토리다.

최고의 스릴러 영화 〈양들의 침묵〉에서 FBI 훈련생 클라리스 스탈링 조디 포스터 扮은 악몽에 시달린다. 어린 시절 몬타나 목장에서 달아나며 어린 양들의 비명소리를 듣고 우리의 문을 열어주었지만 양들은 도망가지 않는다. 양 한 마리라도 구하기 위해 양을 들고 뛰지만 곧 보안관에게 붙들린다. 스탈링의 내면적 측면에서 양을 구해주지 못한 기억은 현재 그녀를 속박하는 내면의 장애가 된다. 도망가고 싶어도 도망갈 수 없는 가엾은 양들을 그녀는 자신과 동일시한다. 버려진 양들에게 느끼는 측은함과 미안함이 그녀에게 트라우마가 되었다. 그녀 내부에서는 양이 비명을 지르며 그녀를 괴롭히고 현실에서는 납치된 희생자가 비명을 지르며 그녀에게 구원을 요청한다.

지난 2014년은 세월호 참사 등 숱한 사고로 얼룩진 해였다. 양을 잃고 난 후 울타리를 고친다는 망양보뢰亡羊補牢라는 사자성어가 있다. 잃어버린 양이 아쉽지만 자포자기하지 않고 예전보다 훨씬 튼튼하게 울타리를 보수해 남은 양을 잘 키워야 한다는 교훈이다. 과거 실수를 인정하고 잘못을 개선해 훗날 더 큰 실수를 막고 새로운 도약과 발전의 계기로 삼아야 한다는 얘기다.

아홉 번 굽어진 양의 창자처럼 세상이 복잡해 살아가기 어렵다는 구절양장九折羊腸의 시기다. 경제는 먹구름 사이에 간간이 희망의 햇살이 비추기를 반복한다. 지표상으론 다소 나아진다곤 하나 서민이 체감하는 경기가 좋아질지는 미지수다. 양과 같은 깊은 생각, 인내와 결속으로 위기를 넘어야 한다. 그래서 푸른 풀밭의 양떼처럼 행복하고 평화로운 세상이 되길 소망한다.

〈매경이코노미〉 2015.2.11

교육개혁의 골든타임

공교육 낙제점·사교육 부담 가중…성장사다리 사라져
학교수업 정상화·質 향상…파행적 교육시스템 바꿔야

오랜 친구나 지인을 만나 함께 식사할 때 빠지지 않는 단골 메뉴는 '자식 농사' 얘기다. "자녀는 어느 학교 다니지?" "공부 잘하나?" "졸업 후 무엇을 시킬 건가?" 자존심 상하는 질문이라도 받으면 얼굴이 후끈 달아오르기 십상이다. 본인 잘못도 아닌데 '미생' 부모는 자식 일로 좌불안석이 된다.

모든 자식이 다 잘된다면 오죽 좋으랴. 공부든 직장이든 부모 뜻대로 된다는 보장은 없다. 우리 사회는 남과 비교하고 체면을 중시한다. 자녀의 진학과 취업, 결혼은 부모가 이뤄야 할 목표가 돼버렸다. 대기업 임직원 65%가 노후 준비를 못하는 이유로 자녀 교육과 결혼을 꼽았다. 집까지 장만해서 자식을 장가보내고 나면 허리가 휠 정도다.

부모도 힘들지만 요즘 자녀는 부모 세대보다 더 불행하다. 초등학교 고학년부터 선행학습에 친구들과 숨 막히는 경쟁을 벌인다. 방과

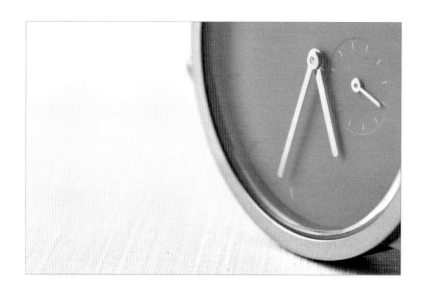

후 학원 수업에 휘둘려 지칠 대로 지친다. 주입식 수업에 청소년은 창의성과 활기를 잃어간다. 성적 지상주의에 함몰돼 꿈과 희망을 제대로 그리질 못한다. '행복교육'은 머나먼 일이다.

버락 오바마 미국 대통령은 한국 교육을 극찬하며 높이 평가한다. 하지만 그 내면을 잘 몰라서 하는 소리다. 학원 경쟁력은 세계 으뜸이지만 공교육은 낙제점이다. 학교 수업은 맞춤형 족집게식 강의로 무장한 사교육을 따라가질 못한다. 파행적인 교육 현실은 부모의 무한 희생과 경제적 낭비를 초래한다. 학부모는 이중 삼중 교육비 부담에 등골이 휜다. 덜 먹고 덜 입고 마른 수건을 쥐어짜도 부족할 판이다.

서울 강남 집값과 전월셋값이 치솟는 건 교육열 탓이 크다. 유명 학원과 명문 학교 주변 아파트는 가격이 고공행진을 이어간다. 열성 부모는 빚을 내서라도 좋은 학군으로 집을 옮긴다. 맹모삼천孟母三遷을 능가하는 헌신이다. 사교육비는 가중되는 주거비, 1,200조 원을 넘은 가계부채와 맞물려 고통의 3곡선을 그린다.

사실 자녀가 좁은 문을 뚫고 대학에 들어가도 본게임은 시작일 뿐이다. 학점, 스펙 쌓기에 고생길이 훤하다. 인문계는 해외 어학연수를 다녀와야 기업에 입사원서를 낼 스펙을 갖추게 된다. 취업난에 대기업이나 금융회사 같은 '좋은 직장'에 들어가긴 하늘의 별 따기다. 경영학과를 졸업하는 것보다 이공계가 유리하다. 많은 대학생이 졸업유예제에 매달려 사회 진출을 늦춘다. 명문대 출신도 입사 시험·면접에서 좌절을 맛본다. '기러기 아빠'의 눈물로 키운 해외 유학파라고 다른 대접을 받을 리 없다.

박근혜 대통령은 2014년 아쉬운 일로 가계부채, 전월셋값 급등과 함께 청년 실업을 꼽았다. 청년 고용률은 정부 목표 70%는커녕 경제협력개발기구OECD 평균에도 10%포인트 밑돈다. 청년 실업률은 12%대로 치솟으며 외환위기 이후 최고치를 기록했다.

재산과 함께 학벌도 대물림된다. 돈이 없으면 입신양명의 기회조차 잡기 힘들다. 사법·외무고시 폐지 대신 로스쿨과 국립외교원이 생겼다. 법조인과 외교관 등용문은 부유층 전유물이 되고 만다. 계층 상승의 길인 성장사다리가 사라진다. 개천에서 용 나는 일은 꿈도 못 꾼다. 소득 양극화는 사회적 결속을 깨고 정치적 갈등만 키울 뿐이다.

교육은 국가의 백년대계다. 박 대통령은 공공기관, 노동, 금융 등 4대 개혁 부문 가운데 핵심이 교육개혁이라고 밝혔다. 세계 경제학계에 신선한 파장을 일으킨 《21세기 자본》의 저자 토마 피케티도 "교육은 성장률을 끌어올릴 수 있다"며 "부의 불평등을 해소하기 위해 공교육 강화가 중요하다"고 주장했다. 정부는 공교육 정상화를 교육정책의 최우선 과제로 삼아야 한다. 교사와 수업의 질 향상에 총력을 기울여야 할 것이다.

이를 위해서 정부가 해야 할 일은 수없이 많다. 학교 교실의 낡은 책걸상 교체 등 수업 환경 개선이 절실하다. 무상교육보다 우수 교사를 양성해 교육 격차를 해소해야 한다. 격무에 시달리는 교사들에게 수업 준비와 학생 지도 이외의 행정업무 부담을 덜어줘야 한다. 컴퓨터 프로그램과 온라인 교재를 활용한 이러닝도 적극 보급을 확대해야 할 것이다. 아울러 학생 실력의 하향평준화가 아니라 모든 고교 경쟁력을 자사고 수준으로 끌어올린다는 각오가 필요하다. 대학 평가와 구조조정에도 만전을 다해야 할 것이다. 이른바 '교육혁명'으로 중산층의 몰락을 막고 빈부격차를 해소해야만 대한민국의 미래가 밝다.

〈매경이코노미〉 2015.3.4

가족, 사랑 그리고 죽음

운명愛는 인간의 위대함…매일 최선 다하는 자세 필요
죽음은 삶의 일부…웰다잉으로 후회 없는 生을 살아야

　중년 가장의 죽음 앞에 기적은 없었다. 2015년 2월 15일 방송을 마친 KBS2 연속극 〈가족끼리 왜 이래〉는 우리의 삶을 되돌아보게 한 드라마였다. 주말 저녁 안방 시청자를 웃게 하고 때론 울린 이 드라마는 40%대의 높은 시청률을 기록하며 큰 인기를 모았다.

　"나답게 살아본 적이 없다"며 고뇌하는 주인공 차순봉_{유동근 扮}. 장남을 의사로 키웠지만 그는 말기 암으로 3개월 시한부 인생을 선고받는다. 자신들만 생각하는 자식들에게 그는 생뚱맞은 소원을 마지막으로 부탁했다. '가족 노래자랑'을 열어 즐거운 시간을 갖자는 것. "거친 바람 속을…, 나 외롭게 걸어왔네…, 스쳐간 그 인연들, 아름다웠던 추억에 웃으며 인사를 해야지…." 애절한 선율의 〈길 위에서〉_{최백호 노래}를 부르며 그는 생을 마감하는 하직인사를 했다. 그가 세상에 남긴 것은 끈끈한 가족 사랑이었다.

또 다른 화제작 〈님아, 그 강을 건너지 마오〉는 노부부의 지고지순
한 사랑을 그린 다큐멘터리 영화다. 백발 부부는 76년을 신혼같이 연
애하듯 알콩달콩 살았다. 희로애락을 같이한 평생의 반려(伴侶)는 최후
의 순간을 맞는다. 기력이 다한 할아버지는 마지막 거친 숨을 몰아쉰
다. 함박눈이 펑펑 내리는 날, 할머니는 무덤 앞에 주저앉아 할아버지
가 입던 한복을 하나둘씩 불에 태우며 통곡한다.

우리는 죽음에 대한 고통과 두려움에 절망하고 좌절한다. 죽음을
눈앞에 두고 평생 최선을 다하지 못한 자신의 삶을 후회한다. "다시
산다면 정말 의미 있는 생애를 살아볼 텐데"하는 아쉬움에 휩싸인다.

사랑하는 가족과 대화하고 충분한 시간을 보내지 못했다는 자책감을 느낀다.

"천국에서 만나면 나를 알아보겠니?" 에릭 클랩튼이 노래한 〈Tears in Heaven〉의 첫 소절이다. 이 노래는 아파트에서 추락사한 5살짜리 아들에게 클랩튼이 보내는 편지 형식으로 탄생된 곡이다. 자식 잃은 슬픔을 딛고 강인한 삶을 살아가겠다는 아빠의 의지를 담고 있다. 최근 부인 박영옥 여사와 사별한 김종필 전 국무총리는 정치인답게 "대통령 하면 뭐하나, 다 거품 같은 거지…, 미운 사람이 다 죽는 것을 확인하고…, 죽을 때까지 아프지 않고 숨을 거두는 것이 승자"라고 말했다.

셸리 케이건 미국 예일대 교수는 예일대 최고 명강의 '죽음'의 주인공이다. 케이건 교수는 죽음이 4가지 특성을 가진다고 설명한다. 누구나 반드시 죽는다필연성. 사람마다 수명이 다르다가변성. 언제 죽을지 알 수 없다예측 불가능성. 어디서나 죽을 수 있다편재성. 윤회와 환생, 부활이 가능한지에 대해 "사후 세계는 없다"고 주장하는 케이건은 "지금 소중한 사람들과의 삶이 가장 중요한 가치"라고 말했다.

췌장암으로 짧은 일생을 마친 애플 창업자, 스티브 잡스. 아이폰을 개발해 스마트폰 세상을 연 장본인이다. 그는 죽음을 긍정의 에너지로 승화시킨 혁신적 기업가였다. 잡스는 "삶이 만든 최고의 발명은 죽음"이라고 말했을 정도다. 그는 매일 아침 거울을 보면서 "오늘이 내 인생의 마지막 날이라면?"이라는 질문을 스스로에게 던져 삶의 변화를 시도했다고 한다.

메멘토 모리Memento Mori, 네가 죽을 것을 기억하라. 매 순간 죽음을 의식하면서 살아가야 한다는 라틴어다. 죽기 아니면 살기 식으로 매사에 임한다면 무엇이든 못할 게 없다. 지금보다 더 나은 삶을 살라는 주문이다. 아모르 파티Amor Fati, 운명을 사랑하라. 독일 실존주의 철학자 프리드리히 니체는 "필연적인 운명을 긍정하고 운명을 감수할 뿐 아니라 오히려 운명을 사랑하는 것이 인간의 위대함을 보여주는 것"이라고 주장했다.

100세까지 팔팔하게 산다지만 삶의 질質이 문제다. 아프거나 외롭거나 굶주리면 소용이 없다. 죽음을 이기는 묘약은 없다. 17세기 철학자 블레즈 파스칼의 충고에 따르면 선하고 경건하게 사는 것이 죽음을 대비하는 최선의 길이다. 죽음은 삶의 한 부분이다. 우리는 죽은 뒤에도 사람들의 마음속에 살아남는다. 태어날 때 삶의 선물을 받았으니 후손에게 그 선물을 되돌려주면서 당당하게 퇴장하면 될 것이다. 생애에 훌륭하게 살았다는 만족을 느끼고 이름 석 자를 남겨 오래도록 존경받으면 더욱 좋지 않겠는가.

〈매경이코노미〉 2015.3.11

소통 리더십 강화하라

가정·직장·국가…소통 막히면 갈등 낳고 문제만 증폭
마음의 문 여는 대화와 공감으로 '불통' 현상 극복해야

　가정에서 아빠와 자녀 사이 소통의 현주소는 어떨까? 유명 연예인
도 일상이 바쁜 수많은 아빠와 다를 바 없다. 2015년 설 연휴기간 SBS
가 시범 프로그램으로 방영한 〈아빠를 부탁해〉는 가정 내 '불통'의 심
각성을 그대로 보여줬다. 이 프로는 이경규, 강석우, 조재현, 조민기 등
중년 개그맨과 탤런트 스타 4명이 각자 자신의 딸과 집에서 함께 보내
는 시간을 관찰했다.

　1화에서 아빠 이경규는 하루 종일 딸과 눈도 마주치지 않고 대화도
나누지 않는다. 평소 딸에게 관심이 없다 보니 말 한마디 나눌 소재도
빈약하다. 말을 해 보려고 시도하지만 딸은 아빠가 자신의 방에 들어
오는 것조차 싫어한다. 그래서 아빠가 하는 일이라곤 거실에서 잠을
청하거나 개똥 치우는 것뿐이다. 2화에서 아빠와 딸은 식사를 함께한
다. 이경규는 "너를 앞혀놓고 얘기하는 것이 민망하다"고 말문을 열었

다. 그러자 딸은 "아빠는 매일 술 먹고 들어와서 주정만 한다. 술만 먹으면 나에게 살 빼라고 잔소리한다"고 불만을 털어놓았다. 그나마 서로 대화를 튼 게 나름의 성과다.

가정 내 소통 단절은 대부분의 집에서 일어난다. 때론 집안을 '홈 스위트 홈'이 아닌 썰렁한 귀곡산장으로 만든다. 몸의 신경망이 정상 작동하지 않아 마비증상을 일으키는 것과 마찬가지다. 가족이 서로의 감정을 읽거나 표현하지 못하면 불안, 원망, 갈등의 골이 깊어진다. 무관심뿐 아니라 지나친 통제와 간섭도 소통 단절의 원인이 된다. 자녀는 마음의 상처를 입는다. 은둔하거나 일탈 행동에 빠지기도 한다.

직장에서도 소통 부재 현상이 비일비재하다. 불통의 사례는 수도 없이 많다. 기업의 간단한 케이스 하나를 들어보자. 어떤 대기업 계열사의 사장은 2015년 1월 서울에서 인천 송도로 본사를 옮기면서 각오를 단단히 하고 새출발을 선언했다. 하지만 그동안 좋았던 회사 분위기는 직원 불만에 썰렁해졌다. 평소 소통을 중시하는 그였지만 직원 출퇴근 비용, 지원금 지급 등 애로사항이 분출하자 해법을 찾는 데 골머리를 썩고 말았다.

정치권에서 당·정·청 사이 소통 경로는 닫혀 있었다. '왕실장'으로 불린 김기춘 전 청와대 비서실장은 불통의 대명사였다. 그의 폐쇄적 스타일 때문에 박근혜 대통령이 민심에 어둡고 정치권에 의중을 전달 못 하는 한계를 드러냈다. 언론 관계도 불통장벽에 가로막혔다. 그래서 경제개혁 정책 차질에다 국정 마비 상황까지 빚어졌다. '소통의 가교' 역할을 자임하고 나섰던 이병기 후임 비서실장도 이렇다 할 변화를 이끌어내지 못했다. 청와대 비서실장만의 문제가 아니었던 것이다.

2015년 수교 50주년을 맞은 한·일 관계는 최악의 국면이다. 셔틀 외교는 중단된 지 오래다. 일본은 한국과 맺은 통화스와프 계약마저 딱 끊었다. 일본의 과거사 반성은 한·일 간 경제·외교 협력관계 복원의 선결 과제다. 그런데 당시 웬디 셔먼 미 국무부 정무차관은 "값싼 박수를 받기 위해 민족 감정을 이용하는 도발"이라며 일본을 두둔해 큰 파장을 일으켰다. 미국 고위 관료가 소통 중재는커녕 찬물을 끼얹은 셈이었다. 이 와중에 주한 미 대사 테러사건까지 발생했다. 게다가 미국 국방부는 2016년 미 의회에 제출한 〈중국 군사력 연례 보고서〉에서 동해를 '일본해Sea of Japan'로 단독 표기한 것으로 밝혀졌다. 태평양 연안의 광범위한 지역을 하나의 자유무역지대로 묶는 다자간 무역협정인

TPP^{환태평양경제동반자협정} 체결도 그렇다. 한국은 TPP 협상에서 빠졌다. 미국은 외교적으로나 경제적으로나 한국보다 일본을 더 가깝게 생각하는 것 같아 안타깝다.

리더의 문제해결 책무는 막중하다. 결국 엉뚱한 리더십이 문제다. 소통 – 소리치면 통한다고 생각한다. 대화 – 대놓고 화낸다. 공감 – 공공연히 감정에 상처를 준다. 이처럼 소통, 대화, 공감을 잘못된 방식으로 행동하는 리더가 적지 않다. 리더의 권위적 태도와 관료주의적 조직문화는 소통을 가로막는다. 고집불통형 리더는 3가지 특징을 갖는다. 첫째, 자신만이 옳다며 황소고집을 피운다. 둘째, 귀를 닫고 주위 의견을 묵살한다. 셋째, 결과가 나쁘면 더 고집에 집착한다. 이 같은 리더는 정보 흐름을 차단하고 조직을 망가뜨린다.

소통 리더십은 마음의 문을 여는 데서 출발한다. 상대방을 진정한 대화 파트너로 인정해야 신뢰가 생긴다. 그리고 자유로운 대화 채널을 만들어야 한다. 체면이나 자존심을 접고 상대방 입장을 이해하려는 노력이 필수다. 싫은 소리, 반대 의견에도 귀를 기울여야 다양한 정보가 얻어진다. 막힌 하수도와 체한 위장이 시원하게 뚫리듯 불통을 깨고 소통으로 나아가야 한다. 그래야만 운수 대통하고 세상만사가 형통할 수 있다.

〈매경이코노미〉 2015.4.1

분노조절장애의 심리학

묻지마 폭행·살인···불황기 충동적 분노 폭발 다반사
공감과 사랑으로 분노 완화···양극화 해소 대책 절실

'逆鱗역린'은 용의 목에 거꾸로 난 비늘이다. 왕만이 표현하는 분노의 원천이다. 자칫 역린을 건드렸다간 군주의 강한 노여움을 사 목숨을 부지 못했다. 신하는 물론이고 자식도 예외는 없었다. 사도세자는 학문을 중시한 영조의 기대에 어긋나는 행실에 빠졌다. 대노한 영조의 책망에 그는 심신쇠약과 피해망상증을 보였다. 결국 그는 뒤주 안에서 불행한 생을 마쳤다.

요즘 욱하는 마음에 충동적으로 저지르는 묻지마 폭행·살인이 빈발한다. 자신을 무시하는 세상에 복수하겠다며 흉기를 휘두른다. 딱히 이유도 없이 얼굴조차 모르는 이들을 무차별 공격한다. 2016년 5월 서울 강남역 인근 화장실에서 발생한 여성 살해 사건은 사회적으로 큰 충격을 던졌다. 살해범은 "여자들이 항상 나를 무시해 범행했다"고 현장검증에서 태연스럽게 주장했다.

　묻지마 범죄는 다양하다. 여친의 절교 선언에 앙심을 품고 건물에 불을 지른다. 음주운전 단속에 적발되자 차를 몰고 경찰 지구대로 돌진한다. 작은 자극에도 짜증을 내고 화를 못 참는 우발적 '분노 범죄'의 현 실태다. 묻지마 범죄는 범행 동기가 다르지만 몇 가지 공통점을 갖는다. 먼저, 막연한 피해 의식과 이에 따른 왜곡된 분노에서 비롯된 범죄가 많다. 둘째, 극심한 생활고에 따른 분노가 범죄행위로 연결된다. 셋째, 상습 음주 습관 또한 묻지마 범죄를 부추기는 요인으로 작용한다. 이 같은 피해망상, 생활고, 음주 등에 의한 분노는 불특정 다수에 대한 공격적 성향으로 이어지고 극단적인 상황에서 범죄행위로 연결되는 것이다.

세상만사와 복잡하게 얽힌 분노는 잠복 – 생성 – 활성화 과정을 거친다. 부지불식간에 분노가 쌓인다. 트라우마(심리적 외상)나 감정적 격변이 앙금처럼 가라앉는다. 자존심이 위협당할 때 보호 본능에서 분노가 싹튼다. 무시당하거나 가치 없는 존재로 평가절하되면 분노가 끓어오른다. 억압된 분노는 갑자기 폭발한다.

불황기 생존의 위기에 몰린 빈곤층은 분노에 취약하다. "굶주린 사람의 눈에는 분노가 포도송이처럼 주렁주렁 무겁게 매달려 알알이 영글어 간다."《분노의 포도》는 1930년대 미국 대공황기를 배경으로 한 존 스타인벡의 장편소설이다. 이 소설은 기계화로 경작지를 잃은 농민 일가가 서부로 이주하면서 겪는 비극적 삶을 그린 대서사시다. 경제가 악화되고 빈부 격차가 확대될 때 분노는 용암처럼 분출한다.

국내에서 2014년 폭력 사범으로 검거된 36만 6,000여 명 가운데 홧김에 범죄를 저지른 경우가 40%를 차지했다. 분노조절장애 환자는 2009년 3,720명에서 2013년 4,934명으로 5년간 32.6%나 증가했다. 분노가 가진 위험은 예상치 못한 폭력성의 파괴력이다. 극단적인 분노가 밖으로 표출되면 살인까지 벌어지고 자신으로 향하면 자살로 이어진다.

분노는 인생의 본질이다. 그리스 철학자 아리스토텔레스는 "누구든지 분노할 수 있다. 그것은 매우 쉬운 일이다"라고 말했다. 하지만 올바른 목적으로, 올바른 대상에, 올바른 시간 동안, 또한 올바른 정도와 방법으로 분노할 수 있을까? 아리스토텔레스는 "(분노를 조절하는 것은) 누구나 할 수 있는 일이 아니다"라고 답한다.

개인심리학 창시자, 알프레드 아들러_{1870~1937년, 오스트리아}의 이론이 최근 재조명받는다. 아들러는 인간의 행동 발달을 결정하는 것은 열등감을 극복하려는 권력에의 의지, 즉 보상 욕구라고 봤다. 사람은 남에게서 인정받고 사랑받고자 하는 욕구가 좌절될 때 분노와 적개심을 느낀다. 남의 시선을 의식하지 않는 용기와 인내는 분노를 이겨내는 힘이 된다.

분노 잠복기는 짧게, 회복기는 길게, 그리고 활성기는 없애는 게 최선이다. 《악마의 시》를 쓴 인도 출신 소설가 살만 루시디는 분노 해소 방법을 두 가지로 제시했다. 첫째는 공감이다. 모든 사람이 비슷한 이유로 분노를 느끼는 공감은 분노를 누그러뜨릴 수 있다. 둘째는 사랑이다. 공감을 나누는 사람이 나를 더 사랑해 준다면 분노는 해소될 수 있다. 가족과 사회 공동체는 실의와 절망에 빠진 사람을 보듬고 배려해야 한다.

사회에 만연한 분노조절장애를 치유하는 정부 대책도 절실하다. 우선 경제부터 튼튼하게 살려야 한다. 동시에 불황기에 고통받는 취약계층을 도와야 한다. 이와 관련해 일자리 창출, 저임금 해소, 사회 안전망 확충, 의료서비스 확대 등의 양극화 해소 시책이 필요하다. 집단적 분노 현상을 극복하는 데 모두가 관심을 가져야만 정신적으로 건강한 사회를 만들 수 있다.

〈매경이코노미〉 2015.4.29

다시 읽어야 하는 《懲毖錄》

국론 분열·정세 오판…외세 침략 자초한 '굴욕의 역사'
부패 스캔들·리더십 실종·국정 표류…환골탈태 절실

　징비懲毖란 "자신을 징계하여 후환을 경계한다"는 뜻이다. 《징비록》
은 조선 선조 때 영의정을 지낸 서애西厓 유성룡柳成龍, 1542~1607년이 집필
한 참회의 전쟁 기록이다. 외세 침략에 국토가 유린당한 굴욕의 사기
史記다. 한심하고 부끄러운 민낯을 눈물로 쓴 자기 성찰의 역사다. 유성
룡은 서문에 "다시는 같은 전란을 겪지 않도록 조정의 실정을 반성하
고 앞날을 대비하고자 책을 쓴다"고 밝혔다.

　임진왜란1592~1598년은 조선·명나라와 일본이 맞붙어 동아시아 정세
를 뒤흔든 국제전이었다. 당시 3,200만 명 인구의 일본에 비해 조선 인
구는 230만 명에 불과했다. 한반도는 교활한 일본과 명나라의 야욕이
엉킨 이권 다툼의 각축장이 돼버렸다. 국제 정세 변화에 둔감했던 조
선은 전략적 오판을 거듭하며 국난을 키웠다.

　왜란은 이미 예견됐다. 어느 정도 대비가 가능했다. 율곡 이이는 앞

서 10만 양병론을 주장했다. 그러나 리더십 실종과 동인-서인 간 당파 싸움에 국론은 분열됐다. 통신사 황윤길과 김성일은 일본의 침략 가능성에 대해 극과 극으로 조정에 보고했다. 망국의 위기에도 파벌 간 권력 투쟁은 멈출 줄 몰랐다.

조총을 앞세운 왜군의 침공에 팔도강산은 초토화됐다. 전쟁 초기 오합지졸 조선군은 패배를 거듭했다. 왜군의 무자비한 살육과 약탈에 산하는 무고한 백성의 피로 물들었다. 경상도 해안은 목과 코, 귀가 잘린 시체로 뒤덮였다. 한산·거제에서 동풍을 타고 불어오는 꽃향기엔 화약 냄새, 인육 썩는 고린내가 배어들었다. 노천에는 뒹구는 뼈만 짚단같이 늘어져 있었다.

무능한 리더를 둔 나라는 비극을 맞는다. 선조는 자신의 안위에만 급급했던 임금이었다. 열등감에다 책임을 전가하기 급급한 이기적 유전자의 군주였다. 그는 왜군이 쳐들어온다는 소식을 듣자마자 겁을 먹고 도망치기 바빴다. 답답한 국왕은 현명한 신하를 의심했다. 그는 사사건건 직언하는 충신을 경계했다.

오히려 선조는 부화뇌동하는 간신의 감언이설에 흔들렸다. 그러곤 패착을 연발했다. 심지어 첫 승전보를 전한 장수 신각申恪의 목을 벴다. 남해에서 왜군 함대를 격파한 이순신李舜臣을 파직했다. 전쟁 후에도 왕이 도망갈 때 함께 따라간 신하들만 잔뜩 호성공신으로 책봉했다. 목숨을 걸고 전쟁을 치른 장수 중 선무공신은 몇 명 되지 않았다.

시대적 통찰을 중량감 있게 제시한 《징비록》은 일본과 중국에까지 전해져 반향을 일으켰다. 하지만 이 책은 유성룡의 뜻과 달리 정작 조선에선 널리 읽히지 않았다. 정권을 잡은 서인 세력이 금서로 지정했기 때문이다. 조정은 사대외교에 급급했다. 후세는 쓰라린 과거를 잊었다. 치욕의 역사는 되풀이됐다. 임진왜란 후 30년도 안 돼 정묘호란, 9년 만에 다시 병자호란을 겪었다. 조선은 사색당쟁의 소용돌이에 휘말려 쇄국의 길로 들어갔다. 임진왜란 300여 년 후, 일제에 나라를 36

년간 빼앗기는 경술국치庚戌國恥를 당하고 말았다.

광복과 분단 70년이 지났다. 한반도는 세계에서 거의 유일하게 분단된 상태로 동족 간 반목과 상잔이 벌어지는 지역이다. 회한과 통탄의 역사가 오늘에 투영된다.《징비록》에서 유성룡은 후손들이 다시는 이러한 참화를 입지 않으려면 다음의 세 가지를 꼭 명심하라고 강조했다. 첫째, 한 사람의 정세 오판은 천하의 큰일을 그르칠 수 있다. 둘째, 지도자가 군사·안보를 다룰 줄 모르면 나라를 적에게 넘겨준 것과 같다. 셋째, 유사시 믿을 만한 동맹국이 반드시 있어야 한다는 것이다. 이같은 지적은 오늘날 한국에도 변함없는 교훈과 통찰력을 준다.

《징비록》은 어려움에 처한 기업에 거울이 된다. 출범 10년을 맞은 GS그룹 허창수 회장은 '징비록 경영론'을 펼친다. 허 회장은 최근 그룹 임원들에게 "역사를 교훈 삼아 항상 눈과 귀를 열어둬야 한다"며 "경영환경 변화를 적기에 포착해 선제적 대응에 나서는 데 소홀함이 없어야 할 것"이라고 주문했다.

격동의 시대다. 일본은 부활하고 중국은 세계 패권을 노린다. 북한은 여전히 핵을 고집하면서 주변국을 위협한다. 한국은 정치권이 정신을 못 차린다. 리더십이 흔들리고 국정은 표류한다. 경제는 바닥을 기는데 정치권은 당리당략과 부패 스캔들의 온상이다. 마음이 답답하고 앞날이 깜깜하다.《징비록》은 다시 펼쳐 읽고 자성해야 할 현재의 책이다. 난세에 엄중한 역사의 메시지를 되새겨야 할 때다.

〈매경이코노미〉 2015.5.13

'野神' 김성근의 흔들리는 리더십

만년 꼴찌 구단 최고령 사령탑…포기 않는 도전기
'지옥의 펑고'로 한화구단 조련 '마약야구' 별명도

프로야구 경기가 끝난 늦은 오후, 2루수와 유격수가 내야에 다시 섰
다. 감독은 몸통이 날렵한 펑고 배트를 집어 들었다. 펑고란 야수에게
공을 쳐 주는 수비 훈련이다. 경기 중 수비 실책을 범했던 두 선수를 향
해 감독은 숨 돌릴 틈도 없이 공을 때려댔다. 두 선수는 그라운드를 굴
렀다. 땅볼을 잡아 홈에 던지며 악에 받친 듯 고함을 질렀다. 큰 박스에
담긴 250여 개의 공을 소진한 뒤에야 이날 '지옥의 펑고'는 끝났다.

펑고 주인공은 '야신野神' 김성근 한화 감독이다. 재일교포 출신 김 감
독은 한평생 야구만 생각하고 꿈꾸며 살아왔다. 그는 약한 팀을 강하
게 만드는 데 정평이 난 리더다. 1990년대 그는 하위팀 태평양, 쌍방울
을 포스트시즌에 진출시켰다. 독립야구단 고양원더스를 홀로 이끌던
그는 4년 만에 KBO 리그에 복귀했다.

3년 연속 꼴찌에 머문 한화이글스는 2015년 새 감독을 맞으며 분위

기 변신을 시도했다. 선수단 총연봉이 전체 구단 1위에 달할 정도로 한화그룹의 파격적인 지원이 있었다. 예전의 무기력한 모습이 아닌 근성 있는 팀으로 다시 태어나겠다는 의지다. 느림보 구단을 발 빠른 야구로 체질을 바꾸고 끈질기게 승부하는 팀으로 탈바꿈하기 위한 끝없는 훈련과 정신력 강화 노력이 처절할 정도다.

한화 야구는 시즌 초반 끝내기, 역전승, 1점 차 승부로 손에 땀을 쥐게 했다. 지더라도 사력을 다해 상대를 끝까지 물고 늘어졌다. 한 번 지면 다음 경기에서 반드시 이기고 만다는 자세였다. 김 감독은 짜릿한 승부로 마약처럼 팬들을 끌어모은다는 '마리한화'라는 별명까지 팀에 안겼다. 김 감독은 "나는 아직 (한화 야구에) 중독되지 않았다"고 말했다. 갈 길이 멀다는 뜻이다.

최고령 사령탑 김성근 감독은 지독한 승부사다. 그는 오늘 경기를 이기는 데 집중한다. 눈앞의 1승을 위해 모든 것을 쏟아붓는다. 결승선만 바라보고 전력 질주하는 경주마 같다. 그래서 매 경기는 포스트시즌같이 치열하다. 점수가 크게 뒤져도 그는 포기하지 않는다. 되레 투수진을 총동원하는 강수를 둔다. 김 감독은 '어차피' 대신에 '반드시'를 주문한다. '이미 진 게임이니까'라는 부정적인 생각을 버리고 '꼭 이길 수 있다'는 자세로 경기에 임하라는 강한 명령이다. 김 감독 별명은 '잠자리 눈깔'이다. 동시에 다양한 부분을 본다는 의미에서다. 김 감독은 동계훈련 때 투수 5명을 한꺼번에 지도했을 정도다. 언젠가는 상대 팀의 수가 훤히 보여 '훈수꾼' 입장에서 경기를 했다는 그다. 그는 다중적 몰입의 지도자인 셈이다. 심리학에선 이를 리더십의 '근원적 상태'라고 표현한다.

철두철미한 성격의 김 감독은 '계산된 야구'를 선호한다. 여러 경우의 수를 생각하고 상대팀 전략을 치밀하게 분석한다. 구장, 날씨, 선수 컨디션 등 많은 변수를 감안해 작전의 밑그림을 그린다. 역설적으로 그는 정해진 법칙을 거부한다. '상식 파괴'는 그의 전매특허다. 누구도 생각하지 못한 자신만의 '마이웨이'식 용병술을 구사한다. 특히 상대의 허를 찌르는 투수 기용과 라인업을 들고 나온다. 한 템포 빠른 결정에 상대팀을 당황하게 만든다.

김성근 감독은 "훌륭한 리더는 위기를 맞지 않도록 미리 준비하는 사람이다. 준비 없는 이에게 기적은 일어날 수 없다"고 강조한다. 그는 적당주의와 패배의식을 배격하는 자세로 오로지 자신의 길을 간다. 그래서 만년 꼴찌를 벗어나지 못해도 최선을 다하는 그의 야구는 광팬을 몰고 다니고 리더십 부재의 시대에 조명을 받는다. 김 감독은 좌우명이 '선수에게 두 번째 공은 없다'는 뜻의 일구이무 一球二無라고 밝혔다. 공 하나에 승부를 걸 뿐 다음은 없다는 각오다.

야구계에선 김 감독이 선수를 너무 혹사시키는 것 아니냐는 비판적인 시각도 있다. 지나친 성과주의에 치우친 나머지 팀을 망친다는 지적도 나온다. '혹사 리더십'과 지나친 승부 집착에 선수 체력이 고갈되고 피로감이 가중되면서 제 실력을 발휘하지 못하는 부작용을 낳기도 한다. '독선'과 '불통' 리더십에 그는 코칭스태프와의 불화도 있었다.

문제는 성적이다. 냉정한 승부의 세계에서 승리하는 구단, 감독만이 살아남는다. 스프링캠프 때만 해도 전문가들 사이에 2016년 시즌 우승 후보로 꼽혔던 한화구단. 하지만 아무리 노력을 해도 이기지 못하는 야구에다 구단 운영에 잡음까지 일어나면 더 이상 팬들이 열광하지 않는다. 잘나갈 때 받던 칭찬도 패배가 늘어나면서 점점 비난으로 바뀐다. 보여주지 못하는 성적 지상주의는 퇴색하고 만다. 천당에서 지옥으로 추락하며 퇴진론에 휘말린 김성근 감독이 구단과 자신의 위기를 어떻게 극복해 낼지 귀추가 주목된다.

〈매경이코노미〉 2015.6.17

구멍 난 방역시스템과 메르스發 충격

경제정책 총동원 관광·숙박·유통 내수업종 살려내야
'질병 컨트롤타워' 확립하고 국제질병 유입 차단 절실

 2015년 5월 20일 바레인에서 입국한 50대 남성이 확진 판정을 받으면서 시작된 메르스MERS, 중동호흡기증후군 사태는 국가 전체를 공포의 도가니로 몰아넣었다. 보건당국과 의료계의 대처 미흡으로 국민의 일상생활까지 공황 상태에 빠졌다. 보건당국이 같은 해 12월 23일 메르스 종식을 선언할 때까지 217일 동안 감염자 186명 가운데 38명이 목숨을 잃었고 1만 6,000여 명이 격리됐다.

 초등학교 휴교 사태와 함께 수학여행, 단체관광, 국제행사가 무더기로 중단됐다. 백화점, 할인점, 면세점, 호텔과 화장품 업계는 날벼락을 맞았다. 텅 빈 영화관과 놀이공원은 주말 장사를 망쳤다. 생산 현장에선 감염 우려로 비상체제에 들어가는 기업도 적지 않았다. 공항 이용객도 뚝 떨어졌다. 한국 방문을 취소한 외국인 관광객, 바이어는 5만여 명이 넘는다. 중국, 대만 등 중화권 관광객은 한국 여행 자제 권고에 엔

저 효과를 보는 일본으로 발걸음을 돌렸다.

메르스 충격에 내수가 직격탄을 맞았다. 회복세에 찬물을 끼얹은 셈이다. 세월호 사태에 이어 2년 연속 악재가 겹쳤다. 소비·투자 심리가 위축됐다. 경제적 손실은 무려 30조 원에 달했다. 2015년 1분기 성장률은 0.8%에 그쳤다. 기업 투자가 살아난 일본은 같은 기간 1% 성장으로 한국을 앞질렀다. 급기야 한은은 기준금리를 1.5%로 인하했다.

인류의 근절 노력에도 감염성 질병은 끊임없이 진화한다. 21세기는 전염병의 시대다. 중증급성호흡기증후군SARS, 사스과 신종인플루엔자 A/H1N1신종플루, 에볼라에 이어 메르스가 창궐한다. 신종 바이러스는 세계 곳곳에서 등장한다. 유전자에 돌연변이까지 생기면 인체에 치명적인 바이러스가 나타난다. 항공 발달로 지구촌이 좁아졌다. 신종 바이러스는 빠르게 세계로 전파된다.

2003년 유행한 사스처럼 코로나바이러스가 원인균인 메르스는 '중동 사스'라고도 불린다. 한국은 정부가 초동단계 대응에 실패, 방역에 구멍이 뚫렸다. 정부는 전대미문의 바이러스에 맞서는 컨트롤타워를 제대로 갖추지 못하고 우물쭈물하다 골든타임을 놓쳐 사태를 악화시켰다. 그래서 사우디아라비아에 이어 메르스 발병 2위국의 오명을 쓰게 됐다. 메르스는 예방 백신이나 치료제가 없다. 환자는 고열과 기침, 호흡곤란, 소화불량, 근육통을 호소했다. 메르스는 사스보다 사망률이 4.3배 높다. 그렇지만 만성질환자 이외에 2·3차 감염자 사망률은 현저히 낮았다.

국민 모두 개인위생과 공중 에티켓만 철저히 지키면 전염성 질환의 지역사회 감염 확산을 막을 수 있다. 신종플루와 메르스에서 경험한 것처럼, 양성 환자도 초기에 격리·치료하면 대부분 완치된다. 개인 면역력은 천연 치료제다. 바이러스를 이기려면 잘 먹고 운동하고 쉬면서 면역력을 키워야 한다. 예를 들어 물을 충분히 마시고 채소와 과일을 먹는다. 홍삼과 비타민제뿐 아니라 마늘, 양파, 키위 등도 면역력 강화에 좋다. 당분 섭취는 줄인다. 아울러 적절한 운동을 즐긴다. 충분한 휴식과 숙면으로 스트레스와 피로를 풀어야 한다.

정부는 메르스 사태 수습과 재발 방지를 위해 2015년 '국가 방역체계 개편안'을 내놓았다. 질병관리본부장을 1급에서 차관급으로 격상하고 감염병진문병원을 지정하며 역학조사관을 늘리는 내용이 골자다. 그러나 전염병이 창궐할 때 컨트롤타워 역할을 하며 현장에서 일사불란하게 지휘하려면 질병관리본부를 보건복지부 산하 기관이 아닌 독립기관으로 분리해야 한다는 지적이 많다. 또한 설립 계획만 잡혀 있는 감염병전문병원에 대한 구체적인 일정도 마련해 시행에 옮겨야 한다.

특히 정부는 국제 질병 유입을 차단하는 방역 시스템을 견고하게 구축해야 한다. 남미에서 확산되고 있는 지카바이러스는 국내 방역 시스템을 점검하는 시험대다. 메르스 사태처럼 무방비로 대응하다간 '제2의 메르스' 재앙을 초래할 수 있다. 정부는 지카바이러스 창궐에 맞서는 시스템 점검과 대응책을 시급히 마련해야 한다. 아울러 병실에 외부인 출입 통제를 강화하는 조치를 엄정하게 시행하는 동시에 병원 방문을 통한 감염 확산을 막는 원격진료제 도입도 절실하다.

경제는 심리에 좌우된다. 무엇보다 전염성 질병 확산 시 SNS를 통한 괴담·유언비어나 과장 언론 보도에 의한 공포심을 잠재워야 한다. 근거 없는 군중 불안심리에 의한 쏠림현상Herd Behavior이 발생하지 않도록 전염성 질환에 대한 정확한 정보 전달과 예방수칙 이행에도 만전을 기해야 할 것이다.

〈매경이코노미〉 2015.7.8

배신·복수···不通 리더십

'배신의 정치에 대한 국민의 심판론'에 열린 '판도라 상자'
통합·포용의 정치로 '거부권 정국' 풀고 경제회생 올인을

2015년 6월 26일 미국 사우스캐롤라이나 주 찰스턴대 실내경기장. 버락 오바마 대통령이 백인 우월주의자의 총기 난사로 희생된 9명을 추도하면서 반주도 없이 노래를 부르기 시작했다. "Amazing grace, How sweet the sound 놀라운 은총, 얼마나 감미로운가···." 6,000여 명의 영결식 참석자는 모두 일어나 성가를 함께 불렀다.

이날 추도식에서 오바마 대통령은 범인을 비난하거나 백인 주류 사회를 성토하지 않았다. 그 대신 이번 사건으로 슬픔과 좌절, 분노에 휩싸인 흑인의 상처를 치유하는 데 주력했다. 오바마는 국론 분열이란 위기의 순간에 '화해와 용서로 국민의 화합을 이뤄내자'는 감동적인 연설로 국민의 찬사를 받았다.

국정 최고 책임자의 말 한마디는 강력한 힘을 갖는다. 대한민국은 어떤가. 두 차례에 걸친 국회법 개정안 거부권 행사로 청와대와 야권

간 대립이 고조된다. 박근혜 대통령이 2015년 6월 국회법 개정안에 거부권을 행사했다. '판도라 상자'를 열어젖힌 박 대통령의 발언이 화근이 됐다. 박 대통령은 '배신의 정치에 대한 국민의 심판'을 내세웠다. 야당이 반발해 '식물국회'가 전개된 가운데 청와대는 원내대표 퇴진을 놓고 여당 지도부와 충돌했다.

19대 국회가 끝나기 직전 2016년 5월 박근혜 대통령은 또다시 국회법 개정안에 거부권을 행사했다. 현 정부 들어 11개월 만에 두 번째다. 2015년에는 행정부의 권한인 시행령에 대한 국회의 수정권을 확대하려 했고, 2016년에는 국회 상임위 차원의 청문회 개최 대상을 법률안 뿐 아니라 소관 현안까지 넓히려 했다. 내용은 다르지만 입법부의 권한 강화라는 공통점을 갖는다.

삼권분립의 권력 구도가 바뀐다. 과거 권위주의 시대에는 '무소불위'의 대통령을 정점으로 행정부는 막강한 권한을 휘둘렀다. 그러나 의회는 법안 통과 창구로 소위 '고무도장'이라는 평가를 받았다. 시대 흐름의 변화 속에 입법부와 행정부 간의 위상이 변화한다. 비대칭 권력이 깨지고 입법 쪽으로 힘의 균형추가 옮겨 간다. 거부권 정국은 정권 후반 레임덕에 빠져드는 대통령이 기존의 권한을 놓지 않으려고 안간힘을 쓰는 과정에서 표출된 현상이라는 해석도 나온다.

정치권과의 갈등에 국정은 표류한다. 국가 지도자의 '불통' 리더십이 논란의 중심이다. 2015년 거부권 행사 때는 박근혜 대통령 마음에 존재하는 '배신'이란 트라우마_{정신적 외상}가 '복수' 콤플렉스로 나타났다는 분석도 나온다. 박 대통령은 젊은 시절 故 육영수 여사를 대신해 '퍼스트레이디' 역할을 했다. 부모를 잃고 권력의 정점에서 밀려난 뒤 주변의 배신에 쓰라린 마음의 상처를 입었다.

그래서 독신 여성 정치인으로 의리에 대한 집착과 동시에 아무에게나 쉽게 마음을 열지 못하는 '소통 부재'에 빠졌다. 사실 김무성 새누리당 대표는 '원조 친박'이었다. 유승민 전 원내대표도 사면초가 끝에 비서실장으로 기용돼 자신_{당시 당대표}을 보필했던 핵심 측근이었다. 이제 국정 철학의 충돌로 다른 길을 걷는 이들과 소통이 단절된 '분노의 정치'가 전개된다.

그러나 '신뢰와 원칙'을 내세운 박 대통령의 과거 언행은 부메랑으로 돌아온다. 사실 박 대통령은 야당 의원 시절인 1998년과 1999년 두 차례 국회법 개정안 발의 때 찬성했다. 이전 개정안과 별다를 바 없는데 2015년엔 거부권을 행사했다. 사실 2012년 박 대통령은 문제의 국회선진화법 통과를 주도했다. 대의민주주의 규칙이 5분의 3 이상으로 바뀌게 됐다. 그 결과 과반 의석을 가진 여당의 법안 처리가 불가능해졌다. 야당이 국회 운영의 키를 쥐고 말았다. 야당 협조 없이는 한 발짝도 나가기 힘든 상황이 되고 만 것이다.

지금 한국 경제는 풍전등화의 위기에 처했다. 내수는 꽁꽁 얼어붙었고 수출도 내리막길이다. 미국은 추가 금리인상 시기를 저울질하고 중국은 경기 침체 우려에 비상이 걸렸다. 민생은 도탄에 빠졌는데 정치가 경제의 발목을 잡는다. 노동개혁 4대 법안은커녕 내수 경기를 살릴 경제활성화 법안의 국회 통과가 순탄치 않다. 그동안 공공·노동·금융·교육 등 4대 개혁은 제대로 추진된 게 없다. 나라 경제가 흔들리는데 정치권은 대선을 앞두고 권력 다툼에만 몰두한다. 친박-비박에다, 친노-비노의 여야 집안싸움이 점입가경이다.

누구보다 박 대통령 스스로 유연하고 열린 자세로 꽉 막힌 정국을 풀어야 할 책임이 있다. '거부권 정국'을 풀 열쇠는 박 대통령만이 갖고 있다. 경제를 살리려면 한시가 급하다. 끝없는 정쟁에 경제 회생의 골든타임을 흘려보낼 순 없다. 정치적 이해를 떠나 국익을 위한 결단을 내려야 한다. 대탕평 인사 등 '상생의 정치'에 대한 공약을 제대로 지켜야 한다. 여소야대 정국에서 야당과도 대화를 나눠야 한다. 독일의 여장부 메르켈 총리처럼 통합과 포용의 정치력을 발휘해 여당은 물론, 야당과도 국정 운영의 동반자로 함께 손잡고 나가야 할 것이다.

〈매경이코노미〉 2015.7.22

〈연평해전〉과 '내부의 적들'

2002년 北 도발에 산화한 참수리호 장병 영화로 부활
방산비리는 이적행위 '비정상의 정상화' 최우선 척결을

 지난 2002년 6월 29일 토요일 오전 10시 25분. 한국과 터키가 맞붙은
월드컵 3·4위전 경기에 온 나라가 열광의 도가니에 빠진 시각. 북방한
계선NLL을 넘은 북한 경비정 684호가 연평도 인근 해상에서 우리 해군
고속정을 기습 공격했다. 1차 연평해전에서 완패했던 북한군이 3년을
준비해 보복에 나선 것. 빗발치는 적의 포탄에 20여 명의 참수리 357호
장병이 피를 흘리며 쓰러졌다.

 〈연평해전〉감독 김학순, 제작 로제타시네마은 적과 싸우다 산화한 병사들의
휴머니즘과 전우애, 투철한 애국심을 생생히 전달한 전쟁 영화다. 영
화로 부활하기까지 제2 연평해전은 국민에게 잊힌 전투였다. 꽃다운
젊은이들의 안타깝고 가슴 아픈 죽음을 보면서 관객 모두 눈물을 흘렸
다. "모두 다 꼭 데려다 줄 거야." 불편한 오른손을 조타대에 끈으로 묶
고 침몰하는 전함과 운명을 같이한 故 한상국 상사의 희생정신은 진한

감동을 던졌다.

이 영화는 숱한 난관을 이겨내고 만들어졌다. 대북 유화적인 '햇볕 정책'에 대한 정치적 논란에다 흥행 실패를 의식해 대기업은 영화 투자를 외면했다. 7년이 걸려서야 완성될 정도로 제작비 조달이 어려웠다. 하지만 7,000여 명에 달하는 시민·단체가 참여한 크라우드펀딩은 큰 힘이 됐다. 참수리호 정장 故 윤영하 소령이 졸업한 인천 송도고에선 학생과 교직원이 6,100여만 원의 성금을 전달했다. 각계각층의 정성이 모여 '국민영화'는 마침내 스크린에 오를 수 있었다.

오랫동안 제2 연평해전은 패전한 '서해교전'으로 평가절하됐다. 사망한 6명의 영웅들은 '전사'가 아닌 '순직' 처리됐다. 13년이 지나 영화로 만들어질 때까지 그들의 명예는 회복되지 않았다. 귀한 자식과 남편을 잃고 마음에 큰 상처를 입은 가족들은 국가로부터 오랜 시절 외면당했다. "나라를 위해 간 분을 홀대하는 것은 (나라가) 썩은 거 아닙니까?" 故 한상국 상사 부인은 이같이 절규했다. 정부는 뒤늦게 제2 연평해전 전사자 6명의 합동묘역을 현충원에 조성했다.

600만 명을 넘어선 〈연평해전〉 관객은 2030세대 젊은 층이 주류다. 영화 〈연평해전〉은 해외 영화계에서도 높은 평가를 받았다. 2016년 4월 제49회 미국 휴스턴국제영화제에서 심사위원특별상과 남우조연상이현우, 의무병 박동혁 상병役을 수상, 2관왕을 차지하는 쾌거를 이뤘다.

분단은 냉엄한 현실이다. 체제 유지와 내부 결속을 위해 북한의 도발은 계속 이어진다. 방심과 기강 해이로 국방시스템 곳곳에 구멍이 뚫린다. 2010년 3월에는 천안함이 피격됐다. 야밤의 공격에 포는커녕 총 한 번 못 쏴보고 거대한 전함이 두 동강 났다. 같은 해 11월 북한은 연평도를 포격했다. 당시 우리 군은 북한의 공격원점을 제대로 타격하지 못했다.

제3 연평해전을 막으려면 기본적으로 함정을 비롯한 무기·장비의 성능이 우수하고 첨단기능을 갖춰야 한다. 하지만 해군은 전직 참모총장까지 연루된 '방산 비리의 온상'이 되고 말았다. 무기체계 획득을 담당한 책임자들은 브로커와 결탁해 통영함 납품 비리를 비롯한 각종 함정사업 비리를 양산했다.

해군 주력 구축함인 광개토대왕함은 골동품과 같은 486컴퓨터 등 낙후된 기기를 장착했다. 최신예 이지스함인 율곡함은 잠수함 어뢰를 방어하는 불량무기를 단 채 2년간 작전을 수행했다. 참으로 한심하고 답답한 일이 아닐 수 없다. 방위산업 조달행정의 망국적 부정부패는 국가 안보와 혈세를 좀먹는 이적행위다. '내부의 적'은 반드시 '비정상의 정상화' 대상으로 최우선 척결해야 한다.

　대북한 경각심과 국민 안보의식 고취에 〈연평해전〉은 촉매제가 됐
다. 전쟁을 막고 평화를 지키는 최선의 대책은 안보를 튼튼히 하는 일
뿐이다. 사회에 만연한 '안보불감증'을 없애고 최정예 병력과 무기체
계로 철통같은 안보태세를 다져야 할 때다. NLL을 사수하다 산화한
장병들의 고귀한 희생을 절대 잊어서는 안 된다.

〈매경이코노미〉 2015.8.5

편견을 깨는 〈복면가왕〉

얼굴·몸매·학벌·스펙…'외모 지상주의'에 함몰된 사회
숨은 실력 제대로 인정받고 떳떳한 자기 얼굴 찾아야

"편견을 버리면 가면 뒤 목소리가 보인다." 사회자는 재미있고 우스
꽝스러운 복면가수의 닉네임을 소개한다. "우리동네 음악대장!" "여
전사 캣츠걸!" "화생방실 클레오파트라!" 가명에 걸맞게 장식된 화려
한 가면을 쓰고 그로테스크한 복장을 한 출연자가 보디가드를 거느리
고 무대에 오른다. 프로레슬러처럼 복면을 쓴 출연자들이 노래 대결
을 벌인다. 8명의 도전자는 2주에 걸친 토너먼트 끝에 가왕 결정전을
치른다.

일요일 오후 MBC 예능 프로그램 〈복면가왕〉이 요즘 인기다. 복면
가수는 외모가 아닌 목소리만으로 진검승부를 펼친다. 허를 찌르는 선
곡, 원곡보다 훌륭한 편곡, 폭발적인 가창력과 감성, 탄탄한 노래 실력
으로 안방 시청자를 매료시킨다. 연예인 판정단이 갖은 예측을 해 보
지만 복면가수 대부분은 좀처럼 정체를 알기 힘들다. 음색이나 창법에

변화를 주고 새로운 장르를 시도하기 때문이다.

　복면가왕 출연자는 손해를 보지 않는다. 서바이벌 게임에서 탈락하더라도 부끄러울 게 없다. 패배로 비쳐지지 않기 때문이다. 최선을 다했지만 상대방과의 맞짱 대결에서 패한 출연자는 신비의 가면을 벗는다. 민낯이 공개되는 순간, 전혀 예상치 못한 인물이 가면 뒤에서 드러난다. 예상을 깨는 놀라운 반전에 "아!~" 하는 탄성과 환호가 터져 나온다. 대중에 잊혔던 가수나, 아이돌 멤버, 뮤지컬 배우, 탤런트 등 숨은 실력자들이다. 때론 가슴 찡한 사연도 소개된다. 어렵고 힘든 인생

역경을 이겨낸 감동 스토리에 격려의 박수가 쏟아진다.

세계적인 뮤지컬 〈오페라의 유령〉에서도 가면을 쓴 배우가 등장한다. 팬텀_{유령}은 비극적인 삶을 산 주인공이다. 그는 하얀 가면으로 추한 얼굴을 반쪽 가린 채 어두운 지하세계에 은거한다. 기구한 운명의 굴레에 갇힌 그는 사랑과 질투에 휩싸여 복수를 결심한다. 연미복 차림에 가면을 쓰고 절규하는 팬텀의 미스터리와 이어지는 괴사건은 공포와 전율을 낳는다.

가면은 신비감을 준다. 드러내고 싶지 않은 자신의 치부나 진면목을 숨기려는 의지가 가면에 담겨 있다. 유럽에서 익명을 요하는 정치적 모임이나 비밀결사 조직에 참가할 땐 가면을 쓰고 검은 망토를 걸쳐야 했다. 가면 뒤에선 억압된 욕망 표출이 가능하다. 안동 하회탈 놀이에서 탈을 쓴 광대는 사회에 대한 비판과 풍자를 거침없이 내뱉는다.

이탈리아 베네치아에선 과거 금기시된 가면을 쓰고 마음껏 즐기는 '카니발 축제'가 벌어진다. 가면은 인간의 외면과 내면을 분리한다. 분석심리학의 창시자 칼 융은 인간 심리의 '원형'과 '페르소나' 개념을 제시했다. 타고난 심리적 행동유형인 원형_{Archetype}은 집단무의식 세계다. 페르소나_{Persona}란 사회생활에서 가면을 쓰고 다양한 모습으로 드러나는 외적인 인격이다.

우리는 대부분 겉모습이 진정한 자아인 줄 착각한다. 인간의 심리와 능력은 빙산의 일각만 드러날 뿐이다. '조하리의 창_{Johari's Window}'은 자아_{自我}를 4가지로 설명한다. 미국 심리학자 조셉 루프트와 해리 잉햄의 이름이 합쳐진 이론이다. 첫째 '공개된 자아_{Open Self}'는 외모, 학식, 출신 배경 등을 말한다. 둘째 '숨겨진 자아_{Hidden Self}'는 자신만의 은밀한 욕구나 야망을 의미한다. 셋째 '눈먼 자아Blind Self'는 다른 사람에겐 보이지만 정작 자신이 보지 못하는 부분이다. 네 번째 창은 '미지의 자아Unknown Self'로 자신은 물론, 다른 누구도 보지 못하는 영역이다.

우리는 외모를 중시한다. 내면의 모습보다 겉으로 드러난 용모와 언변, 인상으로만 사람을 평가한다. '외모 지상주의'에 몰입된 사회에서 우리는 소중하고 가치 있는 것을 잃은 채 살아간다. 키가 작으면 '루저'가 되고 얼굴이 못나면 푸대접을 받는다. 남이 나를 어떻게 보고 생각하는가에 너무 신경 쓰다 보면 자신감을 잃고 소외감을 느끼기 십상이다.

허세와 가식이 판치는 사회다. '인공의 미美'를 만드는 성형수술이 범람하고 진정한 실력보다는 잘 관리된 '스펙'이 우대받는다. 플라톤은 《국가》에서 동굴의 비유를 통해 우리가 보고 듣고 느끼는 것은 실체가 아닌 그림자에 불과하다고 주장했다. 모든 이가 '편견'의 허상에서 벗어나 내면의 본질을 가꾸고 키우는 자세로 생활해야 진정한 행복을 느낄 수 있다. 그래야만 건전하고 성숙한 사회가 될 것이다.

〈매경이코노미〉 2015.10.7

난민難民의 정치경제학

언어·종교 다른 난민 유입에 '고용파장' 유럽 홍역

AIIB 北 인프라 투자·경협 확대…獨 벤치마킹해야

　서방과 이슬람 간 '문명의 충돌'이 십자군 전쟁 이후 최악의 인간 비극을 낳는다. 중동 시리아에서 전쟁을 피해 탈출하는 난민難民 행렬이 줄을 잇는다. 유럽 대륙이 난민 대이동에 홍역을 앓는다. 로마를 무너뜨린 게르만족 이동에 버금가는 충격이 유럽에 확산된다.

　시리아를 떠난 난민은 400만 명이 넘는다. 고난의 행보에 비극의 연속이다. 세 살짜리 난민 아기가 터키 해안가에서 사체로 발견된 이후 국제사회엔 인도주의적 여론이 조성됐다. 하지만 무장단체 이슬람국가IS 테러사태 확산에 따른 경계감이 고조됐다. 나라마다 난민 수용에 대한 자국 이기주의를 앞세워 정치·경제적인 입장이 다르다.

　레바논, 요르단, 터키 등 시리아 인접 국가는 난민의 정착과 취업을 불허하는 탄압 정책으로 난민을 몰아낸다. 그래서 시리아 난민의 유럽행은 불가항력적인 선택이다. 그러나 언어와 문화, 종교가 다른 난민

이 마찰 없이 유럽 사회에 원만히 흡수되긴 어려운 일이다. 코소보 사태 등 뼈아픈 인종 분규를 몸소 겪은 동유럽은 기를 쓰고 난민 유입을 막는다. 헝가리가 그 대표주자다. 체코는 국민투표에서 71%가 난민 수용을 반대했다. 외국인 비중이 높은 영국도 고개를 젓는다. 대외 원조와 난민 수용에 전향적인 스웨덴에선 기존 외국인 중 절반이 실업 상태여서 사회적 문제가 된 지 오래다.

유럽으로 향하는 시리아인들이 진정한 난민이 아닌 '경제적 이민자', '행복 추구자'라는 부정적인 시각도 대두된다. 많은 난민이 유럽의 일자리와 사회복지 제도를 기대한다. 유럽 국가마다 실업 해결이 난제인데 난민이 유입된다면 감당하기 힘들다. 난민이 제조업과 농업 생산직에 침투해 자국 국민 일자리를 빼앗기 때문이다. 특히 난민의 유입은 기존 저소득 노동자의 생계를 위협한다.

중동 국가의 반서방 정서는 역으로 이슬람교도에 대한 유럽인의 반감을 낳았다. 9·11 테러 이후 안보 규정을 강화한 미국도 난민 가운데 IS 등 극단주의 세력이 포함될 수 있다는 점을 우려한다. 국제적인 비난을 의식하는 미국은 마지못해 2016년 회계연도인 2015년 10월 1일부터 2016년 9월 30일까지 시리아 난민 1만 명을 받아들이기로 했다.

그나마 독일이 '선량한 이웃' 정책에 앞장선다. 그래서 독일행을 신청하는 난민이 눈덩이처럼 불어난다. 2015년에만 100만 명에 육박하는 것으로 추산된다. 2014년 독일이 받아들인 20만 명에 비하면 5배나 많은 셈이다. 이들 난민을 지원하려면 120억 유로_{약 16조 원} 이상의 막대한 재정 부담이 뒤따른다. 독일의 난민 수용 배경엔 경제를 살리면서 고령화·저출산에 따른 인력부족 문제도 해결할 수 있다는 실리주의가 작용한다. 운송·건설·식품업은 '난민 특수'를 반긴다. 독일 재계 일각에서는 난민이 노동력 부족을 해결하고 새로운 성장동력이 될 수 있다고 기대한다. 과거 서독은 동독을 탈출한 난민을 수용하는 방법을 연구하고 난민을 체계적으로 관리했다. 25년 전 통일을 이룬 노하우에서 이방인 난민도 받아들이는 자신감이 생긴 셈이다.

1970년대 말 베트남 '보트피플' 사태는 난민 문제 해결의 좋은 선례다. 베트남 난민은 주변국 수용 거부로 바다를 떠돌며 생존의 위기에 몰렸다. 국제사회는 난민 수용소를 만들고 보트피플을 망명 희망국에 보냈다. 130만 명의 난민이 미국행을 택했고 나머지는 호주, 캐나다, 프랑스 등에 이주했다. 많은 보트피플이 미국에서 경제적 성공을 거뒀다. 호주에선 베트남인이 아시아계 최대 세력으로 부상했다.

난민 사태는 남의 일이 아니다. 과거 한반도에선 숱한 전쟁이 벌어졌다. 부모와 형제를 잃은 피난민은 뼈아픈 고통과 마음의 상처를 입었다. 막상 남북통일이 현실로 나타난다면 대박이 아닌 재앙이 될 수 있다. 자칫 고향을 떠난 북한 난민이 몰려들면 사회적 갈등이 증폭될 수 있다. 독일의 경험을 벤치마킹해야 한다.

정부는 북핵 포기를 위한 국제사회의 공동 노력에 적극 동참하면서 통일기금을 조성하는 등 북한 정권의 변화 시엔 남북경협과 인도적 교류를 활성화하면서 통일 대비에 만전을 기해야 한다. 북한의 갑작스런 붕괴 가능성이 엿보이는 상황이다. 북한에서 비상사태가 발생할 경우 강성 군부세력의 반발과 극단적 행동을 막고 치안을 유지하면서 난민 대책을 강구하는 데 만전을 기해야 한다. 아울러 아시아인프라투자은행AIIB 출범을 계기로 북한 경제 재건과 인프라 투자에 대한 시나리오 전략을 마련해야 할 것이다.

'셰프 전성시대' 언제까지

TV마다 먹방·쿡방 홍수…스타 셰프 인기 상한가
《미슐랭 가이드》 선정 계기 '음식문화' 바로 세워야

　요리가 뜬다. TV마다 음식을 만들고 먹는 쿡방과 먹방이 홍수다. 바야흐로 셰프 전성시대다. 요리와 연예가 융합되고 스타 셰프 대결까지 어우러져 흥행을 낳는다. 〈냉장고를 부탁해〉는 20개에 육박하는 요리 프로 중 대표 주자다. 스튜디오로 옮겨놓은 두 연예인 냉장고에 담긴 식재료로 유명 셰프들이 요리 대결을 벌여 긴장감을 돋운다.

　셰프는 실력으로 승부한다. 요리는 지구촌 모든 이의 관심사다. 일본에서 제작돼 미국에서 인기를 모은 〈아이언 셰프 Iron Chef〉는 요리 명장을 가리는 TV 프로였다. '철의 요리사'와 '챌린저'가 맞붙는다. 특별한 식재료는 경연 직전에 공개된다. 이 프로에서 두 요리사는 1시간 동안 심혈을 기울여 독창적인 코스 요리를 만들어 승부를 가린다. 현란한 조리 기술뿐 아니라 허를 찌르는 두뇌싸움, 독창적인 데커레이션도 볼만했다.

영화 〈엘리제궁의 요리사〉에선 중년의 여성 셰프가 프랑스 요리의 진수를 보여준다. 시골 마을에서 송로버섯을 재배하던 라보리는 미식가로 유명한 미테랑 대통령의 개인 요리사가 된다. 그는 온갖 눈총과 견제에도 자신의 장기를 발휘한다. 평소 좋아하는 음식을 즐기지 못하던 대통령은 진수성찬보다 집밥 같은 가정식 요리에서 할머니의 따뜻한 손맛을 느끼며 요리사에게 감사의 마음을 드러낸다.

사실 TV 드라마의 걸작 〈대장금〉은 세계적으로 한류 바람을 일으킨 한국의 대표적인 요리 프로다. 천민의 신분으로 수라간에 들어온 궁녀 장금長今은 '왕의 보양식'을 책임지는 궁중의 대표 요리사가 된다. 절대 미감을 지닌 장금이 주위의 질시와 숱한 난관을 이겨내고 전문직 여성으로 최고의 자리까지 오른다는 감동 스토리다. 우리에게 평소 접하기 힘든 진귀한 궁중요리를 눈으로 맛보는 기쁨도 선사했다.

116년 전통의 식당 평가서,《미슐랭가이드》가 2016년 서울판을 내놓는다. 도쿄, 홍콩, 싱가포르에 이어 아시아에선 4번째다. '음식을 먹기 위한 여행도 할 만한 곳'이라는 의미의 평점을 주는 건데 미슐랭 스타 등급을 받는 식당은 맛과 요리의 최고 명소로 탄생하게 된다. 2015년 11월 초 상영된 〈더 셰프〉는 셰프들의 치열한 정상 도전기를 담은 영화다. '미슐랭 3스타'는 모든 셰프가 꿈꾸는 선망의 대상이자 최종 목표다. 질 수 없다는 중압감에 독기마저 오른 셰프들은 집념의 땀을 흘린다.

요즘 사람들은 왜 이토록 요리에 열광하는 걸까? 라이프 스타일 변화를 먼저 꼽을 수 있다. 웰빙 바람에 누구나 자신이 좋아하는 요리를 즐기고 싶은 욕구를 가진다. 금강산도 식후경이다. 그래서 팍팍한 현실 속에 쿡방을 보면서 대리만족을 느끼려 한다. 나아가 맛집을 찾아 식재료와 조리방법을 연구하고 집에서 직접 요리하는 데 관심을 쏟는다. 요리는 여성만의 전유물이 아니다. 가정에서도 남성이 주방 일을 즐기는 시대다.

또한 무역·여행 자유화로 세계가 평평해지면서 지구촌 산해진미를 맛볼 기회가 넓어졌다. 세계 곳곳의 다양한 식재료도 손쉽게 구해 주방에서 자신만의 요리를 얼마든지 만들 수 있는 세상이 됐다. 음식 만드는 재미를 자신만 독점하지 않고 SNS를 통해 많은 이들과 음식 사진, 레시피를 함께 나누고 배운다.

아울러 셰프에 대한 사회적 인식이 달라졌다. 쿡방 프로에서 스타로 떠오른 이연복·백종원·최현석 셰프와 함께, '4대문파' 일식·중식 고

수들까지 뛰어난 조리 기술과 맛의 향연을 선보여 많은 이들이 감탄한다. 유명 셰프를 앞세워 대표 요리를 내놓는 음식점마다 고객이 문전성시를 이룬다. 어린 학생들조차 셰프를 우상으로 꼽을 정도다. 어느새 셰프가 존경받고 자아실현을 이루는 직업이 된 셈이다.

하지만 요리 열풍이 언제 다시 고꾸라질지 모른다. MB정부가 추진하던 '한식 세계화' 사업도 박근혜 정부에선 점차 추동력을 잃어간다. 셰프의 세계는 겉으론 화려하다. 하지만 장밋빛이 아니다. 대다수 조리사가 박봉과 스트레스, 과로에 시달린다. 비싼 점포 임대료 때문에 외식 사업에서 큰돈을 벌긴 쉽지 않다. 예약을 해놓고 나타나지 않는 '노쇼No-Show' 손님들이 아직도 수두룩하다. 그래서 K팝 스타처럼 극소수만 성공하고 부를 누릴 뿐이다.

수많은 외국인 관광객이 한국을 찾지만 누구나 합리적인 가격에 맛있게 즐길 만한 한식당을 찾는 일은 쉽지 않다. 시내 유명 호텔엔 일식·양식 레스토랑만 즐비할 뿐 한식당은 어디서도 찾아보기 힘들다. 한류바람에 일본에서 불던 막걸리와 한식 열풍도 이젠 온데간데없이 사라지고 말았다. 중국 단체 관광객에 대접하는 '삼계탕' 인기가 다양한 음식으로 확산되도록 많은 노력이 이어져야 할 것이다.

대한민국 음식 문화를 새로 정립해야 한다. 세계 일류로 가는 토대를 닦아야 한다. K뷰티와 드라마 등 한류와 함께 지속 가능하고 창조적인 한식 문화를 만드는 데 힘을 모아야 할 때다. 셰프는 맛있고 건강에 좋고, 먹는 즐거움을 주는 음식 문화를 정성을 다해 만들어야 한다. 고객도 음식 예절을 지키면서 좋은 경험을 서로 나눠야 한다. 그래야 국민 건강을 지키고 경제에 활력을 불어넣을 수 있는 것이다.

〈매경이코노미〉 2015.11.18

政爭보다 民生이 최우선

2%대 '성장절벽' 기로에 선 한국 경제 미래 전망 '깜깜'
갈등 확산되면 희망 없어 국회, 경제활성화 앞장서야

앞으로 세계와 한국 경제는 어떤 방향으로 전개될까? 경제는 예측 불허다. G2 리스크에 대선까지, 정치·경제적으로 미래에 대한 불안이 만연해 있다. 몇 달 앞을 내다보기도 힘든 상황이다. 그래서인지 더욱 경제 기상도와 트렌드 전망이 봇물을 이룬다. 전문가들이 제시한 전망에 기초해 투자자와 기업마다 재테크와 사업 전략을 다시 짜고 각오를 새롭게 다져본다.

'MIRACLE GEO기적을 낳는 세상.' 〈매경이코노미〉가 2016년《매경 아웃룩》에서 제시한 뉴트렌드다. 대한민국은 저성장과 불확실성이라는 악순환에 빠질지 아니면 벗어날지 기로에 서 있다. 경제적으로 미국이 금리 인상 속도를 조절하고 중국이 연착륙에 성공한다면 희망의 징조도 엿보인다. 사회적으론 제한된 일자리와 복지정책을 두고 젊은 층과 노인층 간 세대 갈등이 커질 전망이다. 소비 트렌드에선 저성장 시대

에 구매보다 임대를 선호하는 공유경제가 활짝 꽃을 피운다.

 'MONKEY BARS놀이터 구름다리에 매달린 원숭이.' 김난도 서울대 소비자아동학부 교수는 2016년 10대 트렌드를 이같이 제시했다. 김 교수는 "현재의 저성장 기조는 경제적 소빙하기의 시작에 비유될 수 있는 상황으로, 쉽게 회복될 성질의 것이 아니다"라고 진단했다. 그래서 '플랜 Z' 소비가 주목받는다. 플랜 Z는 최선의 선택이 아닌 최후의 보루다. 소득이 늘지 않으니 한 푼이라도 아껴 쓸 수밖에 없다. 구명보트를 타는 최악의 상황에서 순간의 작은 행복에 충실한 소비가 대세를 이룬다. 앱을 활용해 악착스럽게 포인트를 모아 물건을 사는 소비자가 늘어난다.

중국 브랜드 샤오미와 같은 '가성비_{가격 대비 성능비}' 높은 B급 제품이 약진한다.

2008년 리먼 사태로 야기된 '대침체_{Great Recession}' 이후 세계 경제는 바닥을 긴다. 세계 많은 나라의 살림살이가 어려워지자 보호무역 정책이 기승을 부린다. 수출로 먹고사는 한국 경제도 활력을 잃은 지 오래다. 기관마다 경제 전망을 하향조정한다. OECD는 한국 경제성장률 전망을 2016년 3.1%에서 2.7%로, 2017년엔 3.6%에서 3.0%로 각각 낮췄다. 내수 부진 지속에 중국과 개도국 경기 둔화로 수출 회복이 힘들 것이라는 비관론이 확산된다. 특히 국제신용평가사 무디스는 2015년부터 2017년까지 3년간 한국의 연평균 경제성장률이 2.5%에 그칠 것이라고 분석했다. 한마디로 '성장절벽'에 다다른 암울한 상황이다.

성장은 매우 중요하다. 국민의 소비와 부가 증대되고 풍요로운 삶이 보장되려면 실질 경제성장률이 연 3~4% 정도는 돼야 한다. 성장이 없는 경제에선 고용과 복지가 불가능하다. 갈등, 양극화, 불균형만 심화될 뿐이다. 기업도 매출이 늘어야 지속 가능한 성장을 이룰 수 있다. 하지만 대기업은 2014년 이후 2년째 매출이 감소했다. 한국은 성장동력 감퇴로 잠재성장률이 갈수록 추락하고 있다. 추세적으로 2%대에 진입하고 있는데 성장잠재력을 되살릴 '골든타임'이 지나가고 있다는 우려가 크다.

하지만 정치권은 '민생은 남의 일'이라는 식으로 아랑곳하지 않는 행보를 보인다. 〈임을 위한 행진곡〉에 이어 국회법 개정안_{상시 청문회법} 거부권 행사 등 민생과 상관없는 문제에 대해 정쟁이 벌어진다. 국회는 가습기 살균제 사태, 미세먼지 대책과 함께 가계부채와 내수 부진 등 수많은 민생 문제를 해결하기 위해 발 벗고 나서야 할 때다. 4·13총선 민의는 여야가 협치를 통해 국민을 위한 정책을 실천하라는 것이었다. 청년 일자리 등 당면한 이슈에 정부와 국회가 우선적이고 집중적인 해결방안을 내놓아야 할 것이다.

내수 살리기와 수출 촉진책이 차질을 빚어선 곤란하다. 소모적 정쟁에 경제가 희생될 순 없다. 경쟁력 회복이 최우선이다. 여야는 국회에 계류돼 있는 서비스산업발전기본법, 규제프리존특별법, 빅데이터산업진흥법 등 경제활성화 법안과 근로기준법, 고용보험법 등 4대 노동개혁 법안을 조속히 통과시켜야 한다. 한국 경제의 회생을 위해 국회가 더 이상 미룰 수 없는 선택이다.

〈매경이코노미〉 2015.12.16

로스쿨 vs 司試 운명은?

정부, 사시 폐지 방침 오락가락 법조계 대립 증폭
공정·투명한 미래 법조인 양성 시스템을 마련해야

'그들만의 리그'에서 더 많은 것을 차지하려는 밥그릇 싸움인가? 사법시험 존치와 폐지를 놓고 법조계가 양분됐다. 2015년 말 법무부는 당초 2017년 폐지할 예정이던 사법시험을 2021년까지 4년간 연장 실시하는 방안을 발표하는 등 오락가락하는 입장을 보였다. 당시 국민 85.4%가 사시司試 유지에 찬성한다고 응답한 여론조사를 근거로 제시했다. 이후 각계의 반발이 거세지자 정부는 갈팡질팡, 혼란만 가중시켰다. 백년대계를 지향해야 할 국가 정책의 신뢰성은 땅에 떨어졌다.

사시 존치에 대한 찬성론의 배경은 이렇다. 사시는 과거제도를 잇는 역사적 전통을 갖는다. 또한 특권이 통하지 않아 공정성 논란에서 자유로웠다. 돈이나 배경이 없더라도 능력만 있으면 출세할 수 있는 기회가 부여된 제도다. 학력이나 빈부귀천을 불문하고 누구나 응시할 수 있는 '희망의 사다리' 역할을 했다. 과거 개천에서 난 용들은 법조계와

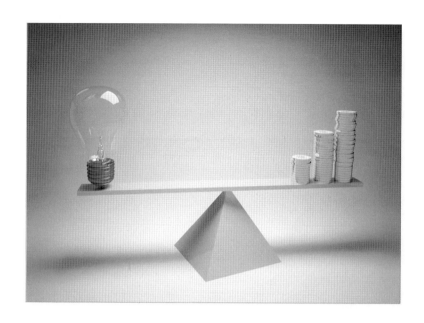

정치권 등 지배계층에 오를 수 있었다.

법학전문대학원로스쿨은 국민에게 폭넓은 법률 서비스를 제공한다는 취지로 2009년 3월 도입됐다. 하지만 그동안 법학 교육 정상화란 취지에 부응하지 못했다는 비판을 받는다. 비싼 학비 부담에 고비용 구조인 로스쿨은 돈 있는 계층만 갈 수 있는 '돈스쿨'이라는 별칭을 얻었다. 게다가 로스쿨을 졸업한 고관대작 자녀들이 판검사나 대형 로펌 변호사를 독차지하는 '현대판 음서제陰敍制'로 변질됐다는 지적이다. 불평등한 사회에 대한 불만을 표출하는 '수저 계급론' 또한 로스쿨에 대한 반감으로 작용한다. 자식들 스스로 부모의 재산에 따라 '금수저'에서 '흙수저'로 평하는 세태다. 권력과 재력의 대물림과 정실화 현상에 취약계층의 법조계 진입은 하늘의 별 따기다. 이 와중에 신기남 새정치민주연합 의원의 '아들 로스쿨 졸업시험 압력' 사건까지 불거져 사시 존치 여론에 불을 붙였다.

박근혜정부가 내세운 '비정상의 정상화' 가운데 가장 강조되는 것이 경제적 지대Rent를 없애겠다는 것이다. 인위적 시장 진입 제한과 독과점 유지에 의한 시장 왜곡은 국가 경제적으로 큰 폐해를 낳는다. 어떤 형태든 높은 진입장벽은 지대 추구 세력에게 특권을 향유하는 기회를 넓혀준다. 특히 자격 제도에 의한 신규 진출 제한은 기진입자의 이권을 보장한다. 로스쿨과 사법시험을 비교하면 로스쿨 제도에선 기득권층이 지대를 향유할 가능성이 높다. 반면 사시는 상대적으로 자유시장 경제 쪽에 가깝다.

물론 사시도 많은 문제를 안고 있다. 사시는 합격률이 4%에 불과한 소수 엘리트 법조인을 선발하던 시험이다. 그동안 '고시 낭인'을 양산하고 대학 교육을 황폐화시켰다는 비난을 산다. 법조계의 병폐인 기수 문화나 전관예우도 사시에서 기인한 것이라는 지적이다. 사실 사시는 다양한 전공과 사고를 가진 전문가를 길러내는 데 적합하지 않다는 평가를 받는다. 선진국 엘리트는 시험을 통한 선발이 아닌 교육을 통한 양성으로 키워진다.

법조인 양성 시스템은 국가 백년대계의 관점에서 다뤄야 할 사안이다. 대법원은 우리 사회에 맞는 최적의 시스템을 찾기 위해 심층적인 연구와 의견 수렴을 거쳐야 한다고 밝혔다. 사시 폐지 4년 유예란 미봉책이 아닌 근본적인 검토가 필요하다. 로스쿨과 사법시험이 함께 가는 투트랙을 유지하자는 의견도 나온다. 로스쿨 본연의 기능을 살리면서 사시의 문제점을 최소화하자는 얘기다.

법무부는 로스쿨을 나오지 않더라도 변호사 시험을 볼 수 있게 하거나, 사시를 존치하되 합격생이 자비로 연수비용을 부담하는 방안, 로스쿨 제도를 전반적으로 개선하는 방안을 검토하고 있다고 한다. 변호사 시험 성적은 반드시 공개해야 할 것이다. 사법시험 연장 여부는 관련 법안이 제출된 국회가 결정한다. 미국과 일본을 벤치마킹해 참여정부가 도입한 로스쿨이 앞으로 어떤 운명을 겪을지 주목된다.

||||||||||||||||||||||||||||||||||||||||||||||||||||||||||||||||||||||||||||||||||||||||||||||||||||||||||||||

로스쿨 Law School은?

법조계 인재를 양성하는 법학전문대학원이다. 로스쿨 제도는 미국 방식에서 유래한다. 한국에서는 사법시험를 통한 법조인 양성 제도를 개선하기 위하여 2007년 7월 '법학전문대학원 설치운영에 관한 법률'이 국회 본회의를 통과했다. 1993년 출범한 사법제도발전위원회부터 2005년 사법제도개혁추진위원회로 이어진 14년 만의 법안 통과였다. 2009년 3월부터 로스쿨 제도가 도입됐다. 로스쿨 입학자격은 학사학위 소지자에게 주어지며, 이들을 일반전형 또는 특별전형을 통해 선발하되 지원자의 학부성적과 적성시험을 전형자료로 활용하고 어학능력, 사회활동 경력도 평가하도록 했다. 입학생은 최소 6학기 이상을 이수하면 변호사 자격시험에 응시할 수 있지만, 기존의 사법시험과는 달리 응시 횟수가 제한된다.

[법학전문대학원 설치 대학]

강원대, 건국대, 경북대, 경희대, 고려대, 동아대, 부산대, 서강대, 서울대, 서울시립대, 성균관대, 아주대, 연세대, 영남대, 원광대, 이화여대, 인하대, 전남대, 전북대, 제주대, 중앙대, 충남대, 충북대, 한국외대, 한양대 이상 25개 대학, 가나다 순

||||||||||||||||||||||||||||||||||||||||||||||||||||||||||||||||||||||||||||||||||||||||||||||||||||||||||||||

〈매경이코노미〉 2016.1.1

馬上封侯처럼
승승장구하길 염원하며

붉은 원숭이는 다재다능…지혜·창조적 활동의 상징
온 국민 '격동의 시대' 경제 회생에 한마음 매진해야

2016년 병신년丙申年은 '붉은 원숭이띠'의 해다. 60년에 한 번 돌아오는 육십간지 중 33번째 해다. '병丙'은 붉은색을 상징한다. 붉은색은 악귀를 쫓아내고 건강, 부귀, 영화를 의미한다. '신申'은 원숭이띠를 뜻한다. 사람과 친근한 영리한 동물이다. 다재다능하며 행동이 민첩하다. 어미 원숭이는 자식을 지극정성으로 돌보는 모성애의 표상이다.

중국에선 붉은 원숭이띠 해에 지혜로운 아이가 태어난다는 속설이 있다. 잔나비로 불리는 원숭이띠는 재주가 많다. 화려함을 좇아가며 눈치가 빠르고 인정받고자 하는 욕구가 강하다. 또한 표현력이 뛰어나 문화·예술 분야에서 재능을 발휘한다. 변화무쌍한 세상의 흐름을 읽는 눈이 밝다. 신사업을 창조하는 아이디어가 번뜩인다. 돈 버는 재주가 남다르다. 그래서 성공한 원숭이띠 기업인이 많다. 마상봉후馬上封侯는 말 위에 올라탄 원숭이 모양의 도자기다. 중국에서 승진과 영전을

기원하던 선물이다.

　원숭이는 동물 가운데 사람과 가장 가까운 종種이다. "인간은 선택받은 침팬지다." 문화인류학자 제레드 다이아몬드 교수는 《왜 인간의 조상이 침팬지인가》라는 저서에서 인간의 정체성을 이같이 밝혔다. 그는 DNA 분석을 통해 인간이 침팬지와 1.6%만 다르다고 설명한다. 인간과 침팬지가 같은 조상을 가졌으리라는 가설이다. 인간과 너무 닮아

서일까 원숭이에 대해선 잔꾀가 많고 경박하다는 인식에 부정적인 사자성어가 많다.

기원전 400여 년 중국 전국시대 송宋나라 시절 이야기다. 원숭이를 키우던 저공狙公은 생활이 궁핍했다. 그는 원숭이 먹이를 줄일 방도를 생각했다. 원숭이에게 각각 주어질 도토리는 하루에 7개가 전부였다. 그는 이같이 제안했다. "살림이 어려우니 도토리를 아침에 3개, 저녁에 4개씩 주겠다." 그러자 원숭이들은 아우성을 쳤다. "아침에 4개, 저녁에 3개를 주세요." 아침에 하나 더 주는 선심으로 저공은 원숭이들의 불만을 잠재웠다. '눈 가리고 아웅'을 뜻하는 조삼모사朝三暮四의 유래다. 잔꾀로 남을 속여 위기에서 벗어난다는 의미다. 아침에 내린 명령을 저녁에 고친다는 뜻으로, 일관성이 없이 갈팡질팡함을 이르는 조령모개朝令暮改와도 유사한 말이다.

중국 진秦을 멸망시킨 항우項羽는 기세등등한 무장이었다. 그의 책사, 한생韓生은 함양에 도읍을 정하고 왕이 될 것을 항우에게 간언했다. 하지만 금의환향錦衣還鄕 욕심에 항우는 자신의 고향 초楚의 팽성으로 천도를 고집했다. 한생은 "원숭이를 목욕시켜 관을 씌운 꼴이군목후이관, 沐猴而冠"이라고 읊조렸다. 원숭이는 관을 쓰고 옷을 입어도 사람이 되지 못한다는 뜻이다. 이에 격노한 항우는 한생을 펄펄 끓는 가마솥에 던졌다. 한생은 죽으면서 "한왕漢王, 유방이 그대를 멸하리라"고 예언했다.

원숭이는 성질이 급하다. 잠시도 가만히 있지 못한다. 마음이 안정되지 않아 매사에 집중하기 힘들다. 말 또한 생각할 여유도 없이 달리기만 한다. 그래서 심원의마心猿意馬는 차분하지 못한 혼란스러운 마음을 의미한다. 사람들이 세상의 번뇌 때문에 잠시도 마음을 가라앉히지 못함을 비유한 것이다. 꾀 많은 원숭이도 방심하다간 나무에서 떨어진다. 잘났다고 경거망동하다가는 큰코다친다. 원후취월猿猴取月은 원숭이가 물에 비친 달을 잡는다는 뜻이다. 욕심에 눈이 어두워 자기 분수를 모르고 날뛰다가 물에 빠져 목숨까지 잃게 됨을 비유적으로 이르는 말이다.

2016년은 국운이 변곡점을 맞는 격동의 해다. 총선에 이어 대선으로 이어지는 정치의 계절이다. 나라와 기업의 명운이 구조개혁과 혁신의 성패에 달렸다. 20대 국회가 개막했다. 정치 권력을 놓고 견원지간犬猿之間처럼 싸우는 대신, 마음을 하나로 모아 경제 회생에 매진하는 정치권의 노력이 절실하다. 어려운 시기에 사회적 혼란과 국론분열은 막아야 한다. 원숭이처럼 슬기롭고 재빠르게 경기 침체의 늪을 돌파하기를 염원한다. 모든 국민이 더 나은 미래를 위해 함께 힘쓰고 서로 소통하며 기쁜 일이 넘쳐나길 기대한다.

〈매경이코노미〉 2016.1.4

노인대책 급하다 전해라

〈백세인생〉 열풍…당당한 노년의 자세에 카타르시스
노인빈곤율 48% OECD 최고…종합적인 대책 절실

2016년 1월 모바일과 방송에서 '전해~라' 열풍이 대단하다. 〈백세인 생〉이란 노래가 화제에 올랐다. 60세에서 150세까지 노인이 "저세상 에서 날 데리러 오거든" 저승사자에게 이유를 대며 "(염라대왕에게) 못 간다고 전해라"라고 죽음을 거부하는 노래다. 곡조는 경기민요 〈아리 랑〉과 매우 흡사하다. 민요와 트로트가 결합된 반복적인 가락엔 중독 성이 있다.

이 노래를 듣다 보면 마음이 찡~한 느낌이 든다. 눈물이 핑 돈다. 그 러곤 삶과 죽음에 대한 생각에 잠긴다. 태어나서 죽고, 오고 가는 '생사 거래生死去來'에 초연한 마음이 생긴다. 노년 인생의 활기와 존재감, 죽 음 앞에서 갖는 자존감, 삶에 대한 긍정과 희망을 느끼게 된다. 각박한 사회에서 예스맨으로 살아야 하는 압박감 속에 당당히 못 하겠다고 밝 히는 삶의 자세가 카타르시스를 준다.

 이 곡의 김종완 작사·작곡자는 "직장 동료 부친 장례식장에서 인생의 무상함과 허무함을 느꼈다"며 "저승에 끌려가는 게 아니라 내가 가고 싶을 때 가야겠다는 생각에서 〈백세인생〉을 만들었다"고 한다. 지난 25년간 무명이었던 트로트 가수 이애란은 '국민 가수' 못지않은 유명세를 치른다. 딸의 노래를 좋아했던 그의 아버지는 대박을 못 본 채

2015년 5월 100세를 4년 앞두고 세상을 떠났다고 한다.

노화Aging는 인간이 겪어야 하는 삶의 숙명적인 과정이다. 무병장수는 모두의 염원이다. 한국의 고령화 속도는 세계에서 가장 빠르다. 의료기술의 발달로 기대수명 증가율도 최고다. 지난 1983년 67.4세였던 평균 기대수명은 2014년 82.4세로 15세가 늘었다. 모든 노인이 100세까지 팔팔하게 건강하고 행복한 노후를 보낼 수 있다면 오죽 좋으랴.

수명 연장엔 많은 돈이 든다. 노인 부양 비용과 의료비 부담은 날로 증가한다. 2016년 5월 미국 플로리다 주에서 관절염으로 고통을 호소하는 아내의 약값을 살 여력이 없는 80대 노인이 아내를 권총으로 살해한 뒤 경찰에 자수해 논란이 일기도 했다. 노인의 빈곤화와 취약한 소득 보장 체제가 문제다. 한국의 노인 빈곤율은 2014년 48%로 OECD 국가 중 가장 높다. 노인의 삶의 질이 높아져야 하지만 현실은 암울하다. 고독하고 우울한 삶을 살아가는 노인이 점점 늘어간다.

세상살이는 점점 각박해진다. 홀로 사는 아버지가 갑자기 세상을 떠났다는 소식에 깜짝 놀란 자식들이 고향 집에 모인다. 잘 차려진 식탁이 그들을 맞는다. 그때 죽은 줄로만 알았던 아버지가 나타난다. "이런 방법 말고 크리스마스 연휴에 어떻게 너희를 불러 모을 수 있겠니?" 돌아온 탕자처럼 자식들은 기쁨과 뉘우침의 눈물을 흘리며 아버지와 포옹한다. 독일 슈퍼마켓 체인이 제작한 광고 내용이다. 생전 자식들을 만나기 힘들자 거짓 장례식을 꾸며낸 노인의 절박한 마음을 표현한 스토리다.

국내에서도 부모와 자식 사이에 정이 메말라간다. 윤리와 도덕이 무너지고 효도는 구시대 유물이 되고 말았다. 가족 간 재산을 둘러싼 소송이 급증한다. 물욕에 어두워 부모를 버리는 자식이 늘어난다. 불효자를 상대로 한 부모의 소송도 적지 않다. 재산을 물려받은 아들이 부양 의무를 다하지 않으면 그 재산을 아버지에게 돌려줘야 한다는 대법원 판결이 내려질 정도다.

노인도 일하지 않으면 먹고살기 힘든 세상이다. 사회적 안전망이 취약해 생계를 위해 70세 넘게 일한다. 고용 사정이 악화되면서 열악한 일자리를 놓고 청년층과 노년층의 세대 간 경쟁도 벌어진다.

정부는 2020년 건강수명을 75세로 높이고, 2030년까지 노인 빈곤율을 30% 이하로 떨어뜨리겠다고 밝혔다. 주택연금과 농지연금 가입자를 늘리는 것만으로 노인 빈곤 문제가 해결될 순 없다. 고령화 시대를 맞아 기초연금의 누수 방지·제도 보완, 중년층 퇴직자 기술 재교육, 고령자 일자리 창출·사회 참여 확대, 노인 건강관리·의료시스템 강화 등 종합적인 대책 마련이 절실하다. 만수무강을 바라는 히트곡 〈백세인생〉은 우리 사회의 최대 이슈로 떠오른 노인 문제에 대해 다시 돌아보게 한다.

〈매경이코노미〉 2016.1.20

수포로 돌아간 노사정 대타협

노동개혁 차질 땐 청년 일자리·비정규직 해결 난망
귀족노조, 기득권 내려놔야 노동유연성 제고 가능

노동계가 밥상을 엎었다. 노사정 대타협이 4개월 만에 파국을 맞았다. 한국노총은 근로계약 해지·취업규칙 변경 등 2대 지침을 정부가 일방적으로 강행하고 있다며 노사정 합의 전체를 부정하고 나섰다. 이로써 박근혜정부가 추진하는 노동개혁이 중대한 차질을 빚게 됐다. 청년 일자리를 만들고 비정규직 처우를 개선하겠다던 노사정 합의가 용두사미로 끝날 판이다.

노사정위원회는 2015년 9월, 근로시간 단축과 노동시장 이중구조 개선, 통상임금 기준 마련 등에 합의했다. 하지만 이후 세부사항에 대해 결실을 본 게 없다. 지난해 110여 차례의 회의에 33억 원의 예산을 투입했지만 헛수고에 그친 꼴이다. 게다가 4대 노동개혁법안근로기준법·고용노동법·산재보험법·파견법은 2016년 19대 국회 통과에 실패했다.

절반 이상의 국민이 쟁점인 근로계약 해지와 취업규칙 변경에 관한

2대 지침의 도입 필요성에 공감한다. 정부는 2대 지침에서 저성과자에 대한 교육 훈련과 전환 배치 등 성과 개선을 위한 기업의 의무를 강조한다. 그래서 실제 기업의 근로자 해고가 쉽지 않다는 해석이다. 하지만 노동계는 2대 지침이 '쉬운 해고'를 낳는다고 억지를 부린다. 사실 이는 노사정 파탄의 책임을 정부에 전가하려는 꼼수다.

국내 근로자의 상위 10%에 속하는 한국노총은 기득권을 내려놓지 않겠다는 심산이다. 귀족 노조의 지대 추구 행위는 절대다수 중산층 이하 노동자의 고통을 고착화할 뿐이다. 기업의 양보로 어렵사리 합의된 근로자 복지 안전망 확충도 자칫 물거품이 될 판이다. 고용취약계층 보육시설, 실업급여와 산재보험·사회보험 확대를 추진할 명분이 없어지기 때문이다.

청년 실업률은 10%를 넘나든다. 노동개혁이 좌초하면 가뜩이나 어려운 경제가 수렁에 빠질 공산이 크다. 한국은 핀란드를 반면교사로 삼아야 한다. 핀란드는 신용등급 최상위인 '트리플A' 국가다. 하지만 노키아 신화가 무너진 뒤 지난해까지 4년 연속 마이너스 성장을 기록했다. 그리스를 빼고 유로존에서 실물경제가 가장 부진하다. 그래서 '유럽의 병자', '헬싱킹Hel-Sinking'이란 별명을 얻었다. 핀란드 정부는 수출 경쟁력을 높이기 위해 노동비용 5% 삭감을 추진했지만 노동계의 반발로 노동법 개정이 표류한다.

반면 일본은 노사정 합의의 귀감이 된다. 아베정부는 노사정 타협으로 소비세 인상, 법인세 인하, 임금 인상이란 3대 난제를 해결하는 노력을 통해 경제 회생에 박차를 가하고 있다. 2014년 4월 소비세 인상을 앞두고 일본 사회에선 진통이 컸다. 당시 기업 임금 인상을 조건으로 법인세를 인하하자는 묘안이 나왔다. 일본 정부는 그해 9월 법인세 감세를 결정했다. 또한 최장 3년으로 돼 있던 근로자 파견기한을 없앴다. 기업은 엔저효과에 많은 이익을 내자 임금 인상으로 화답했다.

우리나라 노동계도 달라져야만 한다. 노동계의 노사정 대타협 파기는 국민의 여망을 저버리는 무책임한 처사다. 중국 경제 리스크, 저유가, 환율전쟁, 신흥국 경기 침체 등 '사면초가' 경제에 짐이 더 늘어난 셈이다. 기업과 근로자의 동반 생존을 위해 노동개혁은 반드시 이뤄내야만 한다. 정부는 후속 조치를 단호하게 추진해야 한다. 정년 연장, 최저임금 인상, 통상임금 확대, 실업급여 인상 등 부담을 기업에만 전가할 순 없다. 공짜점심은 불가능하다. 돈이 하늘에서 떨어지진 않는다.

모든 게 제로섬게임이다. 청년 고용을 늘리고 중소기업 근로자와 비정규직 처우를 개선하려면 정규직·고소득 근로자는 기득권을 내려놔야만 한다. 특히 임금체계 개편, 유연한 근무제도 도입 등으로 노동시장의 경직성을 제거해야 한다. 또한 일반해고가 정착되려면 직장 내 공정한 평가체계 구축이 선행돼야 할 것이다.

폐기된 노동개혁 4법 개정안

노사정 대타협을 토대로 정부와 여당이 발의한 파견법, 근로기준법, 고용보험법, 산재보상법 등 노동 4법 개정안이 19대 국회에서 폐기되고 말았다. 김현숙 대통령비서실 고용복지수석은 2016년 5월 19일 춘추관에서 브리핑을 하던 중 "국회가 일자리로 인해 고통받는 (청년들의) 마음을 진실로 헤아리고 이들의 눈물을 닦아주기 원한다면 새로운 20대 국회에서는 반드시 노동개혁 법안을 통과시켜 주시기 바란다"며 왈칵 눈물을 쏟았다. 김 수석은 "노동개혁은 일자리 개혁이며 기득권을 양보해야만 하는 고통이 따르지만 반드시 가야만 하는 길"이라고 강조했다.

〈매경이코노미〉 2016.1.27

'응답하라' 추억의 신드롬

정감 있던 1980년대 '복고 드라마' 국민적 향수 자아내
팍팍한 삶 이겨 낼 경제활성화 피부로 느끼게 매진해야

 쌍팔년도 쌍문동 한 골목, 다섯 가족의 이웃 드라마가 신기록을 썼다. tvN의 〈응답하라 1988〉이하 〈응팔〉이 비지상파 최고 시청률19.6%을 기록하며 막을 내렸다. 지상파 TV의 자극적인 '막장' 드라마와는 차원이 달랐다. 사람의 훈훈한 향기를 담은 '세대 간 통합' 드라마였다. 〈응팔〉은 1980년대 생활에 대한 향수를 자아내며 '복고 신드롬'을 일으켰다.
 〈응팔〉은 군사독재와 민주화 운동으로 점철된 '아픔의 시대'를 '정감 있는 시절'로 들여다봤다. 지금은 사라진 이웃 간의 따뜻한 감성과 애환, 사랑을 그렸다. 소시민의 동네 공동체에 대한 추억을 환기시켰다. 평상平床에 둘러앉아 음식을 함께 나누며 이웃이 사촌처럼 가깝게 지낸다. 각자가 처한 어려움 속에서도 서로를 의지하며 위기를 넘긴다. 가진 것은 별로 없지만 부대끼면서도 즐겁게 살아가는 이웃의 모습은 과거 MBC 〈한지붕 세가족〉, 〈전원일기〉와도 비슷한 감동을 준다.

"花無十日紅화무십일홍, 열흘 붉은 꽃은 없다." 명예퇴직에 내몰린 중년 가장, 성동일 한일은행 과장은 인생의 쇠락을 거스를 순 없다고 토로한다. 〈응팔〉을 통해 시청자는 힐링의 시간을 가졌다. 과거 여행에 몰입한 채 가슴 뭉클한 장면에 공감하고 눈물 흘렸다. 그래서 〈응팔〉은 4050뿐 아니라 2030에게까지 폭넓은 인기를 모았다. 유명 스타가 없는 〈응팔〉 출연진이 찍은 광고만 70편이 넘는다.

요즘 공동체가 화두다. 2016년 1월 15일 별세한 신영복 성공회대 교수의 책이 재조명받는다. 《감옥으로부터의 사색》, 《나무야 나무야》 등

신 교수의 책은 3040세대의 대학 시절 베스트셀러였다. 그는 사람과 사람 사이의 관계 맺음과 공존의 가치를 강조했다. 그는 세계 22개국을 돌며 느낀 바를 쓴 《더불어 숲》에서 함께 일궈가는 변화의 힘을 주목했다. 씨앗에서 새싹이 돋아나고 자라서 나무와 숲이 되듯이 작은 실천이 모여 의미 있는 변화를 낳는다는 것. 공동체에 대한 신뢰 회복을 중시한 그의 성찰은 소외와 갈등의 시대에 위안과 가르침을 준다.

이제 우리 사회에서 지역 공동체는 점점 무너진다. 그 대신 나이, 성별, 학력에 관계없이 '취향'과 '스타일'에 따라 모이고 흩어지는 사회적 모임이 대세를 이룬다. 본업에 소홀한 채 취미에만 빠져드는 사람을 뜻하는 '덕후德詡'가 SNS를 통해 소통하고 콘텐츠를 생산·공유한다. 성인이 돼도 어린 시절 좋아하던 장난감을 즐기는 '키덜트족'이 늘어난다. 취향이 없는 사람은 재미가 없는 '노잼'으로 취급받는다.

온정이 사라진 사회는 삭막하다. 팍팍해지는 삶에 가족 공동체 안에서 애정과 신뢰가 깨진다. 경제난에 가정 내 폭력이 크게 늘어난다. 공중화장실에서 여성을 대상으로 한 묻지마 살인이 벌어진다. 지나치다 못해 도를 넘었다. 인면수심人面獸心 아버지의 끔찍한 아동학대가 잇따르면서 충격을 더한다. 초등학생 아들 시신을 훼손한 뒤 냉동실에 보관한 사건이 사회적으로 큰 파장을 던진다. 게다가 퇴직한 5060 남성들이 부인에게서 정신적·육체적 폭력을 당해 도움을 호소하는 사례가 늘고 있다. 경제력을 상실한 중년 가장이 '매 맞는' 남편으로 전락한다는 슬픈 이야기다.

"국민이 체감하는 성과 달성을 올해 경제정책의 최우선 목표로 삼겠다." 유일호 부총리 겸 기획재정부 장관은 2016년 1월 14일 '내수·수출의 균형을 통한 경제활성화' 업무보고 브리핑에서 이같이 말했다. 지난해 실질 경제성장률이 2%대를 기록했지만 국민들이 정작 피부로 느끼는 경제성장률은 '마이너스'라는 분석이 나온다. 살아가기 힘들어도 추억에서 작은 행복을 느끼는 서민에게 정부가 줄 수 있는 최고의 선물은 좋은 일자리를 창출해 가계소득을 증대시키는 일뿐이다. 시나온 길보다 다가올 미래에서 희망이 솟아야 한다. 국민의 민생 구하기 입법 촉구에 국회는 조속히 응답해야 할 것이다.

〈매경이코노미〉 2016.3.2

국가개조 첫 단추는 정치개혁

어려운 국가 경제, 회생의 시작과 끝은 정치에 달려
20대 국회, 시대정신으로 창조적인 의정활동 임해야

암울한 위기의 시대다. 호재보단 악재만 잔뜩 쌓인다. 범세계적이며 전방위적인 불황으로 경제에 비상이 걸렸다. 한국은 대외적 충격에 대한 대응 능력이 취약하다. 만성질환에 걸린듯 경제 시스템은 유연성과 활력을 잃어간다. 고비용·저생산성 구조가 굳어진다. 성장동력이 한 풀 꺾이면서 탈출구를 못 찾는다. 글로벌 경쟁력 자체가 뿌리째 흔들린다. 게다가 북한의 잇단 핵실험과 미사일 발사 이후 한반도 긴장 국면은 풀릴 조짐이 보이질 않는다. 사회는 늙고 메말라간다. 무질서와 갈등이 확산되는데 정책 시스템은 제대로 작동하지 못한다.

한국 경제 회생의 시작과 끝은 정치에 달렸다. 경제 개혁은 재도약을 이루기 위한 핵심 요소다. 양극화, 저성장, 고령화 등 한국의 중층적 문제들을 해결해야 하는데 남은 시간이 별로 없다. 장기적 안목에서 중차대한 결정을 내려야 한다. 하지만 정부가 법안 통과를 위해 국

회를 설득해야 하는 현실은 점점 힘들어진다. 19대 국회 막바지에 서비스산업발전기본법 등 경제활성화 법안과 노동 개혁 법안이 통과되지 못했다. 정치인은 구조 개혁에 대해 자기 칼에 피를 묻히지 않겠다는 책임 회피식 행동으로 일관한다. 정치가 경제 회생에 걸림돌이 되고 말았다.

야당은 건설적 변화와 창조적 문제 해결보다 무대책, 막무가내식 저항에만 주력한다. 오로지 반대를 위한 반대 논리다. 타협은커녕 필리버스터Filibuste, 의사 진행 방해 같은 벼랑 끝 전술로 일관한다. 국회선진화법의 역기능적 측면도 문제다. 급변하는 상황에 정부가 능동적으로 대응해야 하는데 국회가 발목을 잡으니 적기 대응에 실패할 수밖에 없다. 결국 파행적인 입법 활동이 공공서비스의 질을 떨어뜨리고 행정의 생산성을 훼손하는 결과를 낳는다.

정치는 사회적 가치를 창출하고 권위적으로 배분하는 과정이다. 하지만 기존 정치는 불신만 키운다. 당리당략에 의해 국정이 마비되고 포퓰리즘Populism, 대중영합주의에 함몰돼 방향을 잃는다. 전문성이나 도덕성, 공공의 선에 대한 사명감도 찾아보기 힘들다. 많은 국민은 정치 과정에서 기만당하고 있다고 생각한다. 그래서 반정치 풍조가 만연하다. 정당은 파벌에서 벗어나질 못한다. 선거 때마다 헤쳐모여식 이합집산을 반복한다. 사회적 혼란과 갈등을 해결하고 조정하며 미래 비전을 제시해야 할 정치가 제 기능을 못한다. 이미지 정치, 선동 정치가 판친다. 진영과 당파, 파벌 간 대립과 갈등 구조에서 이전투구에 몰입하는 형국이다.

국회의원 총선거는 국가 경영을 맡는 입법자를 뽑는 선거다. 그러나 국가 정책이 아닌 지역 발전 공약으로 선거에 임하는 후보자가 수두룩한 게 문제다. 실제 다수 정치인은 국민을 대표하는 선량이 아니다. 국민을 위해 헌신하는 일꾼이 못 된다. 정치인은 국회란 성역에서 무소불위의 권력을 휘두른다. 명예·특권·이권을 향유하면서 국민의 위에

군림한다. 정치권은 국민과는 동떨어진 '그들만의 리그'일 뿐이다.

이대론 대한민국의 미래가 없다. 근본적인 국가 재설계가 절실하다. 국가를 구조조정해야 한다. 국가 생태계를 건실하고 활력 넘치게 복원해야 한다. 무엇보다 추락한 국가 권위체계와 리더십을 재건해야 한다. 기형적인 정치구조와 최악의 정책 결정 프로세스를 전면 개혁하는 일에 국운이 달렸다. 그러려면 정치제도를 환골탈태해야 한다. 구체제 Ancien Regime 와 구태를 넘어설 새로운 전략이 필요하다.

20대 국회는 진영 논리와 지역 이기주의에서 벗어나야 한다. 포퓰리즘 공약에 매달리기보다 국리민복에 올인하는 의정활동에 매진해야 할 것이다. 더 이상 정치가 경제 발목을 잡는 일이 없어야 한다. 국회에서 낮잠 자고 있는 노동개혁 법안과 서비스산업 활성화 법안을 조속히 처리해 경제 회생에 일익을 담당해야 할 것이다.

국회의원은 개인이나 당파의 이해관계를 떠나 미래 비전과 소명의식, 혁신적 리더십을 갖춘 인재상을 보여주는 데 솔선수범해야 한다. 시대정신을 파악하고 항시 깨어 있어야 한다. 후보 시절 국민의 시종이란 낮은 자세로 표심을 공략하던 초심을 잊어서는 안 될 것이다.

〈매경이코노미〉 2016.6.8

일파만파 '정운호 스캔들'

중저가 화장품 브랜드숍 2곳 키운 자수성가 CEO
도박 수렁에 추락…전관예우·법조비리 파문 확산

　기업인의 해외 원정 도박과 법조계 로비 파문이 확산된다. 전직 검사장·부장판사 출신 변호사가 구속된 '전관예우前官禮遇' 폐습에 썩은 냄새가 진동한다. '정운호 스캔들'에 검찰 내부가 들썩인다. '현관범죄現官犯罪'라는 비판에 서울중앙지검 특수1부가 검찰 관계자 10명에 대한 내부 수사에 나섰다. '솜방망이' 수사의 한계를 넘어 법조비리 실체가 담긴 '판도라의 상자'가 열릴지 주목된다.

　또 다른 방향에선 '정운호 로비 게이트'가 속속 드러난다. 화장품 매장 관련 금품수수 등 입점비리 가능성에 서울메트로, 군, 기업계 등 관계자가 줄줄이 수사 선상에 올랐다. 법조 브로커가 정운호를 위해 법조계, 경찰, 고위 공직자 등에 로비를 했다는 의혹과 서울 지하철역에 네이처리퍼블릭 매장 입점로비를 했다는 혐의로 수사를 받는다. 정 대표의 측근 브로커는 군 PX와 롯데면세점에 납품 로비를 했다는 의혹

을 받고 있다. 신영자 롯데복지장학재단 이사장이 로비에 연루됐다.

이 같은 스캔들의 주인공, 정운호 네이처리퍼블릭 대표는 '맨손 성공 신화'를 쓴 자수성가형 기업인이다. 정 대표는 학력이 중졸에 불과하지만 타고난 장사꾼이다. 그는 마케팅의 귀재다. 수천억 원대 매출의 화장품 유통기업을 두 곳이나 키워냈다. 소비자들이 어떤 상품을 원하는지, 어디에 매장을 내야 사람이 몰리는지 등을 판단하는 감이 탁월한 그였다. 그래서 그는 화장품 업계의 스타 CEO로 주목받았다.

그는 지금은 나비축제로 유명한 전남 함평 출신이다. 10대에 상경한 그는 중학교 시절 신림동에서 친구들 돈을 빌려 아이스크림 장사를 시작했다. 관악산 정상에서 등산객에게 아이스크림을 두 배 값을 받고 팔았다. 이때 모은 돈으로 서울 남대문시장에서 바나나 등 과일 노점상을 했고 명동 조그만 상점 귀퉁이에 화장품 매장을 마련했다. 그는 1억 원을 종잣돈 삼아 20대 후반인 1993년 세계화장품을 세워 주문자상표부착생산ΟΕΜ 사업을 시작했다. '식물원'과 '쿠지' 등 자체 브랜드를 내놨다.

정 대표는 중저가 화장품의 성장 가능성에 주목했다. 2003년 브랜드숍 '더페이스샵'을 창업했다. 그의 로드 숍길거리 매장 매출은 폭발적으로 증가했다. 2년 만에 업계 1위 미샤에이블씨엔씨를 추월했다. 2005년 그는 더페이스샵 지분 70.2%를 홍콩 사모펀드 어피니 티에쿼티에 넘겼다. 이후 LG생활건강으로 넘어간 더페이스샵의 잔여 지분을 팔아 모두 1,700억 원대 자금을 거머쥐었다. 정 대표는 2010년 네이처리퍼블릭전 장우화장품을 인수, 매출 2,800억 원대 5위 기업으로 키웠다. 기업공개IPO에 성공하면 그는 단숨에 수천억 원대 자산가가 될 수 있다는 꿈에 부풀었다.

돈을 더 벌 것인가? 존경받는 기업인이 될 것인가? 한평생 편안하게 살 수 있는 거금을 손에 쥐었건만 정 대표는 다른 운명을 선택했다. 해외 도박이란 깊은 수렁에 빠진 것. 해외 카지노에서 회삿돈을 자신의 돈인 양 펑펑 베팅했다. 여러 차례 주위의 조언과 경고가 있었지만 그는 도박을 끊지 못했다. 결국 그는 100억 원대의 해외 원정 도박 혐의로 징역 8월을 선고받고 2015년 10월 수감됐다. 구속 중이던 정 대표는 거물급 변호사에게 거액의 수임료를 주고 처벌 수위를 낮추도록 시도한 의혹이 불거졌다. 구치소에서 자신의 변호인인 부장판사 출신 최유정 변호사를 폭행한 혐의로 고소당하면서다. 앞서 정 대표는 해외 카지노에서 329억 원대 도박을 벌인 혐의와 관련해 2014년 경찰과 검찰에서 세 차례나 무혐의 처분을 받았다. 이 과정에 검사장을 지낸 홍만표 변호사가 검경 내부에 영향력을 행사한 징황으로 사태가 번졌다. 검찰은 뒤늦게 정 대표가 네이처리퍼블릭 등 계열사의 법인 자금을 빼돌려 회사에 142억 원의 손해를 끼친 혐의로 2016년 5월 구속영장을 청구, 재수감했다.

정 대표는 K–뷰티 성공 스토리 대신 오명을 뒤집어썼다. '돈의 노예'가 된 그의 화려했던 명성은 한순간에 휴지 조각이 됐다. 그의 별칭은 '화장품 업계 미다스의 손'에서 '도박·로비의 신'으로 전락했다. 수단을 가리지 않고 돈 버는 데 혈안이 된 천박함에 국민은 머리를 돌린다. 도처에서 비난의 화살이 쏟아진다. 사회적으론 기업인 활동에 부정적인 이미지를 각인시키고 말았다. 그는 임직원의 신뢰를 받는 오너 CEO에 걸맞게 행동하고 욕구를 참아내며 기업인의 본분을 지켰어야 했다. 성공한 기업인은 항상 자신의 그릇이 작음을 되돌아보고 생각의 그릇을 키우기 위해 노력해야만 한다. 이번 사태는 기업인의 도덕성과 윤리 회복이 절실하다는 뼈아픈 교훈을 남겼다.

경영

MANAGEMENT

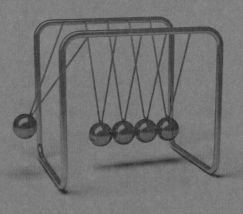

〈매경이코노미〉 2014.12.3

한국에 상륙한 이케아 가구

낮은 가격·디자인 앞세워 한국 소비자 유혹
배송·조립 서비스 원활하게 제공돼야 성공

15년 전 미국 연수 시절, 필자는 대형할인점에서 조립식 책상을 구매한 적이 있다. 드라이버 달랑 하나 갖고 시작한 책상 조립은 장난이 아니었다. 진땀을 흘려가며 수많은 나사못을 돌려 책상 부품을 끼워맞추는 데 온 하루가 걸렸다. 책꽂이가 붙어 있던 자신의 책상이 마침내 완성되자 초등학생 큰딸은 매우 기뻐했다. 하지만 아내는 "책상이 조금 흔들거리네"하며 핀잔을 던졌다.

한국의 30, 40대 남성에게 주말 가사는 기피 대상 1순위다. 못과 망치, 전동드라이버를 사용해 옷장, 식탁, 침대 등 가구를 조립한다는 건 보통 일이 아니다. 서구에 비해 집 안 공간이 좁은 데다 차고Garage와 같은 작업 장소도 없다. 학창시절 기술 과목을 배웠어도 목공 실습을 해본 적이 드물다. 그러다 보니 벽에 못 하나 제대로 박지 못할 정도다. 윤활유 교환과 같은 간단한 자동차 수리는 생각하지도 못한다.

　세계 최대 가구·유통업체 이케아가 2014년 12월 18일 광명점을 오픈했다. 스웨덴에서 1943년에 설립된 이케아는 전 세계 345개 매장을 운영한다. 오랜 역사의 글로벌 기업치곤 한국 진출이 늦은 편이다. 작심한 듯 세계 최대_{연면적 13만 1,550㎡} 매장을 선보였다. 취급하는 가구와 생활용품은 총 8,000여 종에 달한다.

이케아의 한국 상륙은 가구 산업과 소비자 쇼핑 문화에 큰 변화를 몰고 왔다. 국내 가구업계는 당초 고사위기에 몰릴 것이라는 우려를 떨치고 중흥기를 맞았다. 때마침 불어온 '집 꾸미기 바람'과 맞물려 과거 침체됐던 가구업계 전반에 혁신과 상승효과를 일으킨 것. 메기 한 마리가 미꾸라지 무리에 뛰어들어 전체 미꾸라지를 자극하고 날뛰게 만든 것이나 다름없다.

신혼부부를 비롯한 젊은 층에서 이케아 브랜드는 선호도가 높은 편이다. '값싸고 예쁜 조립식 가구'의 대명사 이케아는 단순함과 실용성을 갖춘 모던한 디자인을 자랑한다. 고가 내구재가 아닌 '라이프 스타일'을 유행에 따라 바꾸는 소모품이라는 개념을 가구에 적용했다. 동시에 검소하고 근면한 북유럽식 가치관을 반영해 저가 전략을 핵심으로 삼았다.

창업주 잉그바르 캄프라드는 세계적인 부호지만 '깐깐한 짠돌이'가 별명이다. 디자인과 가격을 우선시한 대신, 이케아가 포기한 가치는 제품 배송과 조립이다. 이케아는 DIYDo It Yourself 가구 부품을 표준화, 글로벌 소싱으로 생산해 규모의 경제를 실현한다. 또한 물류비를 절감하고 운반이 쉽게 평평한 소포장 방식을 채택했다.

고객은 거실, 주방, 서재, 침실, 욕실 등 쇼룸에서 확인한 제품을 창고에서 가져와 계산한 뒤 배송과 조립까지 수고를 감수해야 한다. 다만 이케아는 한국에서 변형된 현지화 전략을 구사한다. 고객이 원할 경우 택배·조립을 추가로 서비스하는 것. 이 같은 배송대행과 조립 서비스엔 당연히 추가 요금이 붙는다.

이케아 광명점 오픈에 대해선 이런저런 말도 많았다. 먼저 장식용

벽걸이 지도에 동해가 일본해로 표기된 것이 알려지면서 네티즌의 큰 반발을 샀다. 특히 카탈로그상 제품 가격이 해외보다 두 배 가까이 비싼 경우도 있어 한국 소비자를 '호갱호구 고객' 취급한다는 비난을 사기도 했다. 급기야 공정거래위원회는 이케아에 대한 가격 실태 조사를 벌이기도 했다. 일부 언론과 네티즌의 이케아 때리기가 지나친 점도 있었다.

한국은 글로벌 기업들이 신제품을 내놓는 테스트베드다. 국내 소비자는 무척 예민하고 까다롭다. 가격이 품질에 비해 저렴하지 않거나 조립·배송에 따른 추가 부담이 지나치면 고객 불만이 클 수 있다. 이미 월마트나 까르푸 같은 세계적인 할인점이 적응 못 하고 철수한 선례가 있다. 영국 홈인테리어 DIY업체인 비앤큐B&Q도 국내 진출 2년 만에 사업을 접었다.

이케아는 새로운 전략으로 한국을 공략한다. 광명지역 가구 소상공인과 상생협약을 맺었다. '시간제 정규직' 일자리는 새로운 반향을 일으켰다. 고객에게 새로운 만족을 주는 마케팅으로 일단 이케아코리아는 한국 안착에 성공했다. 아울러 '이케아 신드롬'을 일으키며 한국 가구업계 전반에 활력을 불어넣은 점은 긍정적으로 평가된다.

〈매경이코노미〉 2014.12.24

불황기 대박상품 비결

레드오션 접어든 내수시장…앞날도 '깜깜'
고객 감동시킬 '작은 혁신'에 희망을 걸자

Recession경기후퇴, Depression불황, Crisis경제위기…. 옆집, 자신, 그리고 대부분의 사람이 직장을 잃는다는 경기 침체 과정이다. 우리 경제는 어디에 위치해 있을까? 2008년 리먼사태 이후 구조적 장기 침체인 2SSecular Stagnation에 빠진 걸까? 잠재성장률은 갈수록 주저앉고 저성장이 뉴노멀로 고착화한다. 만성적이던 인플레는 디플레 걱정으로 변했다. 일본의 잃어버린 20년을 닮는다는 말이 피부로 와 닿는다.

현대경제연구원은 경기불황의 특징을 다섯 가지 키워드로 분석했다. 첫째, 글로벌 경제의 회복 지연에 따른 피로감이 누적되면서 긍정적인 경기 신호가 소멸되는 현상은 '늪지형' 불황이다. 둘째, 경기가 하락하는 추세 속에서 다수의 소파동이 존재하는 경우는 '멀티딥형' 불황으로 볼 수 있다. 셋째, 수요 충격이 원인이 되는 것은 '수요충격형' 불황이다. 넷째, 제조업과 수출에서 서비스업과 내수로 불황이 파급되

어 대부분 부문에서 침체를 경험하는 상황은 '전방위형' 불황이다. 마지막으로 침체가 장기화하면서 민간 부문의 방어력이 크게 약화되는 '자생력 부족형' 불황을 들 수 있다.

유가 하락, 엔저에 수출기업은 비상이 걸렸다. 내수시장은 치열한 경쟁 속에 레드오션에 접어들었다. 소비자는 지갑을 닫고 변덕스러운 입맛은 더 까다로워진다. 기업은 매출과 이익 극대화가 아닌 생존 자체를 목표로 삼게 됐다. 중소기업 경영자들 사이엔 "직원 월급 나눠주면 집에 갖고 갈 게 없다"는 '비즈니스 푸어'라는 말까지 등장했다.

하지만 불황 한파에도 고객을 감동시킨 서비스와 상품은 여전히 빛을 발했다. 어려운 여건에서 성공신화를 쓴 다양한 히트상품을 살펴보면 손바닥을 "딱"하고 칠 정도로 독창적인 아이디어와 새로운 가치가 돋보인다. 특히 히트상품의 부상 뒤엔 SNS를 통한 입소문 마케팅이 큰 위력을 발휘했다.

먼저 2014년에는 세월호 사고로 진정한 리더십과 의리에 대한 갈망을 반영한 영화와 드라마가 인기를 누렸다. 무기력한 정치, 갑의 횡포, 얄팍해진 인간관계에 대한 반감이 작용했기 때문이다. 〈명량〉은 낙심한 국민에게 이순신 장군의 '희생적 리더십'을 보여주며 국내 영화 사상 최초로 1,700만 관객을 돌파하는 신기록을 세웠다. tvN 금토드라마 〈미생〉은 고달픈 직장생활 속에 고군분투하는 회사원들의 눈물겨운 스토리를 담아내 큰 공감을 얻었다.

둘째, 가성비를 앞세운 불황형 마케팅이 대세를 이뤘다. 가격을 낮추고 가치 있는 혁신을 이룬 제품과 서비스가 사랑받았다. BB크림의 단점을 버린 에어쿠션 화장품을 비롯해 그램그램, 타요버스, 탄산수, 해외직구 등이 이에 해당된다. 1,000원 상품으로 '푼돈의 기적'을 이룬 생활용품숍 다이소는 창업 17년 만에 매출 1조 원을 넘어섰다. "기가 팍팍" 광고를 앞세워 기존 유선인터넷보다 10배 이상 빠른 '기가 인터넷'도 돌풍을 일으켰다.

셋째, 다양성을 찾는 고객의 욕구를 반영한 제품도 사랑을 받았다. 프리미엄 이미지로 맛을 차별화한 '클라우드' 맥주, '허니버터칩', 빙수에 팥 대신 떡고물을 얹은 '설빙雪氷' 등이 대박을 터뜨렸다. 자신만의 개성을 사진에 담는 셀카봉의 히트에 이어 셀카드론도 등장했다. 자동차시장에서는 수입 디젤차 판매가 호조를 이어갔다.

넷째, 고령화와 베이비붐 세대 은퇴는 복고적 트렌드를 낳았다. 크림빵 이외에 스냅백, 꽃보다 시리즈, 콜라보레이션 가요 등 7080 문화에 대한 향수를 반영한 제품이 젊은 층에서도 좋은 반응을 얻었다. 한식뷔페 바람에 '자연별곡', '계절밥상', 'N테이블' 등 외식업체의 시장 선점 경쟁도 치열했다. 아울러 1인 가구가 늘어나면서 작은 사이즈 상품군이 주목받았다. 1인 가구화는 소형 가전·가구, 1인 아파트 등의 수요를 촉발시켰다.

마지막으로 네트워크형 서비스가 각광을 받았다. 스마트폰을 이용해 음식을 배달시켜 먹는 배달앱 시장은 1조 원에 육박한다. '배달통', '배달의민족', '요기요' 등 배달앱은 고객과 지역점주를 이어주고 광고비나 모바일 결제 수수료를 떼는 비즈니스 모델이다. 최근엔 과도한 수수료 거품을 뺀 앱이 등장했고 주문과 배달 대행을 겸한 서비스가 합세했다.

팍팍해진 삶과 한숨 속에 일상이 지나간다. 몸과 마음이 지친 국민은 희망과 꿈을 갈망한다. 아무리 소비가 얼어붙었다고는 하지만 고객에게 기쁨과 감동, 그리고 가치와 행복을 주는 제품과 서비스에 대한 수요는 무궁무진하다. 만족을 주는 품목에 대해선 기꺼이 돈을 지불하고자 하는 소비자의 니즈를 정확히 꿰뚫는 '혁신' 제품을 개발하는 일만이 불황을 뚫는 지름길인 것은 자명하다.

〈매경이코노미〉 2015.1.7

파괴자 우버와 공유경제

재화·공간·지식·경험 함께 나누는 플랫폼 비즈니스
법·규제·세금 회피하는 와해성 혁신, 기존 산업 위협

아이들 옷 나눔공간 '키플', 차량 공유 '쏘카', 주차공간을 나누는 '모두의 주차장', 민박 공유 '코자자', 육아·교육 서비스 '품앗이 파워'…. 저성장기에 공유경제Sharing Economy가 주목받으며 유망 사업으로 뜬다.

미래학자 제레미 리프킨은 이미 "소유의 시대는 끝났다"고 선언했을 정도다. 영국 〈파이낸셜타임스〉는 2014년 혁신을 통해 시장을 뒤흔든 파괴자로 '우버차량 공유', '렌딩클럽P2P 대출', '틴더데이팅', '저스트잇음식주문' 등 공유경제를 망라한 20개 기업을 선정했다. 지식과 정보도 공유 대상이다. 브리태니커를 무너뜨린 온라인 백과사전 '위키피디아', 공동 연구개발 플랫폼 '이노센티브'에 이르기까지 무궁무진하다.

공유경제는 '재화나 공간, 경험과 재능을 다수의 개인이 협업을 통해 다른 사람에게 빌려주고 나눠 쓰는 온라인 기반 개방형 비즈니스 모델'을 말한다. 공유경제는 렌털이나 리스 서비스와는 다르다. 렌털

은 기업이 소유 자산을 고객에게 유상으로 빌려주는 서비스다. 공유경제는 잘 활용되지 않던 자산을 여러 소유주가 공급하고 다른 사용자가 이를 활용함으로써 부가가치를 서로 나눈다는 점에서 차이가 있다.

모바일 등 정보통신기술ICT은 공유경제 확산의 촉매제다. 즉 플랫폼 상에서 다양한 공급자와 수요자가 서로 만날 수 있는 최적의 네트워크를 제공한다. 또한 신뢰성이 낮은 공급자, 소비자, 자산을 걸러내고 피드백을 통해 개선을 유도한다. 동시에 수면 밑에서 잠자던 롱테일 수요를 일깨워 경제 활성화에도 기여한다.

부정적인 측면도 있다. 공유경제는 기존 산업의 가치 사슬을 파괴하는 주범으로 지목된다. 특히 법과 규제, 세금을 우회한 무임승차 문제가 논쟁거리다. 또한 일부 배달앱은 수수료가 지나치게 높아 비난을 산다. 아울러 개인 정보 보호나 소비자 불만, 정보 비대칭성에 따른 피해자 구제장치도 문제가 많다. 이와 함께 공유 서비스 종사자의 저임금과 직무 불안정도 간과할 수 없다.

그래서 공유지에 쓰레기를 내다 버리는 비극을 낳고 기존 사업자와 갈등·충돌이 빚어진다. 세계 곳곳에서 소송에 휘말린 우버는 그 대표 사례다. 한국 검찰은 우버 창업자 트래비스 코델 칼라닉, 우버코리아, 렌터카 업체 대표를 불구속 기소하기도 했다. 여객자동차운수사업법을 위반했다는 혐의였다.

서울시도 우버 영업을 금지시키면서 영업을 신고하면 최고 100만 원을 포상하기로 했다. 우버 측은 "영업 허가를 받은 렌터카 업체와 계약을 맺고 앱으로 고객을 연결하는 정보 제공업"이라고 주장한다. 하지만 검찰과 서울시는 "영업 수수료 20%를 챙기는 우버가 택시 영업 면허를 받지 않아 불법"이라고 반박한다. 일반 택시에서 비즈니스가 막힌 우버는 개인택시와 연계해 '우버 블랙'이란 고급택시 서비스 사업을 벌이고 있다.

카톡으로 SNS 시장을 평정한 다음카카오는 서울시 택시운송사업조합과 손잡고 카카오택시 서비스를 내놓아 큰 인기를 모으고 있다. 또한 카카오는 '카카오택시 블랙'으로 우버 블랙과 경쟁을 벌인다. 지난 2012년 공유도시를 선언한 서울시는 공영택시 회사를 세워 개인택시

발급을 기다리는 운전자를 사납금 없이 100% 월급제로 고용한다는 방침이다.

어떤 분야든 대세인 공유경제가 확산되는 것은 시간문제인 셈이다. 공유경제는 기존 산업을 위협하는 와해성 혁신Disruptive Innovation이다. 제도가 미비한 틈새 시장에 사업자가 진입한 뒤 시장을 독점한다. 정부는 관련 법규를 정비해 공정한 게임의 룰을 조속히 마련해야 할 것이다. 규제받지 않는 사업자가 경제적 약자인 전통 사업자에게 피해를 주는 폐단을 막아야 한다.

플랫폼 운영자가 갑甲 행세를 하고, 영세상인이나 고객, 종사자는 을乙이 되는 불합리한 구조는 시정돼야 한다. 위험 또한 남에게 떠넘기기보다 서로 나눌 필요가 있다. 참여자 모두에게 풍요로운 삶과 가치를 제공하는 따듯한 마음의 협력적 O2O온라인과 오프라인을 연결 비즈니스 모델이 절실하다.

롱테일 수요란?

전체 시장의 머리와 몸통 부분에 위치한 소수의 히트상품에 초점을 맞추는 대신 꼬리 부분의 수많은 틈새시장에서 발생하는 거대 수요를 말한다. 진열공간의 제약과 유통의 장애에 구애받지 않는 온라인 시대가 열림에 따라 특정한 소수의 고객을 타깃으로 한 다양한 상품과 서비스는 경제적인 매력을 갖는다. 롱테일 수요의 진정한 유형은 고객들이 무한한 선택권을 제공받을 때 드러난다. 매출액, 사용 빈도, 혹은 선택권이 엄청나게 커져서 경제·문화적 세력을 형성하게 된 새로운 틈새 상품을 구매하는 고객의 참여로 롱테일 수요가 나타난다.

〈매경이코노미〉 2015.1.14

복원력 강화로 치유하라

불확실성 시대엔 긍정의 힘으로 오뚝이처럼 일어서야
선제적 구조조정 거친 아모레퍼시픽 글로벌 혁신 선도

어느 날 밤 '꽝'하는 폭발음과 함께 북해의 석유시추선이 화염에 휩싸였다. 한 남자가 불길을 헤치고 간신히 플랫폼 가장자리로 탈출했다. 칠흑 같은 어둠 속에 사방은 차가운 얼음바다뿐이다. 번져 오는 불길 앞에 그는 눈을 딱 감았다. 그러고는 30m 밑 바다로 몸을 던졌다.

이 비유는 2011년 2월 당시 노키아의 스티븐 엘롭 CEO가 임직원에게 '대변혁'을 촉구하는 메시지에 담긴 내용이다. '불타는 플랫폼Burning Platform'이란 기업이 변화와 혁신을 선택해야 하는 절체절명의 한계 상황을 뜻한다. 벼랑 끝 위기를 눈앞에 맞닥뜨린 기업은 더 이상 물러설 곳이 없다. 흥망의 기로에서 뼈와 살을 도려내는 구조조정을 선택해야 한다.

하지만 성공 확률은 낮다. 노키아는 결국 2013년 9월 마이크로소프트에 넘어갔다. 그래서 깊은 수렁에 빠진 기업이 턴어라운드한 성공

스토리는 짜릿한 감동을 준다. 서경배 아모레퍼시픽 회장은 그 주인
공이다. 지난 1994년 서 회장은 태평양_{현 아모레퍼시픽}그룹 경영의 전면에
나섰다. 당시 태평양은 패션, 증권, 보험, 건설, 제약, 소재, 광고, 야구단
등 문어발식 사업 확장에 따른 부실로 어려움에 처했다.

서 회장은 그동안 3차에 걸쳐 혹독한 사업 구조조정에 나섰다. 그는 선택과 집중에 올인했다. 화장품과 건강Beauty & Health 이외의 사업을 과감하게 정리했다. 보유 부동산 매각은 물론, 흑자 계열사도 팔았다. 그의 '한 우물 파기' 전략은 한류 붐을 타고 대성공 신화를 썼다. 세계 200대 부자 반열에 올라선 서 회장은 스포트라이트를 한 몸에 받는다. 2015년 창립 70돌을 맞은 해방둥이 기업 아모레퍼시픽은 K뷰티 바람을 일으키며 글로벌 화장품 시장에서 혁신을 선도하고 있다.

구조조정은 다름 아닌 힐링Healing이다. 환부를 잘라내고 상처를 치유하는 일이다. 난관에서 벗어나려면 피나는 노력과 뼈를 깎는 고통을 면할 순 없다. 역경을 이겨내는 힘은 다름 아닌 복원력Resilience이다. 적을 만난 도마뱀은 꼬리를 잘라내고 줄행랑친다. 얼마 뒤 꼬리는 다시 쑥쑥 자라난다. 기업에서 복원력은 위기에도 좌절하지 않고 경쟁력을 재창조하는 힘을 뜻한다.

'경영구루' 게리 하멜은 "전략적 복원력은 지속적으로 핵심 사업을 훼손할 심각한 트렌드에 맞서 대응해 나가는 것"이라고 말했다. 과거 애플, 포드, JAL 등 글로벌 기업도 복원력을 통해 강하고 새로운 역량으로 무장한 기업으로 재도약했다.

경제도 마찬가지다. 리먼 사태로 추락한 미국 경제는 다시 용수철처럼 튀어 오르는 복원력을 보여줬다. 미국이 성장 궤도에 재진입한 것은 민간부문 혁신과 중앙은행 양적완화에 힘입은 바가 크다. 창의적 발상, 기동성과 함께 긍정적 문화는 복원력의 핵심 요소다. 복원력은 기업 내부적으로 집단의식, 초감정으로 나타나는 조직문화를 건강하게 바꿔야만 제대로 발휘된다. 사업이 흥하는 고기능 조직에서 긍정과 부정의 황금비율은 6 대 1이라고 한다. 긍정적인 집단사고는 조직의 병을 치유하고 성공으로 이끄는 원동력인 셈이다. 위기 상황 인식, 초심으로의 회귀, 역량 재구성, 조직의 체질 개선과 실천에 의해 복원력은 증대된다.

국내외 경영환경 악화로 재계에선 선제적 구조조정이 발등의 불로 떨어졌다. 삼성조차 휴대폰 사업의 부진에 직면하자 석유화학·방위산업에 속한 계열사를 한화와 롯데에 넘기는 빅딜에 나섰다. 몇 번이고 쓰러져도 다시 일어나는 7전 8기 정신은 좌절 속에서 더욱 빛난다. 악전고투의 종착지는 실패가 아니다. 오히려 잠재력을 발휘하는 기회다. 실패를 두려워하기보다 기회의 상실을 걱정해야 한다. 오뚝이처럼 바로 일어서는 긍정의 힘으로 재충전하는 게 불확실성의 시대를 넘는 최선의 전략임에 틀림없다.

재계에서 선제적 구조조정에 성공한 사례는 많지 않다. 그 대표적인 예가 외환위기 이후 1997~2000년 핵심 계열사를 매각해 부채비율을 대폭 낮춘 한화와 효성, 그리고 2014~2015년 방위산업과 화학 계열사를 한화·롯데에 매각한 삼성을 꼽을 수 있다.

〈매경이코노미〉 2015.2.4

沒入으로 不況 이겨내자

일에 푹 빠진 심리상태는 만족도·행복·성과 높여줘
창의성·잠재력 극대화…신바람 나는 직장 만들어야

    피아노를 연주할 때, 대중 앞에서 연설을 할 때, 무대 위에서 열연할 때…. 피아니스트, 정치인, 무용수는 열정으로 자기도취에 빠진다. "날 아오는 야구공이 수박만 하게 보였어요." "퍼팅할 때마다 골프공이 신기하게도 홀컵으로 쑥쑥 빨려 들어갔죠." 홈런 타자와 골프대회 우승자도 같은 느낌일 것이다. 이 같은 고도의 정신 집중 상태를 '몰입沒入'이라고 한다.

    몰입은 무언가에 푹 빠져드는 경험이다. 몰입에 들어가면 시간과 공간을 느끼지 못할 정도가 된다. 자기 스스로를 잊는 무아지경無我之境이나 물아일체物我一體와 다를 바 없다. 조선시대 선비는 몰입으로 세상 이치를 깨달았다. 선비는 5가지 원칙을 따랐다. 박학博學, 널리 배워라. 심문審問, 물으려면 깊이 파고들어라. 신사愼思, 신중하게 생각하라. 명변明辨, 명확하게 판단하라. 독행篤行, 독실하게 실천하라. 이처럼 무엇

이든 한번 시작하면 끝장을 보는 게 선비정신이다.

누구나 좋아하는 일에 빠져들면 힘들어도 행복을 만끽한다. 긴장과 중압감을 이겨낼 때 가슴 벅찬 뿌듯함과 성취감, 짜릿한 희열마저 느낀다. 몰입은 긍정의 에너지를 낳고 기발한 아이디어를 창조하는 힘이다. 한마디로 스트레스 없이 일을 하는 것이다. 일에 생명을 불어넣는 몰입은 그래서 뛰어난 성과를 낳는다. 몰입은 환경과 상황을 스스로 통제하는 역량이다. 집중을 방해하는 상념에서 벗어나 삶의 통제권을 갖는 것이다.

섹스나 마약, 쇼핑과 달리 진정한 몰입은 사람의 능력을 개발한다. 몰입하는 인간은 스스로 도전 과제를 정하고 난이도를 높여 나간다. 그러면서 충만한 자신감과 성취감을 느낀다. 저성장이 지속되는 경제 상황에선 사업 실패, 좌절 등 각종 불행이 넘쳐난다. 자포자기 상태에 빠져 하는 일마다 수렁에 빠지는 악순환이 반복된다.

성과 몰입Work Engagement은 불황기에 딱 맞는 실천 전략이다. 직원이 회사 이익과 성과 향상을 위해 자발적으로 나서는 노력을 말한다. 창의성과 잠재력을 극대화해 신바람 나는 조직을 만드는 행동이다. 몰입도가 높은 조직일수록 직원의 불만이 적고 이직률이 낮다. 지속 가능한 경쟁우위를 갖추게 돼 고객의 만족은 커진다. 직원 능력이 크게 차이 나기보다는 엇비슷한 조직에서 협업은 몰입도를 더 높인다. 스타플레이어가 없더라도 각자 능력과 역량을 모아 팀워크 향상에 매진할 수 있기 때문이다.

2015년 창립 50돌을 맞은 한솔그룹의 조동길 회장은 신년사를 통해 몰입을 강조했다. 그는 임직원들이 업무에 더욱 몰입하고 성과를 낼 수 있도록 경영진이 동기를 부여하라고 주문했다. 조 회장은 "탁월한 업무 집중과 몰입을 통해 기존 성과에 도전하는 성장형 인간이 돼야 한다"고 지적했다. 조직 몰입도를 높이려면 먼저, 최고경영자가 임직원의 경력 개발에 관심을 기울이고 적극 배려해야 한다. 이로써 직원은 경영진을 신뢰하고 주인의식이 고양되며 스스로 성장한다는 보람과 만족을 갖는다.

둘째, 직원이 자신의 업무가 기업 목표 실현에 기여한다고 공감해야 한다. 업무가 조화롭고 일관되게 설계되며 성과에 대한 책임 소재도 명확해야 한다. 이때 공정하고 엄격한 평가 시스템을 갖춰 적절한 압박과 긴장감을 조성해야 한다. 셋째, 직원의 역량에 비해 너무 어렵거나 쉬운 일은 몰입을 유도하기 힘들다. 각자 능력보다 5~10% 정도 높은 난이도를 설정해 도전정신을 불어넣어야 한다. 동시에 유연한 업무

환경과 과감한 권한 위양으로 자발성을 유도해야 한다.

넷째, 업무 성과가 뛰어난 직원과 팀에 대해 기업이 물질적 보상뿐 아니라 정신적 보상을 주면 성취동기, 만족감이 더욱 증대된다. 칭찬은 고래를 춤추게 만든다고 하지 않던가. 마지막으로 기업의 사회적 책임을 수행하는 대외 활동은 이미지를 개선하고 직원이 회사에 대한 자긍심을 갖는 데 효과가 크다. 자선 활동이나 기부에 적극적인 기업일수록 사회적 평판이 좋고 직원 애사심이 강하다.

〈매경이코노미〉 2015.11.11

제조업 위기돌파 전략은

구조적 저성장의 늪에 빠져 선제적 산업재편 절실
스마트산업 육성·유망 소비재 수출로 활로 찾아야

경제의 보루, 제조업이 흔들린다. 국내외 악천후에 조선, 철강, 석유화학 등 주력 산업이 활력을 잃어간다. 내수와 수출 부진에 성장성과 수익성 모두 악화일로다. 2014년 제조업 매출은 건국 이래 처음으로 마이너스 성장을 기록했다. 한번 주저앉았다가 불사조처럼 되살아나는 경기 순환적 현상으로 볼 일이 아니다. 산업 패러다임이 확 달라지고 있다. 제조업이 구조적 저성장의 늪에 빠졌다는 분석이 대세다.

공급과잉의 시대다. 오래전 경제학자 세이가 주장한 '판로의 법칙'은 더 이상 먹히지 않는다. 만들기만 하면 팔려 나가던 시절은 끝났다. 까다로운 입맛의 소비자가 사주질 않기 때문이다. 공유경제가 부상하면서 신상품 소비가 늘어날 여지는 축소된다. 갖고 있는 물건과 자산을 타인들과 서로 나눠 사용하는 비즈니스가 소비 패턴을 바꾼다.

게다가 저출산 추세에 인구 감소라는 유령이 눈앞에 어른거린다. 동

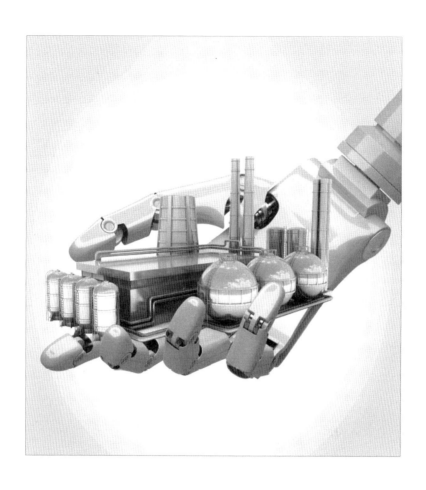

시에 고령화는 미래 생존에 대한 불안감을 높인다. 그래서 모두 허리띠를 졸라매고 한 푼이라도 저축을 늘리려 한다. 눈덩이처럼 불어난 가계부채는 대출원리금 상환 압박을 가중시킨다. 1980년 이후 태어난 '밀레니엄 세대'는 소비 트렌드 변화의 주역이다. 하지만 청년 실업의 그늘에 활기찬 구매력을 기대하긴 힘들다. 이 모든 요인이 '소비절벽'을 낳는다.

세계적인 경기 둔화에 수출은 사면초가에 빠졌다. 2016년 5월 현재 17개월 연속 수출 증가율이 마이너스다. 베트남을 비롯한 아세안 국가를 빼곤 글로벌 시장에서 수출 실적이 뒷걸음질 친다. 10대 수출품목 비중은 2008년 이후 75% 수준에서 달라진 게 없다. 이렇다 할 새로운 성장동력이 없다는 얘기다. 수입도 동반 감소하는 추세여서 무역수지는 50개월 이상 불황형 흑자를 기록했다. 환율 방어에도 수출 둔화는 속수무책이다. 정부가 자동차와 가전제품에 대한 개별소비세 인하와 한국판 블랙프라이데이 등 내수 촉진책을 내놓았지만 힘을 제대로 발휘하지 못했다.

제조업 성장루트는 갈수록 기회의 문이 닫혀간다. 제조업의 국내총생산 성장 기여도는 2010년 55.4%에서 2015년 11.5%로 급감했다. 선제적인 산업구조 개편 없이 제조업 회생은 불가능하다. 조선은 구조조정 1순위다. 해양플랜트 악재와 경영 부실이 겹쳐 조선 3사는 2015년 영업손실이 6조 4,000여억 원에 달했다. 가격 경쟁 심화로 철강업계는 악전고투에 허덕인다. 건설사는 국내 건축 경기 호전에도 불구, 해외 건설 부실 충격에서 벗어나질 못한다.

돈을 풀어 내수를 부양하는 정책은 위기 대응에 효과가 있다. 하지만 기초체력이 약하면 부동산 등 자산 가격 거품만 낳는다. 자칫 가격 폭락이란 큰 후유증이 뒤따를 수 있다. 이제 확장적 재정·금융 정책은 한계에 봉착했다. 수요보다 기술 혁신과 노동 생산성 제고 등 공급 측면의 체질 강화가 절실하다. 빈사 상태에 빠진 제조업 체질을 강화하는 신산업 육성정책에 힘이 실려야 한다.

제조업 경쟁력을 살리려면 무엇보다 노동 개혁이 차질 없이 추진돼야 한다. 고용 분야에서 가중된 기업의 짐을 가볍게 덜어내야 한다. 또한 악화가 양화를 구축하지 않도록 좀비기업 구조조정이 실효를 거둬야 할 것이다. 그래야만 산업·금융 생태계가 생기를 되찾게 된다. 정부와 채권단이 손발을 맞춰 부실기업 정리를 속전속결로 해결해야 한다.

수출은 제조업 성장의 활로다. 기업마다 수출 시장 다변화에 안간힘을 쓰지만 좀처럼 돌파구가 열리지 않는다. 무역협회·코트라의 수출지원 시책을 기업 눈높이에 맞춰야 한다. 아울러 범용 제품에서 벗어나 고부가가치 품목으로 업그레이드하는 수출 전략이 요구된다. 중간재에 편중된 수출 품목구조를 화장품, 의약품, 헬스기기 등 유망 소비재로 전환해야 한다. 나아가 정보통신기술ICT과 제조업을 융합해 '미래 먹거리'를 창출해야 한다.

제조업은 스타트업 정신으로 재무장해야 할 때다. 특히 사물인터넷IoT·3D프린터·무인자동차·로봇 등 신성장 산업에 대한 R&D 투자가 절실하다. 정부는 세제·금융 지원을 강화해 디지털 혁신을 촉진해야 한다. '제조업 혁신 3.0'으로 중소·중견기업에 '스마트 공장'을 확산하는 성과를 내야 할 것이다.

〈매경이코노미〉 2016.2.3

기업 어닝쇼크 극복하라

4년째 잠재성장률 밑돈 성장률 '저성장 고착화' 우려
경기부양책 한계…신성장산업 투자와 혁신만이 살길

경제가 엄동설한에 휩싸였다. 한국은행은 2015년 경제성장률이 2.6%에 그쳤다고 발표했다. 당초 예상치를 크게 밑도는 성적표다. GDP 갭률실질성장률-잠재성장률은 4년째 마이너스다. 한은이 수차례 금리를 인하하고 정부는 개별소비세를 낮췄지만 약발은 '반짝 효과'에 그쳤다. 2016년 OECD와 한은 등 국내외 기관이 내놓은 경제성장률 전망치도 2.7~2.8% 수준으로 하향 조정됐다. 추세적으로 잠재성장률이 2%대로 추락할 전망이다. 저성장이 고착화될까 걱정이 크다.

위축된 총수요는 한계선상에 다다랐다. 가계는 소비절벽, 기업은 투자절벽, 정부는 재정절벽에 각각 직면했다. 수출은 더 위기다. 2015년 수출은 고작 0.4% 증가했다. 이 같은 수출 증가율은 지난 2009년 이후 6년 만에 최저치다. 국제유가 하락과 환율 상승으로 교역조건이 다소 개선됐지만 중국의 경기 둔화에 전 세계 교역이 줄어든 탓이 크다. 특

히 선박과 자동차, LCD 등 주력 품목의 수출이 부진했다. 승승장구하던 휴대폰, 반도체마저 하향세다. 한류 덕에 화장품 정도만 수출 증가세가 두드러질 뿐이다.

대부분 기업 실적은 가파른 하향곡선을 그린다. 매출 둔화와 함께 수익성도 추풍낙엽처럼 떨어진다. 특히 2015년 4분기 주요 기업 경영

실적은 한마디로 어닝쇼크였다. 잘나가던 대기업 간판기업이 동반 부진에 빠졌다. 삼성전자는 2015년 4분기 영업이익이 전 분기보다 16.9% 감소한 6조 1,400억 원을 기록했다. 현대차는 같은 기간 영업이익이 전년 동기 대비 19.2% 줄어든 1조 5,151억 원에 머물렀다. SK하이닉스도 영업이익이 9,889억 원으로 1조 원을 밑돌며 전년 동기보다 40.7% 줄어들었다. LG디스플레이는 영업이익이 전년 동기 대비 90.3%나 줄어든 606억 원에 그쳤다. 2008년 리먼사태 이후 가장 어려운 고비를 넘긴 셈이다. 창사 47년 만에 첫 적자를 낸 포스코가 비상사태를 맞았을 정도다.

문제는 앞으로 기업의 경영실적 회복을 낙관하기 어렵다는 데 있다. 신흥국 시장 수요 감소와 선진국 시장에서의 경쟁 심화로 대외적인 경영 환경은 개선 조짐이 좀처럼 엿보이지 않는다. 게다가 중국발 금융 불안과 미국 금리 인상 가능성으로 신흥국 통화가치가 약세를 보이는 점은 수출 실적과 수익성 악화의 주요인이 된다. 이 와중에 기업가정신 지수는 37년 새 절반 이하로 떨어졌다. 기업마다 경영계획을 다시 짠다. 마른 수건도 다시 짜고 허리띠를 졸라맨다. 투자는 가급적 뒤로 미루고 비용을 줄이는 감량경영이 대세를 이룬다.

정부는 당초 2016년 성장률 목표를 3.1%로 잡았다. 하지만 경제를 움직이는 두 바퀴, 수출과 내수가 잘 굴러가지 않는 한 3%대 성장률 재진입은 요원하다. 더욱이 경기 진작을 위해 동원할 수 있는 정책 수단을 이미 다 써먹었다. 가계부채 관리 때문에 지난해와 같은 부동산 활성화 카드는 꺼내지 못한다. 추경예산도 검토 대상이지만 재정건전성을 훼손할 우려가 크다. 재정지출을 하반기에서 상반기로 앞당기는 정도만 가능할 뿐이다. 시장에선 한은의 추가 금리 인하를 기대한다. 그러나 돈을 풀어도 돈이 돌지 않는 유동성 함정이 금리정책 효과를 무력화한다.

그래도 난국을 돌파할 희망은 있다. "아이디어 세계에선 한국이 왕이다." 2016년 '블룸버그 혁신 지수'에서 한국은 3년 연속 1위를 시켰다. 독일, 스웨덴, 일본, 스위스, 싱가포르를 앞선 것이다. 기업이 부진한 실적을 만회할 턴어라운드 기회는 충분하다. 경비 절감 같은 축소 지향 전략은 해결책이 못 된다. R&D 투자와 신제품 개발, 경영 혁신, 신시장 개척만이 살길이다. 기업의 미래는 신성장사업을 선점해 본궤도에 올려놓는 데 달렸다.

이제 비즈니스 패러다임이 확 바뀐다. '4차 산업혁명' 시대에 사물인터넷, 인공지능, 자율운행차 등 유망 분야에 선택과 집중을 하는 전략이 필요하다. 기업을 합병, 분할할 때 절차 및 규제를 간소화하고 세제 혜택을 주기 위한 원샷법 기업활력 제고를 위한 특별법 통과를 계기로 기업의 사업 재편이 급물살을 탈 전망이다. 구조 개혁과 기업 구조조정을 통해 노동생산성을 높이고 경쟁력을 업그레이드하는 데 정부와 기업이 전력을 쏟아야 한다. 부자들도 지갑을 열고 마음껏 소비를 늘렸으면 좋겠다.

〈매경이코노미〉 2016.3.9

플랫폼-모듈 전략의 혁신

LG G5, 차세대 스마트폰 가능성 제시해 '호평'
와해성 빅뱅 vs 찻잔 속 태풍…소비자에 달렸다

스마트폰 시대는 끝났다? 아직은 아니다! 벼랑 끝에 선 LG가 회심의 역작을 선보였다. LG는 세계 최대 모바일 전시회인 'MWC 2016'에서 야심작 G5를 공개해 주목받았다. "혁신적인 신제품이다." "차세대 스마트폰의 가능성을 제시했다." 해외에서 잠재력과 장래성에 대해 호평이 쏟아졌다. LG는 G5 출시를 계기로 성장세가 둔화된 글로벌 스마트폰 시장이 재점화하길 기대한다.

G5는 첫 모듈형 스마트폰이다. 변신하는 '트랜스포머폰'이다. 합체 로봇처럼 다양한 모듈을 장착하면 스마트폰이 '손안의 놀이터'로 바뀐다. 주변 기기를 연결하는 모듈 방식으로 사용자 체험을 확장한다. 사용자는 고화질 카메라나 고성능 오디오로 기능을 업그레이드할 수 있다. 집 안을 굴러다니며 화상을 보내는 '롤링봇'으로 TV, 냉난방도 제어한다. G5는 카메라 그립, 하이파이 오디오 플레이어, 가상현실VR 카메

라 등 8가지 'LG프렌즈'를 통해 스마트폰 에코 시스템을 구성한다.

모듈화는 다른 산업에도 적용된다. 자동차 산업은 일찌감치 모듈화를 통해 조립 공정의 생산성과 효율성을 확보했다. 또한 소비자 요구에 맞춰 모듈을 교체·추가하는 유연성과 다양성을 갖췄다. 애플은 모듈화로 아이폰 생태계를 구축했다. 무선 통신 플랫폼은 무궁무진한 모바일 앱과 결합된다. 무료 메신저 앱으로 탄생한 카카오톡은 게임, 쇼핑, 뱅킹 등 다양한 모듈을 보유한 플랫폼으로 진화한다.

넓은 의미에서 모듈 시스템은 플랫폼을 기반으로 생산과 소비를 변화시키는 비즈니스 모델이다. 모듈은 플랫폼에서 독립적 기능을 가진 구성요소다. 부품의 결합체, 서비스나 프로세스 등 종류가 다양하다. 플랫폼은 모듈과 인터페이스로 구성된다. 플랫폼은 모듈이 블록과 같이 조립·장착될 수 있는 제품의 기반 골격이나 운영체제다. 인터페이스는 모듈이 플랫폼에서 제대로 작동할 수 있도록 표준화된 연결고리다.

모듈화를 통해 제품과 서비스 혁신이 일어난다. '와해성 빅뱅Big Bang Disruption'이 촉진된다. 차별화된 모듈 시스템은 협업에서 빛난다. 특히 외부 역량을 활용하는 개방형 구조일 때 플랫폼은 '분업의 미학'을 꽃 피운다. 플랫폼 사업자는 모듈을 제공하는 사업자와 손잡고 공생관계를 구축한다. LG는 오디오의 명가, 뱅앤올룹슨과의 협업을 통해 G5 플랫폼에서 하이파이 스테레오 음질을 구현한다.

한국의 스마트폰 사업은 기로에 직면했다. 핵심은 단말기 교체 수요다. 시장은 포화 상태다. 미국·중국에서도 휴대폰 보급률이 50%를 넘어 성숙기에 접어들었다. 4,000만 명을 돌파한 국내 스마트폰 가입자 수는 증가세가 둔화됐다. 고가폰 대신 공짜폰, 알뜰폰, 중국산 중저가폰을 선택하는 가성비 선호 현상이 뚜렷하다. '샤오미식' 교차보조형 수익모델이 뜬다. 스마트폰을 싸게 팔면서 콘텐츠 판매, 부가서비스로 수익을 올리는 전략이다. 미국에선 이통사나 제조사가 2년 약정, 보조금을 없애고 리스로 스마트폰을 판매하는 전략이 대세다. 쓰던 폰을 반납하면 위약금이나 잔여 할부금 부담 없이 최신 폰으로 바꿔준다.

LG의 혁신이 '찻잔 속 태풍'에 그치지 않으려면 'G5의 열린 생태계'를 만들어야 한다. 제품이 좋아도 구매가 뒷받침되지 않으면 무용지물이다. 마케팅력으로 강한 브랜드 이미지와 플랫폼을 구축하는 게 대박의 관건이다.

G5는 효과적인 모듈 결합Bundling 가격 전략에 성패가 달렸다. 머지않아 스마트폰 시장에 5G5세대 통신혁명이 전개된다. 고화질 영상을 실시간 무선 전송하는 신기술이 2018년 평창 올림픽에서 시범 운영된다. 스마트폰의 성장 한계를 논하기엔 아직 시간이 남았다. 혁신은 계속돼야 한다.

〈매경이코노미〉 2016.5.4

실패한 미망인 해운 경영

한진해운·현대상선, 여성총수 경영실패로 좌초
정부, 합병·사업매각 '빅딜'로 산업재편 나서야

아침에 눈을 떠보니 회장이 돼 있더라. 애플의 창업자 故 스티브 잡스의 미망인인 로렌 파월 잡스는 하이테크 분야에서 세계 1위 여성 부호다. 애플과 디즈니 주식 등 로렌이 상속받은 재산은 무려 198억 달러 약 23조 300억 원. 로렌은 실리콘밸리에서 가장 영향력 있는 여성으로 꼽힌다. 하지만 그는 전문경영인, 팀 쿡에게 애플 경영을 맡기고 일체 관여하지 않는다.

공교육 혁신에 앞장서는 로렌은 조용하지만 행동하는 자선사업가로 유명하다. 로렌이 1997년 설립한 비영리 교육재단 칼리지트랙College Track은 저소득 가정 출신 청소년의 대학 진학을 돕는다. 또한 그는 여성 교육을 지원하는 사업기금인 '여성글로벌펀드'의 공동의장을 맡고 있다. 그가 회장을 맡고 있는 에머슨콜렉티브는 '기회가 모두에게 열려 있기를' 목표로 교육 벤처에 투자한다. 그래서 그는 사회적으로 존

경을 받는다.

한국 대기업 미망인의 인생은 파란만장하다. 미망인 CEO는 풍전등화의 위기에 처한 기업을 지켜내야 하는 가혹한 운명에 맞닥뜨린다. 현정은 현대그룹 회장과 최은영 유수홀딩스 회장은 명문가에서 태어난 비운의 미망인 총수다. 두 사람은 남편을 내조하던 안방마님에서 남편과 사별死別 후 그룹 경영을 떠맡았다. 공교롭게도 '금녀禁女의 영역' 해운업에서 5대양 바닷길을 놓고 경쟁을 벌였다. 일가친지와 경영권 분쟁까지 겪은 그들은 '여걸'에서 실패한 경영인으로 추락한 닮은 꼴이다.

미망인 경영은 단지 여성 CEO라서 문제가 되는 건 아니다. 취약한 전문 지식과 부족한 경험이 최대 약점이다. 미망인은 기업의 내부 조직을 장악하는 능력이 미흡하고 시장의 부정적 반응과 편견을 극복하기 힘들다. 총체적인 난국을 해결할 역량이 없는 미망인 총수를 둔 기업은 위기를 이겨내지 못하고 좌초하고 만다.

현정은 회장의 외할아버지는 김용주 전남방직 창업주_{김무성 전 새누리당 대표의 선친}다. 2003년 대북송금 문제가 불거지자 남편, 정몽헌 전 현대그룹 회장은 자살을 선택했다. 현정은 미망인은 곧바로 현대그룹 사령탑을 맡았다. 현 회장은 2003년 말 정상영 KCC 명예회장의 '시삼촌의 난'과 2006년 정몽준 전 현대중공업 회장의 '시동생의 난'을 겪었다. 공들였던 대북사업마저 중단된 가운데 현 회장은 현대상선을 살리기 위해 재산 300억 원을 내놓고 현대증권까지 매각했다. 그는 2016년 3월 현대상선 등기이사와 이사회 의장직에서 물러났다.

최은영 회장의 모친은 신격호 롯데그룹 총괄회장 여동생 신정숙 씨다. 조중훈 한진그룹 창업주의 3남인 조수호 전 한진해운 회장이 2006년 폐암으로 사망하자 최 회장은 2007년 국내 최대 해운선사 수장에 올랐다. 최 회장은 시아주버니인 조양호 한진그룹 회장과의 경영권 분쟁 끝에 2014년 한진해운 경영권을 넘겼다. 미망인 경영은 결국 실패로 끝났다. 게다가 최 회장은 한진해운 96만 주를 2016년 채권단 자율협약을 신청하기 직전 팔아 미공개 정보를 이용했다는 의혹을 샀다.

수출입 화물 운송의 99%를 담당하는 해운업 위기는 한국 경제에 치명타다. 2008년 리먼사태 이후 지속된 세계 해운업 불황에 해운 운임은 호황기의 절반으로 떨어졌다. 설상가상으로 호황 때 비싸게 장기 계약한 용선료는 현 시세의 4~5배에 달한다. 신조선 발주량 급감은 조선산업 부실로 연결됐다. 해양플랜트 수주 출혈경쟁에 조선사 적자는 눈덩이로 불어났다. 13년 전 스웨덴 말뫼의 골리앗 크레인을 1달러 주고 실어와 세계 1위에 올랐던 한국 조선산업은 '울산의 눈물'이 되고 말았다.

정부는 산업정책 실패에 대한 책임을 져야 한다. "선제적 구조조정을 하겠다"고 호언하면서 8년을 허송했다. 해운·조선업 대형 5사 빚이 78조 원에 달한다. 강도 높은 자구책은 필수다. 부실기업 오너의 경영 책임도 확실히 물어야 한다. 경영권 포기에 이어 사재 출연 등 추가 조치를 이끌어내야 할 것이다. 범정부 구조조정협의체는 직접 메스를 들고 곪은 환부를 도려내야 한다. 속도가 관건이다. 용선료 재협상을 성사시키고 해운·조선사 '빅딜'과 사업 재편에 나서야 한다. 산업은행에 수습을 떠넘긴 채 미봉책에 급급하단 불확실성을 키우고 국가적 위기를 자초할 뿐이다.

〈매경이코노미〉 2016.5.11

걱정되는 트럼프 신드롬

美 대선 가도에서 표심 사로잡는 '부동산 재벌' 돌풍
'미국 우선주위' 대두에 외교·경제 대응책 마련 절실

 돈이면 모든 게 다 되는 세상이다. 정치도 예외가 아니다. 공화당 후보로 나선 부동산 재벌, 도널드 트럼프가 미국 대통령 선거에서 돌풍을 일으킨다. "팍팍해진 삶에서 벗어나 잘살고 싶다"는 유권자의 갈망은 '트럼프 신드롬'을 낳는다. 그는 일자리를 창출할 수 있는 성공한 기업인이라는 이미지로 변화를 원하는 표심을 공략한다.

 대통령으로의 변신을 시도하는 트럼프는 성취동기가 강한 괴짜 사업가다. 그는 넘치는 허세와 과시욕의 소유자다. 그는 세계 스카이라인을 바꾸겠다는 포부로 글로벌 부동산 시장을 호령하던 큰손이다. 포브스 추정, 그의 재산은 40억 달러약 4조 7,000억 원에 달한다. 그는 막말과 돌발행동, 인종차별, 포퓰리즘 정책으로 가는 곳마다 화제를 일으키는 비주류 아웃라이어다. 겉으로는 아무 생각 없는 오버액션 같지만 철저한 계산과 두뇌게임으로 행동하는 탁월한 마케팅 전략가다.

트럼프는 1946년 독일계 이민자의 후손으로 뉴욕에서 태어났다. 학창 시절 까칠하고 호전적인 성격의 문제아였던 그는 1968년 명문 펜실베이니아대 와튼스쿨을 졸업했다. 그는 부동산 개발업자인 아버지 회사에 입사해 부동산 사업가로 사회에 진출했다. 그는 뉴욕의 낡은 건물을 매입해 호화 빌딩을 건축하는 사업에서 빼어난 수완을 발휘했다. 호텔과 카지노, 항공, 골프장 사업으로 그는 막대한 부를 축적했다.

억만장자인 그의 행보는 시대정신을 따른다. 부유한 계층이 권력을 휘두르는 금권정치金權政治와는 거리가 멀다. 역설적으로 월가의 헤지펀드 매니저에게 세금을 더 부과하겠다고 주장하는 그다. 트럼프의 핵심 지지층은 저소득, 저숙련, 저학력 백인 남성이다. 빈부격차로 좌절감을 느끼는 이들은 금수저 계급, 엘리트 계층, 주류 정치인 등 기득권 세력의 오만함에 반감을 표출한다. 트럼프는 체제에 대한 분노와 미래에 대한 불안의 틈새를 파고든다. 미 공화당이 중도파 표를 끌어들이기 위해 개혁과 보수, 즉 리포미콘Reformicon 정책으로 선회하는 데 대한 반작용이기도 하다. 게다가 히스패닉 유권자 증가에 불안감이 커진 백인 보수층이 트럼프 돌풍에 힘을 실어준다. 세계적으로 민족주의·신고립주의가 급부상한다. 세계화와 이민에 대한 반작용에 편승한 트럼프 열풍은 영국의 EU 탈퇴, 브렉시트Brexit로 연결되고 말았다.

억만장자 사업가의 미 대통령 도전은 이번이 처음은 아니다. 컴퓨터 산업에서 거부가 된 로스 페로는 지난 1992년 미국 대선에 출마했다. 제3당 후보로 나선 그는 북미자유무역협정NAFTA에 반대하며 인기를 모으기도 했다. 그는 18.9%를 득표해 공화당 표를 크게 잠식하면서 조지 H.W. 부시 대통령의 재선 가도에 치명타를 안겼다. 당시 빌 클린턴 민주당 후보 당선의 일등공신이 되고 만 셈이다.

한국에선 기업인 출신 정치인의 대권 도전이 두 차례 있었다. 현대그룹 창업주 故 정주영 명예회장은 사업에선 실패를 몰랐지만 정치에선 고배를 맛봤다. 정주영은 지난 1992년 14대 대통령 선거에서 반값 아파트, 경부고속도로 복층화, 초·중학교 무상급식 등의 공약으로 주목을 끌었다. 16.3% 득표율을 기록한 정주영은 김영삼, 김대중에 이어 3위에 그쳤다. 이후 현대그룹은 혹독한 세무조사에 시달렸고 '왕자의 난'으로 그룹이 쪼개지는 비운을 겪었다. 한편 현대건설 회장 출신 이명박 후보는 최단 코스로 효율적인 대선 성공 신화를 썼다. 그는 서울시장을 거쳐 2007년 17대 대선에서 '경제 대통령'이라는 슬로건으로 당선됐다. 성공한 기업인이 국가 경영의 대업을 이루려면 능력과 노력, 운이 따라야 한다.

트럼프는 미국 노동자의 일자리를 빼앗고 무역적자를 낳는다며 자유무역을 비판한다. 중국산 제품에 45% 관세를 부과해야 한다는 극단적 보호무역주의를 주장한다. 그는 한·미 FTA 재협상 카드를 꺼내 들 가능성도 있다. 게다가 방위비 분담금을 100%까지 늘리지 않으면 주한 미군을 철수하겠다고 협박한다. '미국 우선주의'를 앞세운 트럼프가 2016년 11월 미국 대선에서 민주당 힐러리 클린턴 전 국무장관과 접전을 벌일 것으로 예상된다. 미국 국민의 시각이 달라지고 있다. 예상 밖의 선택과 결과가 나타날 수 있는 게 정치판이다. 힐러리가 미국의 사상 첫 여성 대통령에 오를 수도 있다. 대선 이후 새로운 미국 행정부의 정책 변화에 면밀한 대응이 필요하다. 기존 경제·외교 정책의 단절은 기업 경영에 예기치 않은 변수가 될 수 있기 때문이다.

〈매경이코노미〉 2016.5.18

이재용, 뉴삼성 미래도전

바이오·의료기기·車전장…신성장동력 발굴 난제
부실 사업 구조조정·지배구조 개편 '산 넘어 산'

삼성이 달라졌다. 2년 사이 조용하면서도 큰 변화가 일어났다. 지난 2014년 5월 10일 이건희 삼성그룹 회장이 급성 심근경색으로 쓰러졌다. 삼성그룹의 비상경영이 시작됐다. 이재용 삼성전자 부회장은 위기를 맞은 삼성의 실질적 총수로 등극했다. 일각에선 "검증되지 않은 불안한 승계"라는 지적도 있었다. 하지만 이 부회장은 차분하게 삼성을 변화시키며 기업 체질을 다져왔다.

이 부회장은 삼성의 기업문화를 실리콘밸리 기업처럼 바꾸겠다는 '스타트업 삼성 컬처 혁신'을 선언했다. 관리와 시스템을 중시하는 그룹 조직문화를 자율과 창의 중심으로 개혁하려는 것. "마누라와 자식만 빼고 모두 바꿔라"라고 강조했던 부친의 '신경영'에 비견된다. 나아가 이 부회장은 실용주의 경영철학에 기초한 혁신을 추진한다. 빠른 환경 변화와 기술 진보에 대응하기 위해 삼성을 슬림하면서 기민한 조

직으로 탈바꿈하겠다는 구상이다. 그는 실존적인 변화, 상향식 혁신, 자발적인 개혁을 주문한다.

아울러 이 부회장은 과거 문어발식 확장 대신 '잘할 수 있는 사업에 집중'하는 전략을 편다. 전자·바이오·금융이 3대 축이다. 일단 과감한 사업 재편은 재계에 신선한 충격을 던졌다. 석유화학과 방위산업 계열사를 한화·롯데에 매각했다. 삼성생명 사옥을 부영에 넘겼고 사옥 재배치를 단행했다. 삼성그룹 계열사 수는 2014년 4월 74개에서 2년 새

59개로 줄었다. 그는 "회사를 판 게 아니라 1등으로 만들 베스트 오너를 찾아준 것"이라고 설명했다.

이 부회장의 과제는 크게 세 가지. 미래 도전은 터프하다. TV·스마트폰·반도체를 잇는 신성장동력 발굴이 우선이다. 바이오·의료기기 사업은 이제 시작이다. 2015년 12월 착공한 제3공장이 2018년 완공되면 삼성바이오로직스는 세계 최대 생산능력을 갖춘 의약품 위탁생산 회사CMO로 변신한다. 또한 전기차 시대 본격 개막에 대비해 전기차 배터리와 자동차 반도체·전장 사업도 강화한다. 이와 함께 해외 기업을 10곳 이상 인수, 첨단 전자 생태계 구축에 주력한다. 주요 M&A 타깃은 헬스케어, IoT사물인터넷, 전자결제, 소프트웨어, B2B기업 간 거래 업체다. 인공지능AI, 가상현실VR도 차세대 산업으로 키운다. 하지만 '패스트팔로어Fast Follower'에서 '퍼스트무버First Mover'로의 도약은 쉽지 않다. 삼성전자를 비롯해 실적이 부진한 삼성SDI, 삼성전기, 삼성디스플레이 등 IT 계열사 전열을 재정비, 성과를 내야 한다.

둘째, 기존 계열사 간 합병과 부실 업종 사업 재편은 진행형이다. 헤지펀드 엘리엇의 방해가 있었지만 삼성물산은 건설·상사를 중심으로 패션, 리조트 사업까지 아우르며 그룹 중심으로 거듭났다. 그러나 비주력 사업 구조조정은 여전한 골칫거리다. 동반 위기에 빠진 취약 업종 내 계열사를 어떻게 살려낼지가 관건이다. 정부와 채권단의 조선산업 대책은 삼성중공업 회생에 큰 변수다. 2014년 11월 삼성중공업과 삼성엔지니어링 간 합병은 주주 반대로 실패한 바 있다.

마지막으로 지배구조 개편 작업은 난제 중의 난제다. 20대 국회의 여소야대 정국은 경영권 승계에 적잖은 부담이 된다. 반기업 성향 야당 국회의원들이 재벌가의 승계 문제를 비판적인 시각에서 바라보고 있기 때문이다. 이 부회장은 자신이 최대 주주17.2%인 삼성물산을 통해 삼성전자와 삼성생명을 각각 지배하고 있다. 공정거래법에 어긋나는 그룹 내 순환출자 고리를 빠른 시일 내에 끊어 투명성을 확보해야만 한다. 삼성SDS의 물류사업 분할도 추진된다. 분할 후 사업확대는 삼성물산과 합병 시 기업가치·지배력 강화로 연결될 수 있다. 삼성생명의 중간금융지주사 전환 이슈도 해법이 주목된다.

이 부회장의 회장 등극 시기와 재혼 여부에 언론은 호기심을 갖는다. 진정한 오너경영을 위해 의사결정을 책임지는 삼성전자 등기임원으로 나설지도 관심사다. 아버지 그늘에서 벗어나 국내 최대 그룹 3세 오너가 홀로서기에 성공하는 길은 고난의 역정이다. 지금까진 워밍업이었다. 글로벌 톱클래스를 향한 48세 '삼성 뉴 리더' JY의 경영능력은 이제부터 진정한 시험대에 오를 것으로 보인다.

〈매경이코노미〉 2016.6.1

평판경영에 실패한 옥시

가습기 살균제 사건 뒤늦은 조치·사과로 화 키워
잘못 인정·신속한 CEO 사과·피해자 배상은 기본

　예전엔 아무런 생각 없이 쓰던 살충제, 탈취제, 세정제 등 생활화학 물질에 대한 국민 불안이 커진다. 가습기 살균제 사망 사건 여파로 인체에 유해한 살생물제Biocide에 대한 공포가 고조된다. 다국적기업 옥시 레킷벤키저는 '안방의 세월호 참사'로 불리는 가습기 살균제 사건의 주범이다. 영국인이 존경하는 기업 10위에 들었던 이 회사는 세계경제 포럼 '지속가능경영 100대 기업' 7위에 올랐을 정도로 잘나가던 기업 이다.

　옥시는 가습기 살균제 원료인 PHMG폴리헥사메틸렌구아니딘에 대해 "흡입독성 실험이 필요하다"는 전문가 경고를 받았지만 이를 무시했다. 옥시는 유해성 여부가 불분명한데도 2000년 10월 중순부터 '인체에 무해', '아이에게도 안심' 등의 문구를 버젓이 기재한 채 가습기 살균제 를 팔기 시작했다. 2016년 4월 기준 가습기 살균제 피해자는 1,528명이

며 사망자는 239명에 이른다. 이 가운데 옥시 제품으로 인한 사망자는 103명이다. 임상시험, 판매 중지, 피해자 보호 조치가 너무 늦은 데다 사과도 미흡해 국민의 공분을 자아냈다.

기업은 항상 '위기의 지뢰밭'을 걷는다. 안에선 자칫 분식회계, 탈세 혐의, 노사분규에 휘말린다. 밖에선 불량 제품, 환경오염, 소비자 피해 보상, 개인정보 유출, 가격 담합, 특허 침해 등 수도 없다. 불미스러운 일이 터진 기업은 비난의 광풍에 휩싸인다. 소셜미디어와 언론은 부정적 여론을 순식간에 확산시킨다. 더욱이 국민정서법을 건드려 여론 재판에 휘말리면 사태는 걷잡을 수 없이 증폭된다. 대중은 피해자를 동정한다. 약자가 강자에게 억울하게 당했을 땐 분노가 폭풍처럼 번진다. 때론 통제 불능한 상황까지 치닫는다.

정도경영에 어긋난 부정이나 불법행위를 저지른 기업은 막대한 평판비용Reputation Cost을 치른다. 평판비용은 단기적 이익을 노리다 부정행위를 저지른 기업의 손실과 기회비용을 망라한다. 주가는 급전직하하고 소비자 불매운동 확산에 매출액과 이익은 급감한다. 잘못을 저지른 경영진과 오너는 엄정한 법의 심판을 피할 수 없다. 오랜 기간 어렵사리 쌓아올린 기업 평판은 한순간 땅에 떨어진다. 실추된 이미지를 개선하는 데는 많은 노력과 시간이 소요된다.

돌발 사태에 대한 대응이 평판을 좌우한다. 2013년 남양유업 사건은 대리점주에 대한 영업사원의 갑질에서 비롯됐다. 대리점에 밀어내기식 강매행위를 벌인 것으로 드러나면서 남양유업은 악덕기업의 대명사로 떠올랐다. 김웅 전 남양유업 대표의 뒤늦은 사과는 무용지물이 되고 말았다. 위기 땐 오너가 나서야 한다. 2014년 경주 마우나오션리조트 참사 때 이웅열 코오롱 회장은 곧바로 현장을 찾아 사과하고 수습 과정을 지휘했다. 이재용 삼성전자 부회장은 메르스MERS, 중동호흡기증후군 확산 때 삼성서울병원을 찾아 고개를 숙이고 혁신 방안을 내놔 위기를 슬기롭게 대처했다.

'평판경영'은 위기를 예방하고 대처하는 지혜를 제공한다. 먼저 위기 감지 시스템이 상시 작동해야 초기 대응에 나설 수 있다. 항상 신속한 사실관계 확인 체제가 24시간 가동돼야 한다. 기업에 관한 악성 루머가 떠돌고 있다면 진위 여부를 정확하게 파악해야 한다. 아울러 조직 내에서 실시간 여론동향 파악과 공유가 필요하다.

옥시 사태는 모든 기업에 반면교사가 된다. 중국 고사에 교토삼굴 狡兎三窟이란 말이 있다. 똑똑한 토끼는 언제나 도망갈 수 있도록 3개의 굴을 뚫는다. 평판경영에서도 3가지 커뮤니케이션 전략을 상황에 따라 사용해야 한다. 평소에는 여론의 환심을 사는 '홍보전략'을 펴야 한다. 위기 시엔 '수용전략'을, 터무니없는 사건에 대해선 '방어전략'을 각각 동원할 수 있다. 조직의 책임이 경미하거나 잘못이 전혀 없는 경우 사용 가능한 방어전략에는 비판자 공격, 부인, 변명, 합리화 등이 선별적으로 활용된다.

위기가 발생하면 진정성있는 수용전략이 필요하다. 무엇보다 조기에 수습하는 게 최선이다. 회사 책임이 드러나면 최대한 빨리 잘못과 책임을 인정하고, 대표가 진심으로 공개 해명·사과하며, 사태 수습 방안과 재발 방지책을 내놓는 동시에 피해자에게 공정하게 배상해야 한다. '투명성의 역설'은 잘못을 숨기는 것보다 솔직할 때 결과가 좋다는 말이다. 기업이 법적으로 잘못을 확신하지 못하는 경우에도 사회적 파장이 크다면 먼저 피해자에게 뉘우치는 자세를 보이는 것이 바람직한 행동이다. 피해자의 분노가 가라앉은 뒤 기업에 잘못이 없다는 진실이 밝혀지면 '고객 우선 기업'이라는 평판이 강화될 수도 있다.

〈매경이코노미〉 2014.12.17

땅콩회항과 오너 리스크

경직된 소통문화가 빚은 사건에 국제적 망신
대기업 오너일가 전횡은 毒…修身齊家 힘써야

    고급 견과류인 마카다미아 너츠 한 봉지가 큰 파장을 낳았다. 이른
바 '땅콩 회항' 파문을 일으킨 조현아 대한항공 기내서비스·호텔사업
담당 부사장이 물러났다. 그의 때늦은 사과와 사퇴는 자신의 잘못을
숨기고 인정하지 않는 휘질기의(諱疾忌醫)의 우愚를 범하고 말았다.

    조 전 부사장은 지난 2014년 12월 5일(현지 시간) 0시 50분 미국 뉴욕 JFK
공항에서 인천행 KE086 여객기 1등석에 탑승했다. 그는 승무원이 고
객 의견을 묻지 않은 채 견과류를 접시에 담지 않고 봉지째 제공한 점
을 문제 삼았다. 그는 무릎을 꿇은 해당 승무원과 책임자인 승무 사무
장에게 서비스 매뉴얼을 준수하지 않았다고 질책하면서 책자를 내던
졌다고 한다.

    급기야 조 전 부사장은 사무장에게 고함을 지르고 여객기에서 내릴
것을 명령했다. 이륙을 위해 활주로로 움직이던 여객기는 그의 지시로

후진해 탑승구로 다시 돌아갔다. 이 때문에 이륙과 도착 시간이 20분가량 지연돼 승객 250여 명이 불편을 겪었다. 여객기에서 쫓겨난 사무장은 현지 공항에서 12시간을 기다렸다가 한국으로 돌아왔다. 국토교통부와 검찰은 조 전 부사장의 행위가 여객기 항로 변경과 업무 방해로 이어졌는지에 대한 조사와 압수수색에 나섰다. 국내외 언론은 오너 일가가 직원을 얼마나 함부로 다루는지를 단적으로 보여준 이번 사건을 대서특필해 국제적으로도 큰 망신을 샀다.

조 전 부사장은 2013년 4월 '라면 상무' 사건 때엔 입장이 정반대였다. 한 대기업 임원이 "라면이 짜다. 제대로 익지 않았다"며 들고 있던 잡지로 승무원의 얼굴을 때린 일이다. 당시 조 전 부사장은 사내게시판에 다음과 같은 글을 남겼다. "승무원이 겪었을 당혹감과 수치심이 얼마나 컸을지 안타깝다. 승무원의 업무를 방해하는 행위를 처벌할 수 있는 법률 조항도 이 기회를 통해 마련될 것이다. 앞으로 항공기의 안전이나 운항을 저해하는 행위가 발생해도 규정과 절차에 따라 일관된 서비스를 제공한다면 우리의 노력은 정당하게 인정받을 것이다." 그러나 이 같은 표현은 자신에게 독毒이 되는 부메랑으로 되돌아왔다.

대한항공의 경직된 커뮤니케이션 문화는 어제오늘 일이 아니다. '경영 구루' 말콤 글래드웰은 자신의 책《아웃라이어》에서 1997년 KAL기 괌 추락 원인을 소통 부재에서 찾았다. 비바람 부는 악천후에도 기장이 착륙을 강행했지만 부기장이 "노No"라고 직언하지 못해 대형 참사를 낳았다는 설명이다. 글래드웰은 위계질서와 권위를 얼마나 존중하는지를 나타내는 문화, 즉 권력간격지수Power Distance Index를 근거로 제시한다. 이 지수가 높을수록 권력이 불평등하게 배분돼 있다는 의미다.

전 세계 조종사의 권력간격지수를 분석하니 한국이 2위로 나타났다고 한다. 이번 '땅콩 회항' 사건에서 항공 운항 규정을 무시한 채 이미 출발한 여객기를 게이트로 되돌리라는 오너 임원의 지시에 기장은 찍소리 한마디 못 했다. 많은 승객이 탑승한 여객기를 자가용인양 착각하고 부당한 지시를 내린 것은 항공법에 저촉될 만큼 부적절했다는 지적이다.

학벌도 갖춘 오너 3세로서 고속 승진한 '엄친아'다 보니 남을 배려하는 기본적 예의조차 잊었는지 모른다. '땅콩 회항' 사태는 일파만파로 확산됐다. 슈퍼 갑甲의 횡포에 국민적 공분은 증폭됐다. 직원을 종 부리듯 하는 대기업 총수일가의 안하무인적 행동에 비난이 홍수를 이룬다. 부의 대물림에 대한 부정적 인식도 커진다. 샐러리맨의 애환과 고달픈 삶을 다룬 드라마 〈미생〉 신드롬과 맞물려 반재벌 정서가 고조됐다. 이번 사태는 기업인이 자녀에게 기업을 물려주기 급급하기보다 도덕적 책무를 다하는 리더가 되도록 수신제가修身齊家에 힘써야 한다는 교훈을 남겼다.

조현아 전 대한항공 부사장은 2014년 12월 대한항공 086편 회항 사건으로 대한항공 부사장에서 물러났다. 2014년 12월 30일 구속영장을 발부받아 서울 남부구치소에 수감됐다.
2015년 2월 12일 1심 판결에서 항로변경죄와 업무방해죄 혐의에 대해서 각각 유죄판결이 내려져 징역 1년을 선고받았다. 2015년 2월 13일 조 전 부사장은 항소장을 제출했고 2015년 5월 22일 2심에서 징역 10월, 집행유예 2년을 선고받았다. 항로변경죄에 대해서는 무죄판결이 내려졌다.

〈매경이코노미〉 2015.10.14

폭스바겐 사건의 교훈

차량 연비 높이고 환경오염 막는 기술 사실상 힘들어
속임수·과장광고는 고객 피해 낳고 기업에도 부메랑

  독일 기술의 상징이자 자존심이 땅에 떨어졌다. '국민의 차' 폭스바
겐이 사기극 주인공이 됐다. 폭스바겐은 배출가스 저감장치 조작을 시
인했다. 아울러 전 세계에서 950만 대를 리콜하겠다고 밝혔다. 창사 78
년 만에 최대 위기다. 폭스바겐을 세계 1위 자동차 메이커로 키운 마틴
빈터콘 최고경영자CEO는 사임했다. 주가는 30% 이상 폭락했다.

  디젤차 배기가스 조작 사태는 지난 2010년 4월 영국 BP사의 멕시코
만 원유시추시설 폭발 사건에 비견된다. 둘 다 환경과 관련된 초대형
사건이다. 사상 최악의 해양 환경오염으로 BP가 미국 측에 지급해야
하는 배상금은 약 24조 원208억 달러에 이른다. 폭스바겐은 사고나 기술
적 결함이 아닌 고의적 소프트웨어 조작을 저질렀다. 더 큰 비난이 쏟
아진다. 리콜 비용은 최대 26조 원에 달한다. 미국 환경보호청은 청정
대기법 위반 등으로 폭스바겐에 21조 원의 과징금을 부과할 수 있다.

게다가 세계적인 소비자 소송에 배상액은 눈덩이처럼 불어난다.

폭스바겐 사건의 핵심은 검사받는 실내에서는 배출가스 저감장치를 작동하고, 도로에서 작동하지 않도록 소프트웨어를 가동한 데 있다. 미국 수사당국은 폭스바겐 차량이 주행 시 허용치의 20~35배에 달하는 배출가스를 뿜어대는 것으로 밝혀냈다. 폭스바겐은 앞으로 리콜을 통해 조작 가능한 소프트웨어를 해제하고 배출가스 저감장치를 정상화해야 한다. 국내에서 배출가스 조작이 의심되는 폭스바겐 차량은 12만 1,000대에 달한다.

그동안 독일 디젤차는 인기 절정 가도를 달려왔다. 폭스바겐은 '클린 디젤'을 집중 광고했다. 연비 좋은 청정연료차라며 소비자를 유혹했다. 2015년 9월까지 메르세데스 벤츠, BMW, 아우디와 폭스바겐 등 독일차 4사는 국내 수입차 시장의 1~4위를 독차지했다. 같은 기간 수입차 판매량의 67.8%를 디젤차가 차지해 가솔린27.5%과 하이브리드4.4%를 압도했다. 하지만 이젠 소비자 신뢰가 깨졌다. 당초 2015년 20만 대 돌파를 기대하던 수입차 업계는 된서리를 맞았다. 수입차 브랜드 이미지 훼손과 중고차 가격 하락도 불가피할 전망이다.

사실 소비자는 친환경보단 기름값, 즉 연비가 더 관심사다. 그래서 폭스바겐이 배기가스 배출량을 줄인 것보다 연비를 부풀린 것에 더 분노한다. 일단 국내 폭스바겐 차량 소유자들은 리콜에 시큰둥한 반응이다. 리콜 수리 차량의 연비 저하가 우려되기 때문이다. 가스 배출량을 줄이면서 높은 연비 수준을 유지하는 일은 기술적으로 어려운 난제다. 배출가스 저감장치를 정상 작동시킬 경우 연료 소비가 늘면서 연비는 떨어질 수밖에 없다.

환경부가 배출가스 조작 사실을 밝혀내도 소비자가 리콜에 응하지 않으면 배출가스를 많이 내뿜는 차량 운행을 막기 힘들다. 소비자 이익과 국민 건강이 서로 상충되는 딜레마가 빚어지는 것이다. 문제 차량이 제대로 리콜되지 않으면 국민들이 공기 중 1급 발암물질인 미세먼지와 질소산화물을 더 많이 들이마시게 된다. 주민들이 쓰레기를 마을 공터에 밤늦게 몰래 내다 버리는 '공유지의 비극'을 막는 해법이 절실하다.

정부는 폭스바겐 차량의 배출가스 조작과 연비와의 연계성을 정밀 분석해 모든 의문점을 명확히 밝혀내야 한다. 실내와 도로 주행 시 배출가스량이 2배 이상 차이 나는 경우 모든 차종으로 행정조치를 확대해야 할 것이다. '자동차 대기환경기준 위반' 과징금 상한액을 인상하는 법 개정도 검토해야 한다.

폭스바겐에 이은 미쓰비시 연비조작 사건은 세계 각국의 자동차 연비 검사 강화로 이어질 전망이다. 전복후계前覆後戒란 말이 있다. 앞 수레가 뒤집힌 자국은 뒷 수레의 경계가 된다는 뜻이다. 소비자 신뢰를 얻기도 힘들지만 한번 잃으면 회복하는 데 막대한 비용이 드는 것은 물론 회사가 존폐 위기에 놓일 수 있음을 명심해야 한다. 재계는 이번 사태를 타산지석으로 삼아야 한다. 사회적 책임과 윤리 경영을 되돌아볼 때다. 거짓말과 사실을 왜곡하는 과장 광고는 소비자와 다른 선량한 기업에 피해를 준다. 그뿐 아니라 속임수 경영은 기업에 치명적인 부메랑이 될 수 있다는 점을 유념해야 한다.

디젤차 배기가스 불법조작

폭스바겐 사건에 이어 디젤차 배기가스 조작 사건이 잇따라 파문을 던졌다. '클린 디젤'을 표방하며 국내에서 인기를 모았던 디젤차가 실제 도로에선 질소산화물 등 오염물질을 대거 뿜어내면서 미세먼지 등 대기 오염의 주범으로 떠올랐다. '뻥 디젤', '더티 디젤'의 오명을 쓰게 된 디젤차는 차량 인증 테스트와 실주행 때 배기가스가 큰 차이가 난다. 기술적 한계를 뛰어 넘지 못하는 것이다.
일본 미쓰비시자동차는 2016년 연비 조작 사건에 휘말렸다. 연비 조작 차량은 미쓰비시 'EK왜건'과 닛산자동차용으로 생산한 '데이즈' 등 세금감면 혜택을 받을 수 있는 경차 4종 62만 5,000여 대다. 미쓰비시는 일본에서 2002년부터 무려 14년 동안이나 연비를 조작해 온 사실이 밝혀졌다. 게다가 미쓰비시는 2000년과 2004년에 리콜로 이어질 결함 정보를 은폐한 사실까지 적발됐다. 결국 미쓰비시는 르노-닛산얼라이언스에 합병되는 운명을 맞았다.
게다가 한국 정부는 2016년 5월 16일 닛산 '캐시카이' 차량의 배출가스 조작 사실을 확인했다. 배출가스를 불법조작하는 임의 설정을 한 것으로 확인돼 과징금 부과, 리콜명령, 형사고발 등 행정절차에 돌입했다.

〈매경이코노미〉 2016.4.13

갑질사회와 기업인 도덕성 회복

오너 경영인, 안하무인식 폭언에 사회적 파장 확산
공감과 배려·인격적 대우로 상처받은 마음 치료를

국내 대표 피자체인 '미스터피자'를 일군 정우현 MPK그룹 회장. '흙수저' 출신으로 자수성가한 기업인이 경비원 폭행 논란에 휩싸였다. 회사 주가는 된서리를 맞았다. 하루 만에 시가총액 100억 원이 증발하며 애꿎은 소액투자자들이 피해를 입었다. 인터넷과 SNS에선 해당 브랜드의 불매운동 제안까지 벌어졌다. 가맹점으로 불똥이 튀었다. 가맹점주들은 매출이 타격을 받을까 전전긍긍했다.

재계에서 '갑甲질' 파문이 끊이질 않는다. 강태선 블랙야크 회장은 항공사 직원 폭행, 조현아 전 대한항공 부사장은 승무원 폭행 사건에 휘말렸다. 김만식 전 몽고식품 명예회장, 최재호 무학 회장과 이해욱 대림산업 부회장, 정일선 현대비앤지스틸 사장 등은 운전기사, 수행비서에게 폭언한 행위로 논란을 일으켰다. '면벽 대기근무'로 직원 명퇴를 강요한 두산모트롤과 여직원 결혼 시 퇴직을 종용한 금복주도 여론의

뭇매를 맞았다.

"직원을 하인 부리듯 대한다." "손윗사람에게 막말을 한다." "사소한 일에 화를 내며 윽박지르고 꾸짖는다." "손찌검까지 일삼는다." 숱한 갑질은 약자에 대한 부당한 횡포다. 돈과 권력에서 갑은 을에 대해 우월한 지위에 선다. 상명하복과 주종의 불평등 관계다. 막대한 부와 특권을 가진 '슈퍼갑', '울트라갑'은 도를 넘는 일탈 행동을 일삼는다. 을은 무방비 상태다. 항변할 도리가 없다. 인격을 모독당한다. 정신적, 신체적으로 큰 상처를 입는다.

사회지도층인 일부 오너경영인의 안하무인식 언행은 자기중심적인 사고에서 비롯된다. 타인에 대한 우월감의 산물이다. 한국 사회에서 갑질이 끊이질 않는다. 그 배경으론 권위주의 문화의 잔재, 일방적 의사소통 구조, 윤리교육의 부재 등이 꼽힌다. 하지만 변명의 여지가 없다. 직장 내 권력형 폭력Power Harassment은 인권 유린의 반사회적 범죄다. 약자들도 이젠 가만히 있질 않는다. 갑질은 사회적 공분을 낳는다. 여론의 질타와 비난이 빗발친다. 쓴맛을 본 오너가 뒤늦게 고개 숙이고 잘못을 사과한들 이미 엎질러진 물이다. 기업 주가와 이미지는 추락한다. '오너 리스크' 수습에 애꿎은 직원들만 곤욕을 치른다. 소수 기업인의 갑질은 반기업 정서를 확산시킨다. 대다수 건전한 기업인에게도 이미지에 악영향을 미친다.

갑질은 외부불경제External Diseconomies와 같다. 기업의 생산활동이나 개인의 행위가 다른 기업의 생산활동이나 소비자 효용에 아무런 대가를 수반하지 않고 불리한 영향을 미치는 현상을 뜻한다. 매연, 폐수, 소음 등을 배출하는 공해산업이 대표적인 사례. 다른 사람에게 손해를 입히고도 비용을 지불하지 않는다. 결국 시장의 실패에 대한 정부의 개입, 즉 벌금과 처벌이 뒤따른다.

정부의 때늦은 근로감독 강화와 징벌적 손해배상으로 갑질을 막을 순 없다. 갑이 변해야 가능한 일이다. 리더 스스로 분노를 다스려야 한다. 중국 고전인 《대학大學》은 혈구지도絜矩之道를 제언했다. 내 마음을 잣대로 삼아 남의 마음을 재고, 나의 심정을 기준으로 타인의 처지를 헤아리라는 말이다. 한마디로 자신이 원치 않는 일을 남에게 행하지 말라는 뜻이다. "네 의지의 준칙이 언제나 동시에 보편적 입법의 원리가 되도록 행위하라"는 칸트의 도덕법칙으로 첫 번째 정언명령定言命令과 일맥상통하는 얘기다.

리더십의 첫 단추는 올바른 언행이다. 상대방을 배려하는 자세가 기본이다. 직원을 존중하는 기반 위에 신뢰가 쌓인다. 도덕적으로 깨어 있는 경영자는 남과 공감하며 남을 위해 봉사하는 마음을 갖는다. 금전적 보상도 중요하지만 직원에 대한 인격적 대우와 격려, 칭찬 한마디가 조직의 사기를 북돋운다. 사마천은 덕德을 쌓는 것을 선한 부자의 첫째 조건으로 꼽았다. 경영자의 도덕성 회복만이 갑질 문화로 상처받는 민심을 치유하고 땅에 떨어진 재벌 기업인 이미지를 개선하는 묘약이다.

재벌家 경영권 분쟁史

롯데 장남 경영권 박탈…재계 승계 때 骨肉相爭 많아
후계자 리더십·튼튼한 지배구조 갖춰야 지속경영 가능

　여러 자식 가운데 장남이 가업을 잇고 부모 재산을 많이 물려받는
건 우리 사회의 전통이었다. 장자 우대 상속제도는 유교 문화의 산물
이다. 하지만 경쟁이 치열해지는 재계에선 장남이 후계 대열에서 탈락
하는 이변이 늘고 있다. 재계 5위 롯데그룹 승계가 '형제의 난'으로 내
홍内訌에 휘말렸다.

　그동안 롯데그룹 승계는 신동주 전 부회장이 일본 롯데, 차남인 신
동빈 회장은 한국 롯데를 각각 물려받는 구도로 알려졌다. 하지만
2015년 1월 8일 창업주 신격호 총괄회장이 장남인 신동주 일본 롯데홀
딩스 부회장의 경영권을 박탈했다. 신 전 부회장은 실적 부진에 부친
의 신임을 잃고 후계구도에서 낙마했다. 이후 신 총괄회장의 오락가락
하는 행보 속에 장남이 사력을 다해 상황 반전을 시도했지만 대세를
뒤집진 못했다. 해를 넘겨 지속됐던 롯데그룹 경영권 분쟁은 신동빈

회장에게 유리한 국면으로 전개됐다.

　이미 롯데가家는 그룹 출범 초기 신 총괄회장과 동생 간 이해 대립으로 계열 분리가 있었다. 신춘호 농심그룹 회장은 형의 만류에도 1965년 라면 사업을 시작했고 1978년 사명을 농심으로 바꿨다.

　효성·금호도 대를 이어 형제간 분쟁에 휘말린 사례다. 효성그룹에선 형제간 재산 다툼을 겪은 조석래 회장에 이어 3세들 사이에 분쟁이 재연됐다. 차남 조현문 전 부사장변호사은 형 조현준 사장 등 가족과 회사에 대한 소송에 나섰다. 또한 금호그룹 박삼구 회장은 대우건설과 대한통운 인수를 계기로 동생 박찬구 금호석유화학 회장과 반목하게 됐다. 2009년 형제간 경영권 분쟁은 도를 넘어 이듬 해 계열 분리로 치달았다. 앞서 금호그룹 창업주인 故 박인천 회장은 삼양타이어_{현 금호타이어}를 놓고 동생과 갈등을 빚었다.

과거 재계에선 경영권 승계를 둘러싼 다툼이 비극으로 얼룩졌다. 현대가는 2000년 현대자동차 경영권을 놓고 '왕자의 난'을 겪었다. 故 정주영 명예회장은 5남 故 정몽헌 회장을 후계자로 지목했지만 2남 정몽구 회장이 반기를 들었다. 결국 재계 1위 현대그룹은 현대차·현대·중공업 등 3개 그룹으로 쪼개지고 말았다.

두산그룹은 2005년 '형제의 난'에 휘말렸다. 사건은 故 박두병 창업주의 차남 박용오 전 회장이 물러나고 3남인 박용성 그룹 회장이 취임하면서 벌어졌다. 일부 계열사를 독자 경영하려던 박용오 전 회장은 형제들을 비자금·탈세 혐의로 검찰에 고발했다. 가문에서 제명된 그는 결국 2009년 자살을 선택했다.

삼성도 예외는 아니다. 창업주 故 이병철 회장이 별세한 지 25년이 지난 2012년 상속재산을 놓고 법정 다툼이 시작됐다. 장남 이맹희 전 제일비료 회장_{이재현 CJ 그룹 회장의 부친}이 3남 이건희 삼성전자 회장을 상대로 9,400억 원대 소송을 제기한 것. 승계의 정통성을 가린 두 차례 재판에서 이건희 회장이 이겼고 이맹희 회장은 대법원 상고를 포기했다.

돈 앞엔 부모도 안 보인다. 강신호 동아제약 회장의 차남 강문석 전 부회장은 2007년 부친과 경영권 분쟁 이후 퇴진했다. 故 허영섭 녹십자 회장의 장남 허성수 전 부사장은 2009년 모친과의 상속분쟁 소송에서 패소했다. '시아주버니'와 '제수씨' 사이의 경영권 다툼도 있었다.

2010년 조양호 대한항공 회장은 최은영 회장과 한진해운을 놓고 갈등을 빚었다.

재벌가의 혈육 간 진흙탕 싸움은 볼썽사납다. 창업주에서 자식, 손자로 부富가 넘어가면서 자기 몫에 대한 욕망이 분출돼 막장 드라마가 연출된다. 이 같은 구태舊態는 반기업정서를 부르는 동시에 주주 가치와 경영 효율성을 훼손한다. 골육상쟁骨肉相爭은 공멸의 길이다. 승계에 실패한 기업은 위기를 맞는다. 후계자가 탁월한 리더십을 갖추고 지배구조가 튼튼해야만 지속기업Going Concern이 가능하다.

건강한 가족관계와 객관적이고 투명한 승계 원칙만이 한국식 가족경영의 장점을 살리는 길이다. 롯데가의 경영 승계를 둘러싼 마찰과 잡음은 가부장적 황제경영의 치부를 드러낸 단적인 사례다. 지배구조의 투명화, 화해와 치유를 통해 실추된 그룹 이미지 개선 노력이 뒤따라야 할 것이다.

〈매경이코노미〉 2015.8.12

재계 '왕자의 난' 예방하라

재벌의 황제경영 폐해와 승자독식 승계 관행이 문제
후진적 지배구조 개선, 후계자 검증시스템 확립해야

조선 건국 시 왕과 왕자들 사이에 갈등이 극심했다. 태종 이방원은
최대 정적 정도전과 세자 방석을 살해하고 왕위에 올랐다. 충격에 빠
진 태조 이성계는 아들과의 인연을 끊은 채 고향 함흥에서 은둔했다.
그러곤 태종이 보낸 사신을 참수해 아들을 용서하지 않겠다는 뜻을 전
했다. '함흥차사'는 오늘날 재계에서 재현된다.

막장 드라마 같은 롯데가家 '왕자의 난'이 볼썽사납다. 재벌의 독단적
황제경영에 대한 사회적 비판이 쏟아진다. 재벌은 과거에 편법적인 순
환출자로 문어발식 사업 확장에 나서 기형적인 지배구조를 낳았다. 정
부 지원과 국민의 성원에도 불구하고 도 넘은 몸집 부풀리기에 혈안이
된 결과다.

한국 재벌은 오너 일가가 주력 기업 지배 지분을 보유하면서 경영에
직접 참여하는 특징을 갖는다. 가족경영은 큰 위험을 수반하는 대규모

투자를 오너가 과감하게 결정하는 '속도경영'이 장점이다. 기업가정신이 충만한 창업주가 사업을 성공적으로 키운 뒤엔 수성守城이 관건이다. 그러나 도처에서 후계자 육성 시스템 부재로 자식 간 재산 다툼과 경영권 분쟁이 빈발한다.

그룹 총수를 향한 형제간 진흙탕 싸움의 원인은 승자가 독식하는 경영권 프리미엄이 막대하기 때문이다. 경영권을 장악하는 총수는 사회적 명성과 존경, 예우를 받을 뿐 아니라 개인 회사처럼 기업 자금과 재산을 마음대로 주무르는 '사적 편익Private Benefit'을 만끽한다. 더욱이 오너는 작은 소유에도 큰 지배를 향유한다. 재계 서열 5위 롯데는 2013년 매출이 83조 원에 달한다. 신격호 총괄회장의 롯데 계열사 지분율은 0.05%에 불과하다. 일가 전체 지분율은 2.41%에 그친다. 쥐꼬리 지분율에도 오너 일가는 80개 계열사, 10만 명 직원에 대한 지배력을 행사한다. 계열사는 총수가 소유한 알짜 회사에 일감을 몰아주는 부당 내부거래로 부富를 이전한다. 기업의 희생 속에 주주의 몫이 오너 일가로 넘어간다.

롯데는 국적 정체성 논란에도 휘말렸다. 실체가 불분명하고 출자구조가 베일에 싸인 일본 광윤사와 롯데홀딩스가 한국 롯데 계열사를 지배하는 구조여서 국민적 공분까지 낳는다. 급기야 소비자단체는 롯데 제품 불매운동에 나섰다. 정부는 뒷북행정으로 비난을 자초한다.

그동안 롯데는 외국인 투자기업과 토종기업이란 양면성을 활용해 국내 사업을 확장해왔다. 국내 기업에 대한 규제를 회피하고 외국 자본에 허용되지 않는 사업에 진출했다. 한국 롯데의 지주회사 격인 호텔롯데는 기업 공개 이전 지분의 99%가 일본계 자본이다. 그런데 외국계 자본에 허용되지 않는 면세점 사업을 허가받았다. 상호출자제한 기업집단이지만 지배구조의 정점인 일본계 최대 주주의 주식 보유 현황을 공시할 필요는 없었다. 롯데는 지배구조의 실체가 베일에 싸인 채 그동안 비상장 계열사를 확장하는 전략을 구사했다.

'신격호 시대'는 대단원의 막을 내렸다. 롯데 창업주 신격호 총괄회장은 롯데제과, 롯데호텔 등의 대표이사에서 40년여 만에 물러났다. 검찰 수사로 '사면초가'에 몰린 신동빈 회장에겐 남은 과제가 많다. 성공적인 롯데그룹 계열사 기업공개와 투명 경영, 잠실 롯데월드타워 완공, 지역 상권 활성화 등 경영권 분쟁으로 실추된 그룹이미지를 개선하는 데 전력 투구해야 할 것이다.

이번 사태로 대기업 지배구조의 후진성을 극복하는 일이 최대 이슈로 떠올랐다. 특히 재벌의 불투명한 소유구조와 제왕적 경영의 폐해를 시정하는 제도 마련이 시급하다는 여론이 비등해졌다. 다만 정부나 정치권이 대기업 순환출자 해소를 지나치게 몰아치다간 기업 경영활동 전반에 큰 충격을 미칠 수 있다는 우려 섞인 목소리도 나온다.

외국의 경우 스웨덴의 발렌베리 가문, 홍콩의 리카싱 가문은 기업을 지배하지만 경영은 능력 있는 전문경영인에게 맡긴다. 이 때문에 후손들 간 골육상쟁이 일어나지 않는다. 재계는 '강 건너 불구경할 때'가 아니다.

재계는 가족경영의 장점을 최대한 살리면서 취약점을 스스로 극복해 경영윤리와 책임경영을 확립해야 한다. 특히 이사회 활동을 강화하고 차세대 리더를 조기 양성하며 투명한 후계자 선정 규범을 마련해야 할 것이다. 그래야만 경영권 갈등에 따른 '후계자 리스크'를 줄이고 '승계의 연착륙'이 가능해진다. 극에 달한 반기업 정서를 해소하는 동시에 실추된 기업인 명예를 회복하려면 재계의 겸허한 반성과 실천이 뒤따라야 한다.

〈매경이코노미〉 2014.11.26

有錢重罪 역차별 시정…
기업총수 뛰게 하라

위기의 경제, 골든타임 소멸 중…투자 확대 절실
총수 사법처리 남발에 투자심리 위축된 대기업

"누구든 법 절차에 평등해야 하지만 기업인은 오히려 역차별을 받는 등 처벌이 가혹했다. 총수 선처는 투자와 신사업 진출, 고용 측면에서 적극적인 성과로 이어질 수 있다. 특혜라는 느낌을 주면 안 되겠지만 가석방 등 요건이 충족되는 경우 여론에 휘둘리지 말고 면밀히 검토돼야 할 것이다." (김종석 홍익대 경영대학장)

어려운 경제를 살리는 방안으로 사법 처리된 기업인에게 다시 뛸 수 있도록 기회를 줘야 한다는 여론이 일고 있다. 30대 그룹 가운데 형량이 확정됐거나, 재판에 계류 중인 오너는 2014년 말 현재 12명이나 된다. 기업인은 정권 교체를 전후해 반기업 정서와 엄벌주의의 희생양이 되고 말았다. 당시 형이 확정된 수감 기업인은 SK그룹 최태원 회장과 최재원 부회장, 구본상 전 LIG넥스원 부회장, 구본엽 전 LIG엔설팅 고문 등이었다. 이재현 CJ 그룹 회장, 조석래 효성그룹 회장, 이호진 전

태광그룹 회장, 윤석금 전 웅진그룹 회장, 강덕수 전 STX그룹 회장, 현
재현 전 동양그룹 회장 등은 재판을 받았다.

물론 죄질이 나쁜 경우도 적지 않다. 회삿돈을 빼돌려 미국 라스베
이거스에서 거액의 도박을 한 혐의로 1심에서 실형을 선고받은 장세
주 동국제강 회장, 가전제품 수출입 대금을 부풀려 금융권에서 3조 원
대의 천문학적 불법대출을 받은 혐의로 중형이 선고된 모뉴엘 박홍석
대표 등은 사회적으로 지탄을 받는다.

총수가 사법처리 대상으로 추락해 재판을 받고 있는 기업들은 선장
없는 배가 맹골수도 孟骨水道, 세월호가 침몰한 바닷길에 휘말린 형국이다. 직
원 사기가 추락하고 미래 성장동력 확보를 위한 골든타임을 잃어간다.

대규모 투자나 인수합병M&A 등 중대 의사결정이 차질을 빚는다. 과거 오너와 전문경영인은 절묘한 앙상블을 이뤘다. 그 한 축이 사라지다 보니 기업의 미래가 암울하다. 외부 환경 변화가 극심한 가운데 거대한 투자를 결정하거나, 업의 본질을 바꾸거나, 사업 게임의 룰을 바꾸는 일은 온전히 오너의 몫이다. 전문경영인이 아무리 최선을 다해 노력하지만 (오너 회장의 빈자리가) 메워지지 않는 것은 자명한 일이다.

오너는 함선의 선장이다. 오너 회장의 부재는 기업가 정신의 쇠퇴를 의미한다. '창조적 혁신'으로 유명한 오스트리아의 경제학자 조지프 슘페터는 기업가 정신을 '자기 왕국을 설립하려는 의지와 꿈'이라고 정의했다. 기업가 정신은 기업의 성장과 발전을 넘어 한 나라의 흥망성쇠를 좌우하는 중요한 사회적 가치다. 하지만 숱한 위험을 극복해 낸 현대그룹 정주영 회장과 삼성그룹 이병철 회장 같은 기업 영웅을 요즘 찾아보기 힘들다.

기업인이 위험을 감소하고 새로운 사업에 투자하는 이유는 위험에 상응하는 물질적, 정신적 보상이 있기 때문이다. 하지만 기업가 정신에 대한 정신적 보상이 예전만 못하다. 기업인은 일에 대한 보람, 성취 동기를 느끼지 못한다. 그래서 기업할 열정이 점점 식어만 간다. 기업인이 리더십을 회복해 신바람 나게 뛸 수 있는 여건을 만들어야만 시름을 앓는 경제를 살려낼 수 있는 것이다.

기업가 정신을 위축시키는 요인은 반反기업정서, 정부의 규제, 노사 갈등 등을 들 수 있다. 우리 사회에선 부자를 증오하는 나쁜 습관이 있다. 부자들은 돈을 벌어도 떳떳하게 쓰질 못한다. 그래서 대부분 국내가 아닌 해외에 나가서 돈을 쓴다. 특히 무엇보다 돈이 많다고 죄를 더

무겁게 묻는 '유전중죄有錢重罪'가 문제다. 최경환 전 경제부총리 겸 기획재정부 장관은 최근 "죄를 지으면 당연히 처벌을 받아야겠지만 기업인이라고 지나칠 정도로 엄하게 집행하는 것은 경제 살리기 관점에서 도움이 안 된다"고 강조했다. 그는 "경제 대책을 아무리 내놓아도 총수들이 자유롭지 못한 상황에서는 약발이 떨어진다"고 말했다. 기업하기 좋은 나라를 만들겠다는 정치권의 공약은 구두선에 그치고 있다. 기업가 정신을 살려내야만 국운이 살고 국민 모두가 풍요로운 미래를 기대할 수 있게 될 것이다.

경제는 심리다. 기업가 정신이 위축돼선 투자가 살아날 수 없다. 어려울 때일수록 기업인이 투자를 늘려야 한다. 그래야만 성장과 고용이 증대된다. 정부가 재정 자금을 앞당겨 풀고 한은이 금리를 인하하더라도 기업인이 움직이지 않으면 백약이 무효다. 기업인이 리더십을 회복해 열심히 뛸 수 있는 여건을 만들어야만 시름을 앓는 경제를 살려낼 수 있다. 기업인이 신바람 나서 해외 시장을 개척하고 제품 수출의 선봉에 서야 경제가 활력을 되찾을 수 있는 것이다. 재계에서 사법처리라는 비극이 더 이상 재발되지 않도록 기업인 스스로도 자중하고 투명경영, 책임경영에 적극 나서야 할 때다.

〈매경이코노미〉 2015.6.3

기업인만 잡는 '부패와의 전쟁'

성완종 파문 이후 司正정국 본격화…기업 총수 줄소환
김영란법 대상에 국회의원·지자체장 빠진 건 큰 문제

사정司正 정국이 본격화한다. 부정부패와 비리 소탕 작전에 재계가 바람 잘 날 없다. 기업 총수가 여러 가지 혐의로 줄줄이 검찰에 불려가 조사를 받는다. 검찰의 '먼지 털기'에 '가지치기'라는 별건 수사까지 받느라 기업인은 홍역을 치른다.

과거 기업인은 정치권력의 놀이개 감이나 다름없었다. 정권이 바뀌면 사법 당국은 부패와의 전쟁 등 기업인부터 군기를 잡는 일이 비일비재했다. 정치자금을 대고서도 정치적인 보복이나 괘씸죄에 걸려 총수가 영어囹圄의 몸이 되기 일쑤였다. 정권 말기에 접어들면 레임덕 현상을 막기 위해 혹독한 기업인 사정바람이 재계에 불어닥치기도 했다.

2015년 故 성완종 전 경남기업 회장의 비자금 리스트는 일파만파의 충격을 던졌다. 박근혜 대통령은 "비리에 대해선 누구도 예외가 될 수 없다"며 성역 없는 엄정한 수사와 비리에 대한 발본색원을 주문했다.

하지만 '부패와의 전쟁'을 선언한 이완구 전 국무총리는 '성완종 스캔들'에 휘말려 낙마했다. 공안 검사 출신 황교안 총리가 정치 개혁을 온전히 추진할지는 미지수다.

기업인 수사는 졸속으로 진행된다. 정준양 전 포스코 회장 비자금을 겨냥한 수사로 기업만 멍들었다. 정동화 전 포스코건설 부회장에 대한 구속영장은 법원에서 기각됐다. 사실관계 입증이 부실한 검찰 수사에 기업 경영은 마비되고 애꿎은 직원들만 곤욕을 치른다. 하지만 소리만 요란했던 정치인 비리 수사는 용두사미로 흐른다.

박용성 전 두산그룹 회장도 구속된 박범훈 전 청와대 교육문화수석의 비리 의혹과 관련, 검찰 소환 조사를 받았다. 박 전 회장은 2005년 故 박용오 전 두산그룹 명예회장과의 재산권 분쟁에서 촉발된 '형제의 난' 당시 비자금 조성 혐의로 기소돼 징역 3년에 집행유예 5년을 선고받은 적이 있다.

기업인은 교도소 담벽 위를 걷는 운명이다. 정권의 눈 밖에 나 자칫 발을 잘못 디디면 교도소 안으로 떨어진다. 특히 비자금 수사는 단골 메뉴다. 어느 기업도 자유로울 수 없는 아킬레스건이다. 정관계 로비에 사용되는 비자금은 기업이 리베이트, 커미션, 회계 조작 등으로 만들어 특별 관리하는 돈이다.

정몽구 현대차그룹 회장은 2006년 4월 금고지기가 배신해 비자금을 적발당하는 수모를 겪었다. 재계 2위 그룹 오너라도 비자금을 만들면 구속된다는 선례를 남겼다. 이건희 삼성 회장도 2008년 비자금 조성 의혹으로 특검을 받았다. '삼성 특검' 당시 이 회장은 징역 3년, 집행유예 5년을 받아 실형을 면했다.

검찰의 비자금 수사는 귀에 걸면 귀걸이, 코에 걸면 코걸이다. 김승연 한화 회장은 다소 억울한 케이스다. 김 회장은 내부자 제보로 2010년 12월 비자금 수사를 받았다. 하지만 회삿돈을 빼돌려 비자금을 만든 증거는 나오지 않았다. 경영난에 빠진 비계열 자회사를 지원한 김 회장을 검찰은 배임으로 몰고 갔다. 김 회장은 1심에서 징역 4년을 선고받아 법정구속됐다.

비자금은 정치의 산물이다. 정치인이 검은돈을 바라는 건 중독성 때문이다. 기업이 원하는 대가_{반대급부}를 주더라도 한번 뇌물을 받으면 계속 받고 싶은 욕구가 생긴다. 어떤 면에서 부패는 비즈니스를 촉진하는 윤활유다. 비자금을 은밀히 전달하는 기업은 범법 행위가 발각되지 않는 한 큰 이익을 챙길 수 있다.

개발도상국에선 기업이 사업권을 따내기 위해 비자금을 조성하는 탈법 사례가 여전하다. 하지만 자칫 잘못 걸렸다간 큰코다친다. 한 일본 무역회사는 사업을 수주하려고 인도네시아 국회의원에게 뇌물을 제공했다. 미국 법무부는 해외부패방지법FCPA을 위반한 일본 기업을 기소해 거액의 벌금을 물렸다. 뇌물을 받은 국회의원은 3년형을 선고받았다.

우리나라 정치권 부정부패는 개도국 수준이다. 서슬 퍼런 정권은 부富와 이권을 재분배한다. 무엇보다 권력의 '황금 동아줄'을 없애야 한다. 대가성 금품을 챙기는 권부 세력을 응징해야만 부패가 척결된다. 김영란법 처벌 대상에 국회의원·지방자치단체장이 빠진 것은 대단히 잘못됐다. 기업도 떳떳한 투명경영으로 부패와의 연결고리를 완전히 끊어야 할 것이다.

〈매경이코노미〉 2015.9.9

창업 걸림돌 뿌리 뽑아라

자금 쏠림현상 해소로 스타트업 원활한 지원 필요
창조경제 핵심거점으로 창업보육센터 적극 육성을

창업보육센터는 청년 창업의 산실이다. 대학과 연구기관이 갖춘 인재와 장비를 활용해 예비 창업자를 발굴하고 육성하는 창업의 요람이다. 기술기반 창업의 중심에는 대학이 있다. 애플, 구글, 페이스북 등 창업성공 신화는 미국의 신성장 동력이 됐다. 2014년 말 현재 전국 275개 창업보육센터는 6,197개 입주기업을 키워냈다. 매출액은 1조 8,000억 원에 달했고 1만 8,473명의 고용을 창출했다. 창조경제의 핵심 거점으로서 소기의 성과를 거둔 셈이다.

하지만 엇박자 정부 시책이 충돌을 빚는다. 적극 도와도 미흡한 판에 창업보육 활동에 찬물을 끼얹는다. 일부 지자체가 대학 내 창업보육센터 시설에 재산세를 부과해 송사에 휘말린 것. 대법원조차 지자체 손을 들어줬다. 대학 내 창업의 암울한 현주소다.

정부의 창조경제 육성 노력에 창업 열기는 달아오른다. 수많은 젊은

창업자가 속속 탄생한다. 국내 벤처기업 수는 2000년 8,798개에서 2015년 3만 1,260개로 3배 넘게 늘었다. 전체 벤처기업의 매출액도 2014년 215조 원에 달했다. 국내 벤처캐피털창업투자회사의 신규 벤처투자 규모는 2015년 2조 858억 원으로 역대 최고치를 경신했다. 겉으로 보면 국내 벤처기업의 양적 성장이 눈부신 셈이다.

이 같은 창업 열풍에도 국내 창업 생태계는 대단히 취약하다. 대부분의 창업 초기단계 기업은 자금 부족과 매출 부진에 허덕인다. 소위 '데스밸리죽음의 계곡'를 넘지 못하고 문을 닫는 스타트업신생 벤처이 수두룩하다. 한국 신생 벤처의 3년 후 생존율은 41%로 OECD_{경제협력개발기구} 회원국 중 최하위다.

신생 벤처가 크지 못하는 이유는 자금 쏠림현상 때문이다. 창업 초기단계 투자를 목적으로 하는 엔젤투자는 투자자 수나 금액 면에서 대단히 왜소하다. 벤처기업 중 엔젤투자자로부터 투자받은 경험이 있는 곳은 1.9%에 불과할 정도다. 고수익·고위험을 감수한 폭넓은 엔젤투자자가 형성되지 못한 채 소득공제 혜택을 노린 부유층의 세테크 수단에 그치는 형편이다. 벤처캐피털이나 모태펀드는 자금이 넉넉하지만 '안전성' 위주로 투자전략을 펼친다. 자금 수혈이 절실한 스타트업에 대한 이들의 투자 비중은 30% 내외에 머문다. 그 결과 가능성이 입증된 중·후기 성장단계 벤처기업이나 상장기업에 창업자금이 대부분 투자된다.

국내 벤처기업은 정부 정책자금 의존도가 높은 상황이다. 벤처기업의 신규자금 중 정부 정책자금이 차지하는 비중은 2014년 46.1%로 가장 높았다. 은행 등 일반금융으로 조달한 신규자금의 비중은 2010년 36.6%에서 2014년 32.9%로 감소했다.

벤처기업인이 국내외 상장을 통해 자금을 회수하는 건 꿈과 같다. 경쟁국인 이스라엘, 대만과의 비교가 부끄러울 정도다. 미국은 스타트업 50% 이상이 M&A_{인수합병} 방식으로 창업 자금을 회수한다. 국내 스타트업의 M&A 자금 회수 비중은 2.1%에 불과하다. 기업가치의 경우 한국 벤처는 이스라엘과 대만 벤처 10분의 1 정도로 평가된다. 더욱이 한국 벤처는 미국 실리콘밸리에서 푸대접을 받는다. 미국 나스닥에 상장된 기업 수는 극명하게 대비된다. 이스라엘이 73개_{기업가치 1,228억 달러}

에 달하고 대만은 7개62억 달러지만, 한국은 고작 2개10억 달러뿐이다.

벤처기업이 창조기업으로 원활히 성장하도록 균형 잡힌 벤처 생태
계 조성이 절실하다. 정부는 창업에 우호적인 환경과 효율적인 지원
인프라를 조성하고 규제·간섭을 최소화해야 할 것이다. 또한 전국 17
개 창조경제혁신센터가 시늉에 그치지 않고 장기적 관점에서 실질적
인 성과를 내도록 대기업의 적극적인 관심과 투자가 요망된다. 아울러
창업보육센터를 대학의 고유목적 사업으로 명시해 재산세 부과를 원
천 차단할 필요가 있다. 이와 함께 전문투자자 사모시장을 창설하고
연기금·사모펀드 투자와 크라우드펀딩 등 벤처의 자금 조달 경로를
다양화해야 한다. 동시에 코넥스시장을 활성화하고 기업공개와 M&A
를 통해 초기 투자자들이 자금을 회수할 수 있는 기회를 더욱 넓혀줘
야 한다.

〈매경이코노미〉 2015.11.25

무작정 청년창업 '버블' 우려

창조경제 바람에 수익모델 없이 너도나도 뛰어들어
기술력·마케팅 역량 갖춰야 '죽음의 계곡' 극복 가능

　전설 속의 일각수, 유니콘Unicorn을 찾아라. 넘쳐나는 벤처자금의 목표다. 미국 여성 벤처투자자 에일린 리는 2013년 수많은 벤처기업 가운데 크게 성공하는 기업을 유니콘에 비유했다. 유니콘은 기업가치 10억 달러 이상의 비상장 벤처기업을 뜻한다. 다우존스는 미국의 유니콘 기업이 지난 2013년 39개에서 2015년 125개로 늘어난 것으로 분석했다.

　한국에서도 정부의 창조경제 정책에 '벤처 붐'이 뜨겁다. 2015년 벤처기업 투자액이 2조 원을 넘어서면서 최대치를 경신했다. 취업 대신 창업을 선택하는 대학 졸업생이 늘어난다. 아이디어만 있으면 너도나도 창업자금을 받아 회사 설립에 나서면서 벤처기업이 우후죽순처럼 생겨난다. 수익모델 없이 무작정 뛰어들다 보니 '창업 버블'을 걱정하는 목소리도 점차 커진다.

　과유불급過猶不及. 지나친 것은 미치지 못한 것과 같다. 미국에서 그동안 승승장구하던 유니콘이 머지않아 된서리를 맞을 전망이다. 2000년 닷컴 버블 때 IT기업 투자가 과열되면서 큰 거품을 낳았다. 결국 버블은 붕괴하고 말았다. 이번에도 투자 과열이 문제다. 과대 포장된 IT, 소프트웨어, 바이오 벤처기업이 수두룩하다. 이들 기업 실적이 시장 기대에 못 미친다. 핵심 기술에 대한 의혹이 확산된다.

지속 성장이 가능한 유니콘을 가려내는 작업은 이미 시작됐다. 앞으로 유니콘 시체, 즉 '유니코프스Unicorpses'가 늘어날 것이라는 분석이다. 특히 미국 중앙은행 FRB의 금리 인상은 유니콘에 극약이다. 기업 연금이나 투자 펀드의 유니콘에 대한 투자금 회수가 임박했다는 얘기다. 그동안 풍부하게 유입됐던 자금이 뚝 끊기면 재무관리가 미숙한 벤처기업은 자금 경색에 빠질 가능성이 있다.

한국도 사정은 마찬가지다. 올 들어 '불닭불붙은 코스닥'이란 말을 듣던 코스닥이 냉기류에 휘말렸다. 미국 금리 인상 시 신흥국에 몰렸던 외국인 자금 이탈이 가속화할 수 있다. 이뿐 아니다. 중소형주에 대한 거품론과 함께 2016년부터 대주주에 대한 주식 양도세가 강화됐다. 아울러 신규 상장기업의 보호예수 기간이 해제돼 묶여 있던 주식이 시장에 풀려나오기 시작했다. 코스닥 시장의 상승세를 가로막는 먹구름으로 작용한 셈이다.

준비되지 않은 무분별한 창업은 실패를 낳는다. 돈을 대는 주인정부은 창업 통계에만 관심을 갖는다. 사후관리엔 소홀하기 짝이 없다. 그러다 보니 투자자금을 유치한 대리인벤처기업가의 모럴해저드가 커진다. 그럴듯한 포장으로 눈먼 돈을 챙기면 된다는 식의 풍조가 만연하다. 제프리 무어의 '기술수용주기' 이론에 따르면 첨단기술 시장에서 벤처기업이 가장 위험한 단계는 초기 시장에서 주류 시장으로 넘어가는 과정에 존재하는 '캐즘Chasm, 균열'을 만난 시점이다. 신생기업이 틈새 시장에서 성공해도 벤처기업의 무덤인 '죽음의 계곡'을 뛰어넘어야만 주류 시장에 교두보를 확보할 수 있다. 치열한 경쟁에서 살아남기 위해서는 차별화된 기술력뿐 아니라 정교한 경영전략과 마케팅 기법이 필수다.

청년희망펀드 조성에 많은 이들이 동참했다. 박근혜 대통령이 첫 번째 기부자로 참여한 데 이어 기업인, 연예인 등 각계각층의 사람들이 기부에 나선다. 조성 규모는 2,000억 원이 넘었다. 크라우드펀딩이 성공하려면 자금을 어디에, 어떻게 쓰겠다는 목적과 사업 계획, 자금 운용 방식이 명확해야만 한다.

하지만 청년희망펀드는 실효를 거둘지 불확실하다. 당초 기부금을 잘 활용하기 위해 청년들이 필요로 하는 사업에 대한 아이디어를 공모받기로 했다. 하지만 사업 내용은 노동부의 기존 청년일자리사업과 별 차이가 없다. 청년창업 지원책을 제대로 추진하려면 기존 시책과 중복되는 무작정 퍼주기식 포퓰리즘보다 큰 그림을 먼저 그리고 장기적인 안목에서 체계적인 실천 방안을 마련해야 할 것이다. 그래야만 '창업 버블'을 막을 수 있다.

〈매경이코노미〉 2015.2.25

세계5대 와인품평회 '베를린와인트로피' 참관기

아시아 와인시장 성장 잠재력 크다

다양한 품종, 맛과 향⋯와인 축제
좋은 와인은 음식 맛과 건강 살려

　다양한 품종과 색상을 가진 와인의 세계는 무궁무진하다. 와인이 가진 풍부하고 깊이 있는 맛과 향을 제대로 즐기고 이해하는 것은 쉽지 않은 일이다. 기자는 국제와인품평회에 심사위원으로 참여해 세계 각국 와인 전문가들과 함께 와인을 직접 평가하는 소중한 체험을 했다.

　2015년 2월 5일 독일 베를린에서 개막된 제19회 베를린와인트로피 Berlin Wine Trophy는 글로벌 와인업계의 겨울 축제였다. 같은 달 8일까지 열린 베를린와인트로피에는 세계 30여 개국에서 생산된 5,021개 와인이 출품됐다. 베를린와인트로피는 영국에서 열리는 International Wine Challenge IWC, Decanter World Wine Awards DWWA, International Wine&Spirit Competition IWSC과 오스트리아 비엔나에서 열리는 Austrian Wine Challenge Vienna AWC Vienna와 더불어 세계 5대 와인품평회로 꼽힌다. 와인은 바이어스 마켓구매자 시장이다. 와인 생산자보다는

와인을 마시는 소비자 힘이 더 강하다는 뜻이다.

행사에 참석한 심사위원 151명 가운데에는 한국을 비롯해 중국, 대만, 홍콩, 일본, 싱가포르를 대표하는 20여 명의 아시아지역 심사위원이 포함됐다. 아시아 심사위원에 대한 주최 측 배려가 각별한 것은 그만큼 아시아 와인시장의 잠재력을 높이 평가하고 있음을 반영한다.

대회 심사위원은 와인 제조업체 대표, 와인학 교수, 소믈리에, 컨설턴트, 와인 수입업체 대표, 와인 칼럼니스트 등 다양한 전문가들로 구성된다. 경제 전문 기자가 심사위원으로 참가한 일은 매우 드문 케이스라고 한다. 와인 심사는 국제와인기구OIV, Organisation Internationale de la Vigne et du Vin와 세계양조가협회UIOE, Union Internationale des Oenologues의 규정에 따라 엄정하게 이뤄진다.

와인 심사는 25개 그룹그룹별 6~7명의 심사위원으로 나눠 4일간 실시됐다. 하루의 평가에서는 화이트와인과 레드와인 2개 부문, 스파클링와인

가운데 3개 부문Flight이 진행됐다. 각 평가 그룹은 부문당 17종 미만의 와인을 검은 천으로 가려 블라인드 테이스팅을 실시했다.

그룹 리더는 시음하는 와인의 빈티지만 심사위원에게 알려준다. 해당 와인의 산지와 구체적인 품종이 어떤 것인지 사전에 알 수는 없다. 각 부문에서 첫 번째로 나오는 와인은 점수는 매기지만 정식 평가에선 제외되는 연습용이다. 평가 대상 와인을 그룹 리더가 먼저 시음하고 문제가 없는지 판단한 뒤 심사에 들어간다.

각 심사위원은 한 와인을 시음하고 5분 이내에 점수 제출을 끝내야 한다. 색상을 살펴보고 향기를 세심하게 맡아본 뒤 혀와 이로 와인을 음미하며 점수를 매긴다. 시음한 와인은 검은 플라스틱통에 다시 뱉는다. 그러고는 와인 성적표를 작성한다. 크게 색, 향기, 맛으로 나뉜 항목 아래 2~4개의 세분화된 카테고리에 점수를 주고 총점을 낸다. 토론은 허용되지 않는다. '좋다, 나쁘다'는 표정조차 짓지 않도록 리더가 계속 주지시킨다. 평가에 공정성을 기하기 위해서다.

출품된 와인마다 고유의 차별화된 특성을 갖는 만큼 심사위원은 긴장감 속에 평가에 임한다. 최종 점수는 심사위원 점수 가운데 최고·최저점을 제외한 나머지 점수들의 평균으로 정해진다. 피겨스케이팅 채점과 똑같다. 그룹 리더는 다음 차례의 와인을 시음하기 앞서 직전 와인에 대한 개별 점수를 익명으로 공개한다. 시음한 와인에 대한 심사위원의 견해가 드러나는 순간이다. 모두 내로라하는 전문가들이지만 와인마다 호평과 악평이 엇갈리는 상황이 종종 연출되곤 한다.

금·은·동메달을 받는 좋은 와인이 나오면 탄성이 터져 나온다. 모든 심사위원이 동시에 높은 점수를 줘야만 메달이 탄생한다. 좋은 와인은 향과 맛이 다양하면서도 균형감 있게 어우러져 입안에서 은은하게 지속되는 특징을 갖는다. 최고 영예인 그랜드골드메달은 100점 만점에 평균 92점 이상을 받아야 하며 골드는 85점 이상, 실버는 최소한 82점 이상을 받아야 수상이 가능하다. 다만 출품 와인 가운데 메달을 받는 대상은 30%로 엄격히 제한된다.

하루의 와인품평회가 모두 끝나면 심사위원의 치아는 마치 드라큘라처럼 착색이 된다. 50여 종의 와인을 시음하는 과정이 끝나면 이가 시릴 정도다. 화이트와인이 찬 데다 모든 와인에 산이 있기 때문에 치아가 부식된다는 얘기다. 그렇지만 권투 선수처럼 마우스피스를 끼지 않는 이유는 치아와 잇몸도 와인 시음에 중요한 역할을 하기 때문이다. 기자가 속한 11조 리더인 라이너 비트코프스키 박사OIV 명예회장는 "좋은 와인은 음식의 맛을 더하고 혈액순환과 건강에 좋지만 나쁜 와인은 음식을 망친다"는 와인 철학을 밝혔다.

대회에선 그리스와 같은 유럽의 전통적인 와인 생산 국가가 미국 스타일의 제조방식을 채택해 제조한 와인을 선보여 관심을 모았다. 한편 행사 개막식에서는 2015년 8월 말 대전에서 열리는 제3회 '아시아와인트로피'와 관련된 홍보영상이 상영됐다. 세계 5대 와인품평회 중 유일하게 베를린와인트로피가 대전에서 아시아와인트로피라는 이름을 걸고 대회를 개최하는 것이다. 그만큼 아시아와인트로피는 국내 와인산업 발전에 중요한 역할을 할 것이며 세계적 와인 생산자들이 한국 시장을 주목하는 촉매제가 될 전망이다.

피터 안토니 DWM사 대표

한국 대전서 5,000여 종 국제와인품평회 개최
소주처럼 와인 즐기는 소비자 늘어나길 희망

"5,000여 종 이상의 와인을 품평하는 아시아와인트로피Asia Wine Trophy는 개최지인 한국 대전의 글로벌 브랜드 가치를 높이고 도시마케팅을 강화하는 계기가 될 것입니다."

피터 안토니Peter Antony 독일와인마케팅DWM사 대표는 "모든 나라의 소비자가 좋은 와인을 부담 없이 즐길 수 있도록 와인품평회를 열고 있다"면서 "앞으로 3~5년 이내에 이탈리아, 그리스 등에서도 와인트로피를 개최하고 싶다"고 말했다. 그는 "아시아 와인시장의 전망은 밝다"며 "한국은 지리적으로 보나 경제 규모로 보나 아시아 와인시장의 중심으로 발전할 수 있는 잠재력을 충분히 갖고 있다"고 평가했다.

대전마케팅공사가 DWM사와 공동 개최하는 아시아와인트로피는 2015년 8월 말 대전컨벤션센터에서 열린다. 250여 명의 심사위원이 참가할 아시아와인트로피에서는 학술 콘퍼런스도 함께 열려 아시아 최대 규모의 와인 축제로 자리매김하게 된다. 올해 아시아와인트로피에는 증류주 분야도 추가될 예정이다.

안토니 대표는 "대전시가 재정을 투입하면 호텔·식당 등 현지에서 80% 이상 예산을 쓰게 되므로 와인트로피 개최의 경제적 효과가 클 것"이라고 진단했다. 그는 "한국에서는 높은 세금 때문에 와인 가격이 유럽보다 3배가량 비싼 편"이라면서 "앞으로 질 좋은 와인을 합리적인 가격에 소주처럼 마시는 젊은 층이 늘어나길 희망한다"고 말했다.

그는 "와인은 생활의 일부다. 하루에 와인을 1~2잔 정도 마시면 건강에 좋다"고 강조했다. 안토니 대표는 지난 1994년부터 베를린와인박람회를 매년 개최하고 있다. 그는 베를린와인트로피를 매년 2월과 7월 개최하고 아시아와인트로피에 이어 포르투갈와인트로피도 신설했다.

경제

ECONOMY

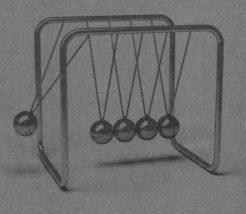

〈매경이코노미〉 2014.11.12

노벨경제학상 수상자,
단통법을 꾸짖다

제조사 · 이동통신사 · 고객…플랫폼서 상호작용
경쟁 통해 통신요금 낮추고 서비스質 향상해야

디스코텍은 지난 1980년대 젊은이들이 밤마다 뜨거운 열기를 발산했던 유흥업소다. 요즘의 클럽처럼 청춘남녀가 신나는 리듬에 맞춰 춤을 추면서 교제하던 데이트 장소였다. 디스코텍의 흥행은 미녀를 많이 확보하는 소위 '수질 관리'가 좌우했다. 맥주와 안주 등 기본요금은 남자가 기꺼이 부담했다. 매력적인 퀸카 파트너를 꿈꾸며 남성들은 디스코텍에 몰려들었다.

인터넷과 모바일에선 정보가 홍수를 이룬다. 이용자는 뉴스와 동영상을 검색하고 동호회 활동에다 SNS와 이메일로 소식과 의견을 주고받는다. 또한 웹툰과 게임을 즐기면서 쇼핑도 한다. 포털 사업자는 회원 가입자에게 모든 서비스를 무료로 제공한다. 돈은 배너·검색 광고에서 번다. 유용한 정보와 이용자가 많아질수록 광고주가 몰려든다. 웃돈을 내고서라도 눈에 잘 띄는 상단을 차지하기 위해 광고 경쟁을

벌인다.

이처럼 다양한 시장 참여자에게 멍석을 깔아주고 돈을 버는 플랫폼Platform 사업이 진화·발전하고 있다. 플랫폼은 참여자들이 새로운 가치를 나누고 서로 혜택을 볼 수 있는 사업의 장場이다. 2000년대 부상한 애플, 구글, 페이스북, 아마존은 플랫폼 사업의 대표적인 성공 사례다. 신용카드, 쇼핑몰, 신문과 잡지, 그리고 이동통신 등 플랫폼 사업은 무궁무진하다. 2014년 노벨경제학상 수상자인 장 티롤 프랑스 툴루즈 제1대학 교수는 이 분야 연구를 개척한 선구자다.

티롤 교수는 플랫폼으로 표현되는 양면·다면시장Two/Multi-Sided Markets에서 직·간접 네트워크 효과Network Effect가 발생하는 현상을 이론적으로 체계화했다. 직접 네트워크 효과는 소비자가 특정 상품서비스을 많이 이용할수록 더 많은 다른 소비자들도 같은 상품서비스을 채택하는 현상이다. 간접 네트워크 효과는 특정 상품을 이용하는 소비자가 늘어날수록 해당 상품의 보완재에 대한 수요도 동시에 늘어나는 것을 말한다. 플랫폼 이론은 다면시장에서 새로운 비즈니스 모델이 성공하고 실패하는 현상을 가장 적절하게 설명한다.

휴대폰 유통시장은 플랫폼 이론으로 분석이 가능하다. 티롤 교수는 다면시장 특성을 갖는 독과점시장에서 정부 규제가 전통적 단면시장One-Sided Market에서의 규제와 같아선 안 된다는 점을 플랫폼 이론을 통해 입증했다. 티롤 교수의 이론은 휴대폰 제조업체, 이동통신사, 대리점이 하나의 플랫폼에서 경쟁을 통해 제품과 서비스 질을 높이고 고객을 포함한 모든 참여자가 효익을 극대화하는 최적 가격구조를 이끌어내도록 정부가 규제 방식을 바꿔야 한다는 점을 시사한다.

잘못된 규제는 두더지 게임과 같이 예상 밖의 부작용을 초래한다. 실제로 이동통신사 보조금을 30만 원으로 묶은 단말기유통구조개선법단통법은 시행 초기 시장에서 큰 혼선을 빚었다. 2014년 10월 1일 단통법 시행 후 시중의 휴대폰 가격은 크게 올랐다. 고객 부담이 커지자 시장은 순식간에 얼어붙고 말았다. 같은 해 11월 1일 시작된 아이폰6 개통 때는 불법 보조금이 다시 등장해 제값을 치른 수많은 '호갱호구+고객'이 분통을 터뜨렸다. 규제의 폐해가 다수 소비자에게 귀착되고 만 셈이다.

현행 단통법은 대다수 소비자가 보조금 혜택을 제대로 받지 못한 채 이동통신사 3곳만 이득을 보는 구조다. 무엇보다 요금인가제를 보완해야 한다는 지적이 많다. 이통사 간 경쟁을 통해 서비스를 개선하고 통신요금 인하를 유도하는 것이 올바른 방향이다. 휴대폰과 이통 서비스를 분리해 판매하는 완전자급제 도입도 검토해야 할 과제다. 경쟁을 제한하고 불법 보조금을 조장하는 현행 단통법하에서는 시장이 위축되는 것은 물론, 아이폰6 대란과 같은 사태가 재발할 수 있다는 점에서 제도적 개선이 절실하다.

플랫폼 이론과 독과점 규제

노벨경제학상 수상자 장 티롤 프랑스 툴루즈 제1대학 교수는 플랫폼 이론으로 잘못된 독과점산업 규제의 폐해를 설명했다. 티롤 교수는 전기, 전화, 은행 등 독과점 시장에서 덩치를 키운 대기업에 대한 정부의 개입과 가격 규제가 필요하지만 해당 시장의 특성에 맞춰 올바른 규제를 해야 한다는 점을 플랫폼 이론을 통해 입증했다.

미국의 대형 전화회사인 AT&T 사례가 대표적이다. 1980년대 미국 유선전화 시장에서 시장지배적인 지위를 갖고 있던 AT&T를 규제하기 위해 각 주 정부마다 다른 정책을 썼다. 일부 주에서는 최고 요금만을 규제하는 요금상한제Price-Cap Regulation를 채택한 반면 다른 주에서는 아예 단일 요금을 강제하는 고정요금제Rate-Of-Return Regulation를 시행했다. 그 결과 요금상한제 상황에서는 가격 제한에 따라 이윤을 늘리려고 기술 개발은 물론 더 낮은 요금으로 소비자를 유인하기 위한 경쟁이 벌어졌다. 반면, 고정요금제에서는 이윤이 고정돼 기술 개발 등 기업의 노력이 없었고 장기적으로는 수요가 줄어 기업 수익이 줄어드는 결과를 낳았다.

〈매경이코노미〉 2015.3.25

로봇과 제4차 산업혁명

인공지능의 발달, 빅데이터·IoT와 융합돼 산업지도 격변
제조·금융 패러다임 바꾸는 로봇혁명, 한국엔 도약 호기

2015년 개봉된 할리우드 영화 〈채피 Chappie〉는 휴머노이드인간형 로봇
가 주인공이다. 로봇이 사람처럼 생각하고 감정을 느낀다. 채피는 위
트 넘치고 어린아이같이 천진난만한 로봇이다. 채피는 말을 배우고,
주변 환경에 적응하면서 악당의 살해 위협을 재치 있게 극복한다.

인공지능 로봇의 활약은 더 이상 미래 일이 아니다. 이미 현실에 등
장했다. 독일 베를린에서는 2015년 6월 마이온Myon이라는 로봇이 오페
라 〈My Square Lady〉 무대에 올랐다. 스스로 학습하도록 프로그램된 마
이온은 지능이 1살 아이 수준이다. 훔볼트대 연구진은 공연에 앞서 마
이온을 맹훈련시켰다. 배우들과 호흡을 제대로 맞추기 위해서다. 인공
신경망 강화학습Deep Reinforcement Learning이라는 반복연습으로 로봇은 많
은 실수를 줄일 수 있었다.

세계 곳곳에서 다양한 로봇이 인간을 돕는다. 로봇청소기는 생활가

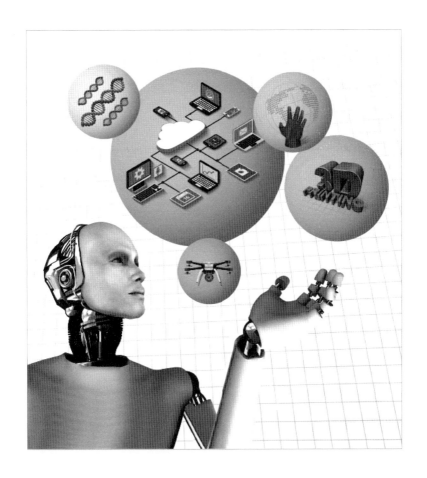

전의 필수 품목으로 자리 잡았다. 생산 현장에서는 제조 로봇이 근로
자와 함께 일한다. 해저·우주탐사 로봇뿐 아니라 가사도우미 로봇까
지 등장했다. 게다가 하늘을 나는 스마트 드론, 운전자 없이 무선통신
으로 자율 주행하는 무인자동차도 진화를 거듭한다.

　로봇은 인류의 삶을 바꾼다. 지능형 알고리즘은 빅데이터, 3D 프린
팅, 사물인터넷$_{IoT}$과 융합돼 비즈니스의 새 지평을 연다. 미래 예측도

정교해진다. 마이크로소프트의 음성비서 서비스 '코타나'는 2015년 아카데미 수상자 24명 중 20명을 맞췄다. 다보스포럼에서 누리엘 루비니 뉴욕대 교수는 중요한 세계 변화상으로 로봇이 이끄는 '제4차 산업혁명'을 꼽았다.

육체노동뿐 아니라 숙련·지적 노동까지 로봇은 인간을 대체한다. 루비니 교수는 "로봇기술 발달과 자동화가 생산성을 높이겠지만 일자리는 줄어들 것"이라고 경고했다. 2만 명이 일하던 중국의 한 공장에서는 최근 제조 로봇이 투입된 뒤 직원 100명만 남았다. 컴퓨터 알고리즘이 경제·금융·스포츠 데이터를 활용해 기사를 자동 작성하는 로봇 저널리즘도 보편화된다.

금융에서도 로봇이 투자 자문을 서비스하는 시대가 열렸다. 연 1%대 초저금리 현상 속에 안전성과 고수익성을 겸비한 투자 대상은 좀처럼 찾기 힘들다. 로보-어드바이저Robo-Adviser는 창구에서 고객과 대면 접촉하는 대신 온라인으로 투자를 자문한다. 컴퓨터가 빅데이터 분석을 토대로 주식, 부동산, 저축 등 개인 특성에 맞는 최적의 포트폴리오를 설계해준다.

미국 베터먼트, 퓨처어드바이저, 웰스프런트 등은 핀테크의 일종인 로보-어드바이징 시장을 개척한 대표 주자다. 이들 업체는 저렴한 비용에 높은 편의성을 제공한다. 미식축구 구단인 '샌프란시스코 49ers'는 선수와 직원의 자금 관리를 웰스프런트에 맡겼다. 자산운용사 피델리티는 3,000여 명의 금융상담사가 베터먼트의 투자정보를 고객 상담에 활용한다. 찰스슈왑투자운용도 로보-어드바이징을 마케팅 플랫폼에 도입했다.

IT·자동차 산업이 강한 한국은 로봇시대를 선도하는 국가다. '휴보' 는 KAIST가 만든 한국 최초의 인간형 로봇이다. 지난해 미국 국방부 산하 방위고등연구계획국DARPA이 개최한 '재난 로봇 경진대회'에서 우승을 차지해 로봇강국 한국의 기술을 과시했다. BCG는 2025년까지 로봇 도입에 따른 임금 절감 효과가 가장 높은 국가전년 대비 33%로 한국 을 꼽았다. 2016년 5월 도쿄에서 열린 한일경제인회의에 참석한 한·일 재계와 정부 인사들은 "로봇 인공지능AI과 스마트카 등 신산업 표준을 주도하는 데 미래 50년을 내다보고 협력해야 한다"고 입을 모았다.

로봇기술의 혁신으로 인간과 기계의 협업은 더욱 긴밀해질 전망이 다. 학습하는 로봇이 마음을 갖게 된다면 윤리와 도덕을 로봇에 가르 쳐야 할지도 모른다. 인공지능이 발달할수록 인간의 지적 능력은 향상 되고, 사고력과 창의력은 더욱 중요해질 것이다. 제조·금융의 패러다 임을 바꾸는 로봇 혁명을 한국 경제 재도약의 호기로 삼아야 한다.

4차 산업혁명은?

인공지능, 로봇기술, 생명과학이 주도하는 차세대 산업혁명을 가리키는 말이다. 로봇이나 인공지 능AI을 통해 실재와 가상이 통합돼 사물을 자동적, 지능적으로 제어할 수 있는 가상 물리 시스템 의 구축이 기대되는 산업상의 변화를 일컫는다. 독일은 '인더스트리 4.0', 중국은 '제조 2025' 계 획을 각각 추진하고, 미국은 국가혁신전략, 일본은 재흥전략 등 기업들이 제조업과 정보통신기술 ICT을 융합하는 산업경쟁력 강화대책을 마련했다. 한국 정부는 '제조업혁신 3.0 전략'에 이어 '신 산업 육성방안'에 박차를 가하고 있다.

1차 산업혁명은 1784년 영국에서 시작된 증기기관과 기계화로 대표된다. 2차 산업혁명은 1870 년 전기를 이용한 대량생산이 본격화된 현상을 뜻한다. 3차 산업혁명은 1969년 인터넷이 이끈 컴퓨터 정보화 및 자동화 생산시스템이 주도한 산업의 변화다.

〈매경이코노미〉 2015.8.26

일자리 소멸과 미래 직업

"20년 내 현재 직업 절반 없어진다"…'일자리 위기' 현실화
기술 혁신의 시대, 창조적 업무 이끌 '미래형 인재' 키워야

대학 입시에서 경쟁률이 높은 인기 학과는 '뜨는 산업'에 달렸다. 1960년대 이공계 최고 인기 학과는 화학공학과였다. 중화학공업 육성을 기치로 경제개발 5개년 계획이 시작된 시기다. 1970년대에는 중동 건설 붐이 불면서 기계·건축공학과가 선두권에 부상했다. 전자공학과는 IT산업이 태동한 1980년대 정상에 올랐다. 1990년대엔 컴퓨터공학과 인기가 치솟았다. 의예과는 2000년대 이후 커트라인 1위다. 제약·바이오 열풍에 약대, 생명공학과도 스포트라이트를 받는다.

산업의 부침은 급류를 탄다. 직업과 일자리는 점점 사라진다. 영국 옥스퍼드대 연구팀은 지난해 〈고용의 미래: 우리 직업은 컴퓨터화에 얼마나 민감한가〉라는 보고서에서 자동화와 기술 발전으로 20년 안에 인간이 일의 절반을 기계에 빼앗길 수 있다고 주장했다. 마이클 오스본 교수는 "향후 10~20년 후 미국 702가지 일 가운데 47%가 자동화할

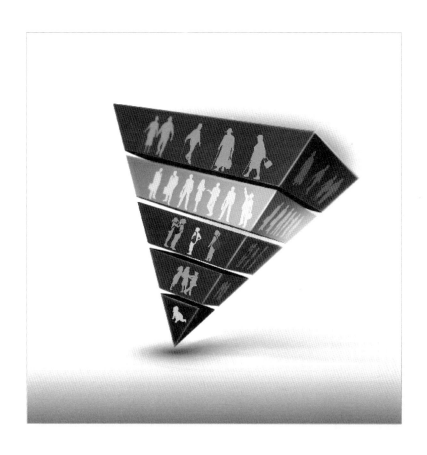

가능성이 높다"고 밝혔다. 예를 들어 구글카와 같은 무인자동차 보급 확산으로 택시와 트럭 운전사가 실업자로 전락한다는 것.

　로봇에 일을 빼앗겨 대량 실업자가 양산되는 모습은 상상만 해도 끔찍하다. 빅데이터 정보 분석, 인공지능과 센서, 3D 프린터, 드론, 사물인터넷IoT 등 기술 혁신은 상전벽해桑田碧海처럼 전개된다. 일반 사무직, 콜센터 직원, 도서관 사서, 부동산 중개인, 자동차 영업맨, 호텔 직원, 할인점 계산원 등 많은 직업이 자동화에 취약하다. 엄청난 양의 데이터를 슈퍼컴퓨터가 처리하면서 행정, 법무, 금융, 교육은 물론 산업 현장에서 비일상적인 작업이 일상화될 가능성이 높다. 어린 자녀가 성인이 될 20년 후 사회적 성공 기준도 완전히 달라진다. 공무원, 판검사, 외교관, 변호사, 회계사 등 명예와 부를 동시에 거머쥐며 소위 '잘나가는' 직업도 벼랑 끝 처지에 몰린다.

일자리 위기Job Crisis는 심각하다. 미국 재무장관을 역임한 래리 서머스 하버드대 교수는 최근 영국 〈이코노미스트〉 보도에서 "1960년대엔 25~54세 미국인 남성 20명 가운데 한 명꼴로 직업이 없었지만, 10년 이내 7명 중 한 명이 놀게 될 것"이라며 구조적 대량 실업을 경고했다. 미래학자 토머스 프레이 다빈치연구소장은 "앞으로 15년 안에 20억 개의 일자리가 사라지며, 5년 안에 전체 직장인의 40%가 프리랜서, 시간제 근로자, 1인 기업 등 기존 근로 시스템과는 다른 형태로 일하게 될 것"이라고 전망했다.

그렇다면 미래에도 사라지지 않을 직업은 무엇이 있을까? 옥스퍼드대 연구에 따르면 미국 직업 가운데 '매우 창의적'으로 분류되는 직업은 전체의 21% 정도다. 대표적으로 건축가, 웹디자이너, IT 전문가가 꼽힌다. 영화감독, TV 프로듀서, 공연 예술가 등도 자동화 가능성이 낮은 직종이다. 성직자, 의사, 자연과학 연구자, 음악·미술 치료 테라피스트, 큐레이터, 산업 디자이너 또한 기계가 대체할 수 없는 창의성과 감수성을 요구하는 직업군이다. 프레이 소장은 심지어 "미래 농업은 기술 혁신과 융합되면서 가장 멋진 직업이 될 것"이라고 예상한다.

"자동화는 비극이 아닌 축복이다." 오스본 교수는 낙관한다. 인간은 기계보다 더 높은 차원에서 창조적인 일에 집중할 수 있게 된다는 설명이다. 청년에겐 창업의 길이 활짝 열린다. 노인층엔 은퇴 없는 노동의 기회가 넓어진다. 하지만 개인에게 요구되는 기술과 지식은 한없이 늘어난다. 케네스 로고프 미국 하버드대 교수는 "인공지능이 서비스의 효율성을 크게 높이고 개선해 직업 판도를 크게 바꿔놓을 것이지만 일자리를 없애지는 않을 것"이라고 긍정적으로 내다봤다.

창의적 역량을 재충전하면서 협업에 순응해야 적자생존이 가능하다. 기업과 정부는 직무를 재설계하고 인사 시스템을 혁신해 '일자리 절벽'을 막는 완충장치를 마련해야 한다. 창조적 아이디어와 기술이 있는 기업인에겐 무한 재도전 기회를 줘야 한다. 대학은 신기술 리더와 융합형 인재를 양성하면서 평생교육 서비스를 제공해야 할 것이다.

〈매경이코노미〉 2016.4.6

원격의료, 노인과 로봇의 만남

소득절벽·의료비 급증 40~50년 뒤 재앙 불 보듯
첨단산업 육성 절실…의료법안 조속히 통과돼야

　행동경제학의 대가, 리처드 탈러 교수가 학생을 대상으로 실험을 했다. "1년 뒤 사과 1개를 받을 것인가, 아니면 1년 바로 다음 날 사과를 2개 받을 것인가?" 대부분의 학생은 "하루를 더 기다려 사과 2개를 받겠다"고 답했다. 다시 탈러 교수가 "오늘 사과 1개를 받을 것인가, 아니면 내일 사과 2개를 받겠는가?"라고 물었다. 그러자 실험실 내에서 배고픔을 참지 못한 학생들은 "오늘 당장 1개를 받겠다"고 말했다.

　이 실험은 미래를 위한 인내와 고통보단 현재의 만족, 행복을 선호하는 인간의 본성을 보여준다. 중국의 고사성어, 조삼모사朝三暮四에 등장하는 원숭이의 선택과 다를 바 없다. 이 같은 인간 본능을 억누르고 노후 대비에 성공하는 해법은 뭘까? 답은 간단하다. 노후파산을 막는 데 공짜 점심은 없다. 개인에게 세제 혜택 등 유인책과 함께 강제성을 동원해 저축하도록 만들고 자금을 중도에 찾아 쓰기 힘들게 하는 방법

이 효과적이다.

　고령화는 국가가 직면한 최대 골칫거리다. 노인인구 증가는 노동력 부족과 노인복지 악화를 낳는다. 빈곤에 허덕이는 노인이 점점 늘어난다. 노인 만성질환자도 증가해 의료비 상승을 부채질한다. 노인 환자를 수용할 요양 시설과 전문 인력도 갈수록 부족해진다. 소득절벽과 의료비 급증에 따른 노후 파산, 재정 고갈 충격이 앞으로 40~50년 뒤

현실화될 전망이다.

고령화 시대, 성장과 복지를 동시에 해결하는 신의 묘수는 뭐가 있을까? 헬스케어와 첨단의료산업 육성이 정답이다. 의료비와 사회적 비용을 절감하는 처방이 된다. 기업투자 활성화로 경제성장률도 끌어올릴 수 있다. 일본 정부는 '개혁2020', '로봇 신전략'을 추진한다. 로봇혁명을 선도할 혁신 플랫폼을 만든다는 목표다. 로봇산업을 육성해 고령자 친화적 사회 인프라를 구축한다는 구상이다. 그래서 노인복지·재활·간병에 로봇을 적극 투입한다.

로봇은 사물인터넷IoT, 인공지능AI과 융합돼 사회 변혁을 이끈다. 일본 소프트뱅크는 말하는 로봇 '페퍼'로 대인기다. 페퍼는 관광·교육 이외에 복지와 의료 서비스에 활용된다. 새끼 바다표범 '파로'는 센서와 인공지능을 갖춰 쓰다듬거나 말을 걸면 귀여운 행동으로 반응하는 애완용 로봇이다. 노인 우울증이나 치매 예방 등 심리치료 효과가 있다. '화이트 잭'이라는 인공지능은 의사 진료를 돕는다. 환자가 증상, 발병시기 등을 로봇 지시에 따라 화면에 입력하면 빅데이터를 활용해 환자의 질병 이름과 확률, 필요한 검사 등을 알려준다.

또한 원격의료는 컴퓨터·화상통신을 활용해 원거리 환자에게 진료를 제공하는 기술이다. 스마트폰을 웨어러블 기기와 연계, 개인 건강 상태를 모니터링한다. 중증 예방·만성질환 관리, 생애 말기 환자 의료 지원까지 서비스를 확장한다. 선진국은 앞다퉈 시장 선점에 나선다. 미국에선 재가在家노후생활Aging in Place 기술 시장이 급성장한다. 건강 관리, 질병 진단, 의료진과 치료 공조, 간병 등을 망라한다. 미국의 원격의료 환자는 2012년 22만 명에서 2017년에는 130만 명으로 6배 증가할 전망이다. 일본에서도 2016년 4월부터 원격의료 금지조치가 대부분 해제됐다. 5월부턴 의료용 로봇에 공적 보험이 적용됐다.

　한국의 고령화 속도는 일본보다 훨씬 빠르다. 2060년에는 한국과 일본 모두 고령화율이 약 40%로 같아진다. 인구구조 변화가 가져올 충격이 자명한데도 정책 미루기로 일관하단 골든타임을 놓칠 수 있다. 미래의 불편한 진실을 의도적으로 외면하면 재앙을 자초할 뿐이다. 국회는 의료법 개정안을 하루빨리 통과시켜야 한다. 원격진료가 정착되면 당장 거동이 불편한 노인, 장애인 등 100만여 명이 혜택을 받게 된다. 또한 국민의 20%가 혜택을 보면 원격의료 시장이 2조 4,000억 원 규모로 커진다. 또한 의료산업의 고도화, 첨단화라는 효과도 거둘 수 있다. 로봇이 의료진 일자리를 빼앗는 것이 아니다. 의료진과 로봇은 협업을 통해 새로운 부가가치를 창출할 수 있다. 우수한 인재가 대거 진입해 있는 의료계는 U헬스케어, 정밀의학 등 첨단 분야에서 국내 시장뿐만 아니라 해외 시장 진출로 대박을 낼 수 있는 것이다.

〈매경이코노미〉 2015.1.28

13월의 세금폭탄 유감

공염불된 '增稅 없는 복지' 공약…중산층 조세저항 자초
朝三暮四식 대응 말고 세제·예산 개혁 원점서 재검토를

13월의 보너스였던 연말정산을 놓고 1,600만 샐러리맨의 분노가 폭발했다. '세금폭탄', '날벼락', '울화통' 등 격앙된 표현이 인터넷에서 난무했다. 샐러리맨은 투명한 세금 납부로 '유리지갑'으로 불린다. 그동안 직장인은 연말정산 서류를 정성스레 제출하면 세금을 환급받아 작은 기쁨을 누렸다. 하지만 2015년 2월엔 되레 세금을 토해내야 하는 상황을 맞았다. 그 여파는 쇼핑몰로 불똥이 튀었다. 반품·환불 요청이 급증했다는 얘기다.

'연말정산 대란'으로 정부와 정치권에는 비난의 화살이 빗발쳤다. 당정은 지난 2013년 설계한 세제 개편안에서 세 부담이 늘어나는 기준액을 소득 5,500만 원으로 정해 연봉 7,000만 원 이상 고소득자 세금이 대폭 늘어나도록 고안했다. 당초 정부는 올해 직장인이 내는 세금이 8,600억 원 늘어난다고 밝혔다. 하지만 실제론 많은 납세자가 정부 발

표보다 세금을 더 내는 결과가 빚어졌다. 이번 사태는 세 가지 점에서 문제를 낳았다.

첫째, 정부는 정책 실패와 신뢰 추락을 자초했다. 담뱃세 인상에 이어 소득세까지 가중되자 조세저항이 증폭됐다. 2012년 대선 때 박근혜 대통령이 '증세增稅 없는 복지 확대'를 공약한 게 공염불이 되면서 중산층이 발끈한 것이다. 박 대통령의 '공약 가계부' 이행을 염두에 둔 정부가 '무상無償 복지' 재원을 위해 '꼼수 증세'를 동원했다는 비난이다. 결국 소득을 숨길 수 없는 봉급생활자에 고통을 떠넘겼다는 비판이 드세다.

둘째, 정부는 소득공제를 세액공제로 전환하면서 납세자가 받을 충격을 간과했다. 기존 소득공제는 소득에서 공제 대상 금액을 뺀 뒤 남는 과세표준 금액에 구간별 소득세율을 적용해 세금을 산출했다. 이에 반해 세액공제는 소득에 대해 과세한 뒤 세금납부 총액에서 일부를 깎아주는 방식이다. 고소득층일수록 세금이 늘어난다는 점에서 조세 형평성을 높이는 취지엔 부합된다.

그러나 현실에선 근로소득공제가 줄어들면서 부양가족공제 혜택이 없는 100만 미혼 직장인은 '싱글세'를 물게 됐다. 동시에 교육비·의료비와 연금저축에 대한 공제율이 크게 줄었다. 자녀를 낳은 경우에도 출생공제와 6세 이하 자녀 양육비공제·다자녀 추가공제가 사라진 대신 자녀세액공제로 전환돼 혜택이 감소했다.

셋째, 정부가 월급에서 세금을 떼는 간이세액표를 조정한 것도 납세자 불만을 키웠다. 예전에는 매달 세금을 많이 원천징수하고 연말에 세금을 되돌려주는 '더 내고 더 돌려받는' 방식이었다. 이를 지난해 '덜 내고 덜 돌려받는' 방식으로 바꾼 것이다. 본질은 똑같지만 세금의 '착시현상'은 실제 존재한다.

주류 경제학이 전제로 하는 경제적 인간은 인지나 판단에 관해 완전히 합리적이며 의지가 굳고, 오직 자신의 물질적 이익만을 추구하는 사람이다. 하지만 현실에서 인간의 행동은 여러모로 합리적이지 않다. 같은 물건, 같은 수량이라도 오늘의 소비와 내일의 소비에서 느끼는 만족이 다르다. 인간은 오랜 기간 소비를 참기 힘들다. 미래보다 당장의 이익을 중요하게 생각한다. 그래서 충동구매, 과시구매를 하기 일쑤다.

납세자가 매달 정확하게 세금을 내고 한 푼도 돌려받지 못하는 것보다 다소 많이 원천징수된 세금을 1년 뒤 정산해 목돈으로 돌려받는 방식을 좋아하는 건 당연한 일이다. 이 같은 요인이 겹치면서 민심이 들끓게 된 것이다.

사실 세제 개편 후 납세자 불만을 진정시킬 수 있었던 시간은 1년 이상 있었다. 그러나 정부는 세제 개편 실상을 제대로 알리지 않고 수수방관했다. 게다가 사태의 심각성을 무시한 채 조삼모사(朝三暮四)식 대응으로 중산층 분노만 자극하고 말았다. 결국 당정은 세법을 고쳐 소급 적용하겠다고 부랴부랴 수습책을 내놓았다. 땜질식 개편에 세제는 누더기 신세가 되고 만다.

정부는 이번 사태를 계기로 예산과 세제상 문제점을 과감히 뜯어고쳐야 한다. 매년 10조 원 이상 구멍 나는 세금을 봉급생활자에게 전가하기보다는 무상복지, 선심성 사업 등 재정 낭비를 대대적으로 정비해야 할 것이다. 필수적인 복지에 쓸 재원이 부족하면 증세 필요성을 솔직히 밝히고 대안을 내놔야 한다. 이와 함께 '저출산·고령화·1인 가구화' 추세로 심화되는 부작용을 최소화하는 데 재정의 역량을 대폭 강화해야 한다. 소득계층별 세 부담이 적정화되도록 공제 항목과 수준을 재조정, 세제를 통한 소득 양극화 시정에도 만전을 기해야 한다. 특히 고소득 자영업자·전문직 등 과세 사각지대 해소에 적극 나서야 할 것이다.

〈매경이코노미〉 2015.2.25

샌드위치 한국호의 선택

중국 추격에 일본은 경쟁력 부활…한국 넛크래커 낀 신세
한·중 FTA 기회로 삼아 수출형 소비재·부품 中企 육성을

총성 없는 경제전쟁에 나선 한국호에 먹구름이 드리웠다. 일본과 중국의 협공에 한국 주력 산업이 위협받는다. 삼성전자가 휴대폰 시장에서 중국의 습격에 흔들린다. 현대자동차는 엔저를 앞세운 일본 기업 공세에 진땀을 흘린다. 한국은 넛크래커_{호두까기}에 낀 신세다.

일본은 양적완화에 나선 아베노믹스 덕에 제조업이 부활의 날갯짓을 한다. 일자리가 넘쳐난다. 중국 기업은 가격경쟁력에 기술력까지 갖추고 맹렬한 기세로 한국 기업을 추격한다. 철강, 섬유의류, 통신기기, 디스플레이에서 중국 기업의 시장 잠식 속도가 빨라진다. 전자상거래·에너지 등에선 한국을 추월하는 중국 기업이 점점 늘어난다.

해외 플랜트 수출 분야에서 중국과의 기술력 격차가 불과 0.3년으로 좁혀졌다고 KDB산업은행은 밝혔다. 발전 분야 기술력은 0.7년 차이에 불과하다. 자원개발에선 오히려 한국 기술력이 중국에 4.5년이나

뒤진다. 이미 중국은 수출 시장점유율 면에서 세계 정상에 올라섰다. 2014년 기준 중국은 세계 수출 시장점유율 1위 품목을 1,610개나 보유하며 일본172개을 크게 앞질렀다. 한국이 세계 수출 시장점유율 1위를 유지하고 있는 품목은 64개에 불과하다. 중국의 첨단기술 제품 수출 비중은 43.7%에 이른다. 한국은 이 비율이 9.4%에 그친다.

　한국이 세계 시장에서 설 땅은 갈수록 좁아진다. 세계 1위 조선산업도 업황 부진에 중·일 반격까지 겹쳐 설상가상의 위기에 처했다. 조선산업이 경쟁력을 회복하려면 금융 지원이 뒷받침돼야 가능한데 국내 금융사 자금 공급 능력이 떨어지고 금리조건이 불리해 경쟁국 저가공세에 수주를 빼앗기는 사례가 잇따른다.

해외 대형 프로젝트 수주전에서 한국은 경쟁국에 힘없이 밀려난다. 특히 멕시코에 인프라 건설 사업 진출 기회가 활짝 열리고 있지만 한국은 속수무책이다. 시진핑 중국 주석과 아베 일본 총리는 2014년 멕시코를 방문해 통신, 철도, 버스터미널, 해양 플랜트 등 수주전을 진두지휘했다. 한국은 멕시코와 FTA 협상이 중단된 뒤 이렇다 할 경제협력 성과가 없었다. 박근혜 대통령은 2015년에서야 멕시코를 방문했다.

아프리카에서도 상황은 비슷하다. 중국은 인해전술로 자원개발 프로젝트를 싹쓸이한다. 일본 역시 대규모 공적원조를 앞세워 현지 공략을 강화한다. 이집트 원자력발전소는 당초 정홍원 전 총리가 공들인 프로젝트인데 푸틴 대통령이 거액을 지원키로 한 러시아에 계약을 넘겨주고 말았다.

이근 서울대 교수는 "한국 소득수준은 최고 국가 대비 30% 정도로 2012년 이후 선진국 추격이 정지된 상태"라고 진단했다. 이 교수는 "추격·추월·추락, 3가지 기회의 창은 항상 열린다"며 "IT·서비스 등에서 제2, 제3의 삼성, 현대차가 나와야 한다"고 지적했다.

한국의 샌드위치 탈출 해법은 기업경쟁력 강화밖에 없다. 한·중 FTA 발효를 전세 반전의 기회로 삼아야 한다. 무엇보다 내수에 안주하는 중소·중견기업의 수출 역량을 키워야 한다. 수출형 소비재산업을 집중 지원해 14억 중국 내수 시장을 공략해야 할 것이다. 중국에서 고전하는 한국계 할인점을 현지화 전략으로 재정비해야 한다. 중국 소비자를 겨냥한 홈쇼핑, 해외직판, 핀테크도 활성화해야 할 것이다. 동시에 글로벌 가치사슬의 중심이 된 중국에 부품·소재 등 중간재 공급 기지 역할을 강화해야 한다.

이와 더불어 외환 시장의 안정성을 높여 글로벌 환율전쟁의 충격을 최소화해야 한다. 무역금융 지원은 더욱 강화해야 한다. 기능이 유사한 수출입은행과 무역보험공사를 합병하는 방안도 검토해야 할 것이다. 대규모 프로젝트를 놓고 국가 간 수주경쟁이 갈수록 치열해지는 만큼 정상의 해외 순방 경제외교가 결실을 거두도록 후속 조치에 만전을 기해야 한다. 마지막으로 수출 부가가치를 높이기 위해 하드웨어보다 소프트웨어 중심으로 지원 시책을 전환할 필요가 있겠다.

〈매경이코노미〉 2015.3.18

경제예측 신뢰 회복하라

서머스 하버드대 교수 "중국 2033년까지 평균 3.89% 성장"
한국 2016 성장률 2%대 후반…한은 예측치 정확성 높여야

　잘 알려진 우화 하나. 나무꾼이 나무를 하다 산속 연못에 도끼를 빠트렸다. "이 도끼가 네 도끼냐?" 연못에서 나타난 산신령이 금도끼, 은도끼, 그리고 쇠도끼를 보여주면서 물었다. "제 것이 아닙니다." 나무꾼은 모두 부인했다. 그러자 산신령이 "도대체 뭘 원하느냐?"고 질문했다. 나무꾼은 "앞으로 나올 경제신문 1년 치를 구해주십시오"라고 청했다. 산신령은 나무꾼의 소원을 들어줬다. 그는 이후 경제신문을 열심히 읽고 자신만의 정보를 활용해 주식투자를 해서 많은 돈을 벌었다고 한다.

　미래 예측은 매우 중요하다. 장·단기 경제 상황에 대한 예측은 국가, 기업, 그리고 개인의 경제적 의사결정에 없어선 안 될 소중한 정보가 된다. 만일 잘못된 전망에 기초해 국가정책이 집행된다면 경제 전반에 여러 부작용을 낳을 것이다. 기업과 가계도 엉뚱한 대응에 빠지게

　돼 자원 배분의 효율성을 저해할 것이다. 예를 들어 경기가 호전될 것
이라는 전망을 믿고 기업이 투자와 고용을 늘렸는데, 실제로는 불황이
심해지면 기업은 예상 밖의 큰 손실을 보게 된다.

　선진국뿐 아니라 주변국의 미래는 우리 경제에 큰 영향을 미친다.
특히 아시아의 성장을 이끄는 중국의 고도성장 지속 여부는 한국 경제
에 커다란 파급효과를 낳는다는 점에서 주목된다. 중국에 대한 기존의

장기 전망은 낙관 일색이다. OECD는 보고서에서 2011년 이후 2030년까지 중국의 1인당 소득 성장률이 연평균 6.6%를 기록할 것으로 예측했다. 세계은행 또한 근로자당 생산 증가율이 2025년까지 연평균 7.2%를 유지할 것으로 내다봤다.

이에 반해 로렌스 서머스 하버드대 교수는 아시아에 대한 맹목적인 낙관론Asiaphoria을 경고하고 나서 관심을 모은다. 서머스 교수는 2015년 발표한 논문 〈Asiaphoria Meets Regression to The Mean NBER Working Paper No.20573〉에서 "중국의 성장률이 2013년 이후 둔화되면서 2033년까지 평균 3.89%에 그칠 것"이라고 전망했다. 앞으로 15년 이내에 중국의 성장률이 반 토막 날 수 있다는 예측이다. 서머스 교수는 "중국의 고도 성장은 이미 정상 속도의 3배에 달했다"며 "이 같은 성장세는 중장기적으로 지속 가능하지 않다"고 주장했다. 과거 추세는 미래 예측에 별 도움이 되지 않으며 평균으로의 회귀에 예외가 있을 수 없다는 지적이다. 중국의 감속성장을 경고한 그의 선견지명은 실제 맞아떨어졌다.

중국과 순망치한脣亡齒寒 관계인 한국의 경제 전망은 어떤가? 실망스럽게도 한국은행 예측은 신뢰를 잃었다. 매년 장밋빛에서 하향 수정을 거듭한다. 장기 전망은커녕 한 해에도 서너 차례 예측치가 과녁 중심을 비껴난다. 2014년 4월 발표한 2015년 전망치는 4.2%였지만 2.6%에 그쳤다. 메르스라는 돌발변수가 생겼다고 하더라도 1.6%포인트란 엄청난 오차를 보였다. 한은은 2016년 성장률 전망치도 2015년 1월에 3.7%로 발표했다가 3개월 뒤인 4월에 3.4%로 낮춘 데 이어 10월에는 3.2%로 내렸다. 그리고 2016년 1월 다시 3.0%로 수정발표한 데 이어 4월 2.8%로 또다시 낮춰 잡았다.

이같이 부실한 한은의 예측 능력을 두고 비판이 거세다. 한은의 경제 전망은 통화정책의 출발점이다. 동시에 정부의 재정정책은 물론, 미래에 대응하는 경제 주체에 나침반이 돼야 한다. 국제 정세가 급변하고 돌발 사태가 발생하는 상황에서 100% 정확성을 기할 도리는 없다. 하지만 한은의 전망치가 체감경기와 바로 노는 것은 문제다. 한은은 많은 전문가와 막대한 데이터, 정교한 모델을 갖춘 기관이다. 경제 예측 능력이 최소한 민간보다 뛰어나야만 신뢰 회복이 가능할 것이다.

한은 입장에서는 기획재정부 경제전망치를 지나치게 눈치 볼 필요가 없다. 기획재정부는 경제정책을 총괄하는 정부부처로서, 경제전망치에 정책목표Goal Guidance 달성이란 정책의지가 반영돼 있는 것이기 때문이다.

"문제는 미래다. 그래서 나는 과거를 되돌아보지 않는다." 빌 게이츠 전 마이크로소프트 회장의 말이다. 지금은 변화의 속도가 빨라지고 불확실성의 진폭이 큰 변혁기다. 미래 예측은 경제 주체가 희망하는 결과를 얻기 위해 최적의 결정을 내리는 데 필수 요소다. 현장 경기를 반영해 전망치의 정확성을 높이는 일은 그래서 중요하다.

〈매경이코노미〉 2015.5.6

아베노믹스에 뒤진 초이노믹스

소비·투자·수출 '트리플 슬럼프' 장기화될 가능성
韓기업 성장·이익 日에 뒤져…추경·금리 인하 필요

　한·일 경제전쟁에서 희비가 엇갈린다. 한국의 '초이노믹스' 효과가 일본 '아베노믹스'에 밀렸다. 한마디로 의지와 추진력의 차이다. 한국은 소비·투자 위축에 수출 부진까지 겹쳤다. 소위 '트리플 슬럼프'에 빠지고 말았다. 최경환 전 경제부총리의 정책 추동력은 빛이 바랬다. 일본 기업의 경쟁력 부활이 부러운 처지다.

　한국 상장기업 성장성과 수익성은 모두 일본에 뒤진다. 전경련에 따르면 한국 상장기업은 2013년 마이너스 2.6% 성장에 이어 2014년에도 1.4% 성장금융업 제외 시 마이너스 1.6%에 그쳤다. 현대차는 2015년 1분기 영업이익이 18.1% 급감했다. 반면, 아베노믹스 약발에 일본 상장사 매출 증가율은 2013년 11.5%, 2014년 4.7%를 각각 나타냈다. 수익성도 크게 개선됐다. 3월 결산 일본 기업 경상이익은 2014년 22조 2,600억 엔으로 7년 만에 최대를 기록했다. 토요타는 2015년 1분기 영업이익이 2배 늘

었다. 주가 또한 탄력을 받았다. 기업 실적 호전에 닛케이지수는 15년 만에 2만 선을 탈환했다. 한국의 청년은 일자리를 못 찾아 헤매는데 일본 청년들은 취업걱정을 하지 않는다. 도리어 일본 기업은 인재 구인난에 고민한다.

일본 아베 정부는 3년에 걸쳐 양적완화와 엔화 약세 등 경기 부양책을 과감히 밀어붙였다. 급기야 마이너스 금리정책까지 동원했다. 글로벌 경기 침체에도 일본은 2015년 3월 수출이 전년 동기 대비 8.5% 늘었다. 7개월 연속 상승 행진이다. 특히 3월 무역수지는 2012년 6월 이후 33개월 만에 흑자2,293억 엔를 기록했다. 엔저 영향이 크다. 지난 2012년 6월 100엔당 1,500원대였던 원엔 환율은 7년 2개월 만에 100엔당 800원대까지 진입했다.

일본의 근린궁핍화정책에 한국 수출은 치명상을 입었다. LG경제연구원은 보고서에서 "중국 성장세 둔화에 비해 우리 수출이 위축되는 속도가 더 빠르다"고 우려했다. 문제는 이 같은 한국 기업의 수출 부진이 장기화할 가능성이 크다는 점이다. 내수 부진을 만회하던 수출마저 위축되자 성장에 빨간불이 켜졌다. 한국의 GDP 성장률은 2015년 2.6%에 그쳤다. 자칫 일본의 '잃어버린 20년'을 닮은 저성장 고착화가 염려된다. 가계는 실질임금 하락, 금융소득 감소, 전·월세값 상승에 소비를 줄인다. 정권의 레임덕 현상과 맞물린 사정 바람에 기업 투자 심리는 꽁꽁 얼어붙었다.

아베 총리가 정치적 안정을 바탕으로 경제 살리기에 올인한 것은 긍정적인 평가를 받는다. 특히 과단성과 추진력이 돋보였다. 기업 지배구조 개혁, TPP 체결, 국가전략특구 설치 등에서는 소기의 성과를 이뤘다. 그러나 일본 아베노믹스가 성공했다고 속단할 순 없다. 엔화 환율 변동에 따라 수출과 기업 수익, 성장률이 등락을 거듭한다. 금융완화 정책은 더 이상 약발이 먹히지 않는 한계를 드러냈다. 또한 재정 확대가 절실하지만 눈덩이 재정 적자가 걸림돌이다. 일본은 1,000조 엔을 넘은 정부 부채와 재정 적자가 시한폭탄이다. 아베 정부는 소비세율 인상을 계속 연기하고 있다. 그래서 국제신용등급이 A로 강등됐다.

한국의 초이노믹스는 정책 추진력이 취약했다. 경제활성화 법안 국회 통과가 차질을 빚은 데다 정부는 경기회복에 대한 경제 주체의 신뢰를 얻는 데 실패했다. 이완구 전 총리 낙마에 국정은 혼란에 빠졌다. 2016년 총선에서 여당은 대패하고 말았다. 경제회생 정책이 약발을 받으려면 경제체질 개선에 주력해야 한다. 정부는 주식·부동산 등 자산 가격이 올라 소비 증가로 연결돼 성장률이 연 3%대로 회복되길 기대한다.

　자산 가격 거품은 오래 못 간다. 경제 전문가들은 되레 디플레와 장기 불황 가능성을 염려한다. 추경예산 편성이나 금리 인하 등 확장적 거시정책이 요망된다. 정부는 무상복지보다 사회간접자본과 교육 분야 투자를 늘려야 한다. 세수 확보를 위해서는 법인세율 인상 대신에 고소득층 누진세제를 강화하는 편이 낫다. 규제 개혁은 그동안 제대로 한 게 없다. 기업이 정말 피부로 느끼도록 신성장동력 발굴에 걸림돌이 되는 규제를 우선적으로 풀어야 한다. 아울러 사회 개혁으로 부정부패를 근절한다는 미명 아래 기업인의 사기를 꺾어서는 곤란하다. 새롭게 경제정책을 이끄는 유일호 경제부총리와 강석훈 청와대 경제수석이 호흡을 맞춰 기업 구조조정과 노동개혁, 신산업 육성에 최선을 다해야 할 것이다.

근린궁핍화정책 近隣窮乏化政策, Beggar My Neighbor Policy

다른 국가의 경제 희생 아래 자국의 경기회복을 도모하려는 경제정책이다. 영국의 경제학자 J. V 로빈슨이 명명한 용어다. '베거 마이 네이버Beggar My Neighbor'란 트럼프 게임에서 '상대방의 카드를 전부 빼앗아 온다'는 용어에서 유래된 것으로, 세계경제가 전체적으로 침체돼 어려움을 겪을 때 흔히 행해진다. 예컨대 이 정책을 시행하는 국가는 무역상대국으로부터의 수입을 줄이는 대신 자국의 수출량을 늘림으로써 자국의 경기를 살리고자 한다. 이를 위해 환율 인상·수출보조금 지급·관세율 인상 등을 대표적 수단으로 사용한다. 하지만 무역상대국 역시 같은 형태의 보복조치를 실시할 수 있다. 이로 인해 국제경제는 보호무역주의에 휘말리며 교역 환경이 더욱 악화될 가능성이 높다.

'2,000만 요우커' 대비하라

싸구려 관광 오래 못 가···고급 해외소비 끌어들여야
면세점·카지노·테마파크 등 복합리조트 적극 추진을

서울 남산 자락 옛 수방사 터에 자리한 '한옥마을'은 도심 공원이다. 전통 가옥과 국악당, 타임캡슐, 미술품 등을 갖춘 이곳은 평일에도 많은 인파로 북적댄다. 입장료가 없는 시민의 휴식공간은 어느새 외국인 관광명소로 탈바꿈했다. 중국인 관광객遊客, 요우커을 태운 관광버스 행렬은 장사진을 이룬다.

과거 '패션 1번지'였던 서울 명동이 '화장품의 메카'로 변모했다. 화장품 쇼핑에 나선 요우커가 서울 명동을 휩쓴다. 명동 화장품 매장은 140여 개에 달한다. 명동에 들어선 건물 4곳 중 1곳꼴로 화장품 매장 일색이다. 중국 간체자가 쓰인 적색, 황금색 광고지가 명동 거리를 장식한다.

한류 바람을 탄 요우커 특수 덕에 면세점은 '황금알을 낳는 거위'로 떠올랐다. 2015년 1분기 면세점 매출액은 총 2조 2,608억 원에 달한다.

전년 동기 대비 31.9%나 늘었다. 한국은 세계 면세점 시장 1위를 달린다. 올해 면세점 매출은 10조 원을 돌파할 전망이다. 유통 대기업마다 면세점 사업권 경쟁이 치열하다.

새로운 성장동력으로 관광산업이 주목받는다. 한국을 찾은 요우커는 2014년 600만 명을 넘었다. 2~3년 내 1,000만 명, 2020년 2,000만 명 시대를 바라본다. 최경환 전 경제부총리는 "한국 경제에서 가장 뜨거운 산업이 관광산업이고, 핵심 키워드는 중국인 관광객"이라고 말했다. 관광산업은 높은 부가가치를 창출하는 '효자산업'이다. 외국인 관광객 유치로 내수 경기 활성화, 일자리 창출, 세수 증대라는 세 마리 토끼를 잡는다.

하지만 실태를 보면 한심하기 짝이 없다. 고급 호텔은 넘치지만 요우커가 원하는 합리적인 가격의 숙박 인프라가 태부족이다. 무허가 오피스텔, 게스트하우스 등 불법 숙박업소와 수준 미달 객실에 요우커 불만이 클 수밖에 없다. 요우커 방문 지역도 서울과 제주에 편중되면서 관광 인프라의 수급 불균형을 악화시킨다.

쇼핑 리베이트를 매개로 한 덤핑관광이 문제다. 싸구려 음식에 바가지 상혼까지 기승을 부린다. 브로커가 낀 날림 성형수술과 의료사고는 한국 이미지를 먹칠한다. "한국인이 깔본다"는 요우커도 많다. 그래서 태국이나 일본으로 발길을 돌린다. 2015년 태국은 요유커 유치 경쟁에서 한국599만 명을 제치고 아시아 1위에 올라섰다. 지난해 태국을 방문한 중국인 관광객은 793만 4,791명에 달했다. 일본이 같은 해 유치한 외국인 관광객은 1,974만 명으로 2,000만 명 시대를 눈앞에 두고 있다. 그중 중국인 관광객은 460만 명을 기록했다. 일본은 대규모 면세점 인프라를 적극적으로 구축하면서 한국을 추월한다는 전략이다.

한국의 관광 경쟁력은 뒷걸음질 친다. 세계경제포럼WEF의 〈2015 여행 및 관광 경쟁력 보고서〉에서 한국은 세계 141개국 중 29위를 차지했다. 일본9위뿐 아니라 중국17위에도 뒤진다. 한국 관광 경쟁력 순위는 지난 2013년 25위에서 4계단 하락했다. 반면 일본은 14위에서 5계단 올랐으며 중국은 45위에서 28계단이나 뛰었다. 문화관광연구원의 중국인 관광객 16개국 설문 결과 '한국을 다시 찾고 싶다'는 응답은 14위로 최하위권에 머물렀다. 한국 관광의 미래가 밝지만은 않다는 얘기다.

한국 관광산업은 볼거리, 먹을거리, 가격, 서비스 질에서 국제 경쟁력 강화가 시급하다. 정부는 공항과 항만, 면세점 등 관광 인프라 확충을 골자로 하는 관광산업 활성화 대책을 추진한다. 쇼핑 서비스만으로 외국인 관광객을 맞는 시대는 지났다. 고품질 융복합 관광상품을 갖춰야만 외국인 관광 융성이 가능하다. 무엇보다 양질의 저렴한 숙박시설 확충이 급선무다. 관광산업 발전에 걸림돌이 되는 규제도 과감히 풀어야 한다.

또한 지방 관광지로 외국인 관광객 분산을 유도할 필요가 있다. 이를 위해 카지노·컨벤션센터·테마파크 등 복합리조트를 허용해야 한다. 미용·의료·웨딩·연예·오락 분야의 한류 마케팅도 강화해야 할 것이다. 특히 동북아 3개국 간 테마파크 경쟁이 치열하다. 중국 상하이에 2016년 세계 3번째, 아시아 최대 규모의 디즈니랜드가 개장했다. 이에 뒤질세라 도쿄 디즈니랜드는 오는 2024년까지 6조 원을 들여 시설을 두 배 늘린다. 우리는 늑장 대응으로 허송세월만 하다 경쟁에서 뒤진다. 용인 에버랜드만으로는 관광객 유치에 한계가 있다. 한국은 2016년 5월 경기도 고양 한류월드에 K컬처밸리 테마파크를 착공했고, 경기도 화성에 유니버설스튜디오 건설을 추진한다. 한류 콘텐츠를 바탕으로 외국인 관광객 유치의 호기를 놓쳐서는 안 될 것이다.

〈매경이코노미〉 2015.5.27

청년실업 탈출구를 찾아라

취업·희망 포기한 '7포 세대'···비운의 청년 미래 막막
일자리 창출·고용정보망 통합·대학교육 개혁 절실하다

전자과·화공과·기계과는 '전화기'다. 이들 이공계 학과는 '깡패' 집단이다. 대학가에선 자기 마음대로 뭐든지 할 수 있는 능력자를 '깡패'라고 부른다. '취업 깡패'란 대학 졸업생이 원하는 기업에 취업할 수 있어 잘나가는 인기 학과를 뜻한다.

인문사회 계열은 취업 시장에서 찬밥 신세다. 대학 졸업 후 1년이 넘어 취업에 성공하긴 '하늘의 별 따기'처럼 힘들다. 기업은 취업재수생을 기피한다. 그래서 인문계엔 취업 전까지 대학 졸업을 늦추는 '엔지 No Graduation족'이 많다. 엔지족은 나이가 많아 '화석 선배'라는 표현에다 삼엽충, 시조새, 고려청자로도 불린다. 요즘은 소위 명문대 상경계를 졸업하더라도 취업문을 쉽사리 통과하기 어려운 실정이다.

경기 불황에 한국 청년은 슬프다. 2016년 청년실업률은 2월 12.5%, 3월 11.8%에 이어 4월까지 같은 달 기준 역대 최고치 기록을 갈아치웠

다. 이러다간 청년실업률이 10%대에 고착화될까 우려된다. 아르바이트나 프리랜서 같은 불완전 취업 상태에서 정규직을 찾는 취업준비생도 수두룩하다. 더욱 심각한 것은 청년층이 체감하는 실업률이다. 각종 고시·공무원시험 준비생, 구직 단념자를 포함한 사실상 청년 체감 실업률은 34%를 넘는다.

취업을 향한 고난의 행군은 눈물겹다. 갖춰야 할 스펙은 너무 많다. 대통령 청년위원회 '2030 정책참여단 스펙조사팀'이 파악한 '취업 9종

세트'가 나왔을 정도다. '학벌, 학점, 토익, 어학연수, 자격증'은 기본이다. '사회봉사, 인턴'으로도 모자란다. '공모전 입상, 성형수술'까지 한도 끝도 없다.

최악의 취업난은 비극의 세대를 낳았다. 시간제 정규직 '이케아 세대'는 좋은 스펙에도 낮은 급여와 고용 불안에 시달린다. '3포 세대'는 연애와 결혼, 출산을 포기했다. 게다가 내집마련, 인간관계까지 버린 '5포 세대'가 등장했다. 더욱이 취업과 희망마저 포기한 '7포 세대'는 가장 비참하다. 이들 '달관 세대'는 의욕도 없이 무기력한 삶을 산다.

직업 대신 아르바이트를 전전하는 '프리터Free+Arbeiter족'은 그나마 돈을 벌겠다는 의지라도 있다. '니트NEET, Not in Education, Employment or Training 족'은 교육받거나 일할 의지도 없는 무직자다. '캥거루족'은 부모에 기대 살고, '빨대족'은 부모 노후 자금까지 써버리는 30대 불효자를 말한다. 예비군 훈련장에서 총기를 난사한 사건도 청년실업자 소행이다.

"이미 '청년 고용 절벽'은 시작됐다. 내후년까지 청년 고용 대란이 이어질 수 있다." 최경환 전 경제부총리의 경고다. 일자리를 놓고 청·장년 간 희비가 엇갈린다. 근로자 정년이 2016년부터 60세로 연장됐다. 대기업 노조는 기득권을 고집하며 노동 개혁을 거부한다. 아버지가 자식 취업을 가로막는 꼴이다. 취업에 큰 악재지만 청년층은 침묵한다. 비정규직 양산에 고용 없는 성장은 갈수록 심각해진다.

청년 취업난 해소에 최선책은 질 좋은 일자리를 많이 늘리는 것이다. 이를 위해선 기업가정신을 북돋아 투자를 촉진해야만 한다. 특히 고용 증대 효과가 큰 고부가 서비스산업을 키워야 한다. 청년 창업과 해외 취업 활성화는 차선의 대안이다. 기술을 잘 모르는 인문계생에겐

'빛 좋은 개살구'일 뿐이다.

정부는 단기 대책에 급급하다. 임금피크제를 도입한 기업이 2016년
부터 청년을 고용하면 월 90만 원까지 지원한다. 근로시간을 단축해
청년을 채용하는 기업에도 재정을 지원해야 할 것이다. 1조 4,000억 원
의 청년 고용 예산을 더 늘려야 한다. 부처 간 협력도 중요하다.

고용정보망을 통합해 예산 중복을 없애고 구직−구인 미스매치를
해소해야 한다. 인문계 전공자에 대한 취업 지원을 넘어 교육 시스템
을 확 뜯어고쳐야 한다. 고교·대학 커리큘럼을 인문+이공계 융합으로
개혁해야 할 것이다. 청년이 취업문을 뚫고 활짝 웃어야만 한국의 내
일이 밝다.

〈매경이코노미〉 2015.6.10

비상 걸린 수출을 살려내라

주력산업 경쟁력 키워 중동·동남아·남미 新시장 개척
한류 '역직구'로 中 내수 공략…신성장품목 적극 발굴

    수출이 내리막 행진이다. 석유화학, 조선, 철강, 자동차 등 주력 업종의 수출 부진이 심각하다. 수출용 제품은 재고만 쌓여간다. 경제가 '축소 균형'의 늪에 빠졌다. 내수 침체에 수출 부진까지 겹쳤다. 2.6%에 그친 2015년 경제성장률에서 내수기여도는 3.7%로 분석됐지만 수출은 마이너스 1.2%로 성장을 깎아먹는 요인으로 작용했다.

    한국은 수출 없인 먹고살 길이 없는 소규모 개방경제다. 국내 시장이 협소해 규모의 경제를 누리지 못한다. 내수성장 전략은 한계가 있다. 현재의 수출 부진은 구조적 성격이 강하다. 세계교역의 침체가 가장 큰 원인이다. 그래서 수출 부진에 따른 위기감이 더하다.

    환율은 수출에 치명타를 안긴다. 수입 부진에 따른 불황형 경상수지 흑자는 원화 가치 상승을 압박한다. 지난 1년간 원화값 강세로 수출기업은 가격경쟁력 면에서 10% 이상 손실을 봤다. 국제결제은행 실질실

효환율로 따진 원화 가치는 지난 3년간 무려 20.2%나 올랐다. 같은 기
간 일본 엔화는 26.6%가 하락했다. 그 결과 한국 수출기업은 죽을 쑨
다. 경쟁 상대인 일본 기업은 펄펄 난다. 엔화와 유로화 약세에 따른 한
국 수출경쟁력 약화는 2~3년 더 지속될 것으로 우려된다.

　세계 경기는 회복이 더디다. 저유가로 러시아·중동에선 수입이 크
게 줄었다. 특히 최대 수출시장인 중국의 경기 둔화에 직격탄을 맞는
다. 게다가 구조적 요인도 작용한다. 세계적인 고령화, 신흥국 도시화,

기술 혁신, 무역 블록화로 교역구조가 바뀐다. 국내 기업은 수출 주력 산업 생산기지를 해외로 옮긴다.

기존 수출 전략에 대수술이 요구된다. 역동성 있는 경기운영을 위해 선수를 교체한 듯이 게임 체인지 전략으로 돌파구를 찾아야 한다. 가장 시급한 건 시장 다변화다. 미국이 주도하는 환태평양경제동반자협정TPP이 타결되면 한국만 글로벌 생산체제에서 왕따당할 수 있다. '세계의 공장'으로 뜨는 인도, 베트남을 중간재 수출시장으로 활용하는 전략을 강구해야 한다. 동유럽과 중남미, 아프리카 등 신시장도 적극 개척해야 한다.

또한 반도체, 휴대폰을 이을 차세대 수출 주력 품목을 키워야 한다. 10대 수출품목 비중이 2008년 이후 75%에 고착화되어 있다. 신성장동력이 절실하다는 얘기다. 한류 기반 소비재K–Product는 수출 유망주가 될 수 있다. 드라마와 K–Pop을 토대로 패션·뷰티·가전·식품 등 소비재를 연계 수출해야 한다. 아울러 문화 콘텐츠와 IT를 융합한 문화기술CT 서비스와 상품을 적극 개발할 필요가 있다.

아울러 한·중 자유무역협정FTA 발효를 호기로 삼아야 한다. 중국 내륙시장 진출에 승부를 걸어야 한다. 원·부자재 일변도에서 수출 포트폴리오 재조정이 절실하다. 패션, 화장품, 생활용품, 고부가 농축산 제품 등 '아시아식 고급화' 전략으로 중국 소비재 내수시장을 뚫어야 한다. '천송이 코트'로 상징되는 온라인 역직구시장도 활성화해야 한다.

환율 문제 역시 면밀히 대응해야 한다. 환율 조작에 대한 미국의 견제가 심하다. 미국은 한국을 환율감시대상국으로 지정했다. 그래도 당국은 원화 가치 안정을 지켜내야만 한다. 해외 투자 확대 등 외환 수급 조절과 함께, 한국은행은 기준금리 인하로 원화 강세 압력을 완화할 필요가 있다. 정부는 저개발국 공적개발원조ODA와 수출금융·보증을 대폭 늘리는 동시에 대규모 프로젝트 지원 효과를 증대시켜야 한다.

마지막으로 제조업 혁신과 신제품 개발에 박차를 가해야 한다. 소재·부품 생산 중소·중견기업이 글로벌 밸류체인GVC에 합류해 '히든 챔피언'으로 크도록 적극 육성해야 한다. 기존 주력 산업의 노동생산성 향상과 경쟁력 제고도 필요하다. 한국 경제의 기둥 역할을 했던 중후장대 산업은 뼈를 깎는 구조조정과 효율적인 생산 시스템으로 체질을 바꿔야만 지속 성장이 가능할 것이다.

〈매경이코노미〉 2015.7.15

점화된 '내수 살리기 운동'

대기업 위기탈출 앞장…경제회생 마중물 효과 기대
국민적 공감과 참여로 위축된 소비·관광 살려내야

　국가 부도에 처한 그리스를 돕기 위한 국제사회의 크라우드펀딩이
관심을 모았다. '인디고고Indiegogo.com'에서 진행된 모금 목표액은 15억
5,000만 유로약 1조 9,000억 원. 지난 2015년 6월 30일 그리스가 IMF에 갚지
못한 돈이다. 과연 그만한 거금을 모을 수 있을까? 이 운동은 유럽 국
민들의 적극적인 참여로 출발은 좋았지만 짝퉁 펀드들이 잇따라 등장
하면서 결국 실패로 돌아가고 말았다.

　오바마 미국 대통령은 제조업 부활에 발 벗고 나섰다. 해외로 생산
기지를 옮긴 미국 기업의 유턴을 유도하는 리쇼어링Reshoring 정책과 함
께 미국판 물산장려운동Buy Made in USA을 전개한다. 중국산 제품 수입을
줄이고 미국 내 일자리를 창출하기 위해서다. 월마트와 GE 등 대표 기
업이 정부 시책에 동참한다.

　십시일반十匙一飯. 혼자선 불가능해도 여럿이 힘을 모으면 때론 기적

처럼 가능한 일이 된다. 2015년 국내에선 '메르스 응원 릴레이'가 확산
됐다. 정치, 금융권과 재계, 스포츠계 등 각계각층 인사들이 줄을 이어
참여했다. 2014년 여름 SNS를 통해 전파된 '아이스버킷 챌린지'의 한
국판 버전이다. 메르스 응원 릴레이는 신종 코로나바이러스 퇴치에 나
선 의료진을 격려하는 것은 물론 가라앉은 사회 분위기에 활력을 불어
넣는 의지가 담겼다.

 얼어붙은 내수 경기는 좀처럼 살아날 조짐이 안 보인다. 수출까지
어려워져 전자·자동차·철강·조선 등 4대 주력 산업이 동시다발적 위

기상황에 직면했다. 정부는 금리 인하에 이어 추가경정예산을 투입하는 등 경제 살리기에 안간힘을 쏟는다. 재계는 '내수 살리기 운동'에 적극 나섰다. 경제단체와 기업들은 전통시장·소상공인 지원, 국내에서 여름휴가 보내기와 대규모 하계 행사, 협력사 자금 지원, 외국 관광객 한국 방문 유치 등 다양한 운동을 전개한다.

삼성이 앞장을 섰다. 삼성은 계열사 사업장에 근무하는 협력·용역 회사 직원에게 300억 원 규모의 전통시장 상품권을 지급했다. 또한 중국, 베트남 등 동남아 현지 거래선과 고객 1,000여 명을 초청, 관광산업 살리기에 나섰다. 현대차도 할인차량 구매 고객에게 할인금의 110%에 해당되는 시장 상품권을 선택할 수 있도록 했다. 현대차는 해외 딜러·고객 초청 행사와 해외 현지 우수사원 한국 연수를 5개월간 집중 개최했다. LG는 70억 원의 시장 상품권을 직원들과 협력회사에 지급하고 협력회사 대상 600억 원의 무이자 대출을 지원했다.

SK는 헌혈에 참여한 임직원당 10만 원씩 시장 상품권을 취약계층에 기부했다. SK 경영진은 중국 베이징의 주요 언론 매체를 찾아 한국 관광 세일즈에 나섰다. 대한항공도 중국 여행사 대표 등 300여 명을 초청하는 팸투어 행사를 진행했다. KT는 직원 복리후생 비용 중 120억 원을 시장 상품권으로 지급했다.

전경련과 대한상의는 회원사 기업 임직원들에게 여름휴가를 국내에서 보내고 직원 연수와 세미나도 가급적 국내에서 진행하도록 요청했다. 대한상의는 외국인 방문객 유치를 위해 130개 외국 상공회의소와 협력체제를 강화하기로 했다. 중소기업중앙회도 온누리상품권 구매를 통한 전통시장 이용 활성화, 청년 한 명 추가 채용 등 캠페인을 전개했다. 기업의 이 같은 노력이 '경기회복의 마중물'로 작용한다면 반가운 일이다. 멈춰버린 차는 뒤에서 함께 밀어야 시동이 걸린다.

　정부의 임시휴일 지정을 비롯해 코리아그랜드세일 행사, 승용차 개별소비세 인하 등 내수 진작 조치는 위축된 소비성향을 끌어올리는 데 큰 힘이 된다. 특히 임시공휴일 동안 국민의 절반이 쉰다고 가정하면 소비진작을 통해 2조 원의 경제효과가 발생한다. 여기에 해외 유출 부분을 빼면 실제 경제적 효과는 약 1조 3,000억 원에 달하는 것으로 추정된다.

　긍정적 집단의식의 결집과 행동으로 위기에 처한 경제를 살려야 한다. 1990년대 말 국민의 자발적인 '금 모으기 운동'은 외환위기 극복에 큰 힘이 됐다. '도덕적 해이'를 제거하고 '도덕 재무장'으로 난국을 돌파해야 한다. 기업의 내수 살리기 운동은 시늉이 아니라 진정성과 지속성을 바탕으로 참여와 국민적 공감대가 형성될 때 성공할 수 있다.

소비성향 Propensity to Consume

소득에 대한 소비지출의 비율을 뜻한다. 통계청이 발표한 '2016년 1분기 가계동향'을 보면 가구당 월평균 소득은 455만 5,000원으로 전년 동기보다 0.8% 증가했다. 그러나 실질소득 증가율은 −0.2%로 나타났다. 2분기 연속 실질소득 증가율이 마이너스를 기록한 것이다. 가처분소득에서 소비지출의 비중을 뜻하는 평균소비성향은 1분기 72.1%로 전년 동기 대비 0.3%포인트 하락했다. 가계의 평균소비성향은 2011년부터 하락세를 거듭해 2015년 3분기7~9월에는 역대 최저인 71.5%까지 떨어진 바 있다. 특히 39세 이하 가구주의 평균소비성향은 1분기 67.3%에 그쳤다. 갈수록 미래에 대한 불안이 커지면서 젊은 층이 웬만해서는 지갑을 열지 않기 때문으로 풀이된다.

〈매경이코노미〉 2015.9.23

G2+신흥국 위험 주의보

美 금리 인상·中 경제불안…신흥국 자금 이탈 본격화
외환보유액 철저 관리·투기자본 유출입 모니터링을

　세계 경제를 이끌어가는 쌍두마차, G2발 리스크가 고조된다. 미국 금리 인상과 중국 경제 불안에 신흥국 경제가 큰 위험에 휘말린다. 미국의 제로금리와 양적완화로 풀린 달러화는 경기 회복, 고용 증대 효과로 나타났다. 8년여 만에 미국 금융완화 정책이 정상화된다. 달러화 팽창에서 환수로 금융정책 패러다임이 전환되는 것이다. 2015년 12월 첫 금리 인상 이후 추가 금리 인상이 미뤄졌지만 미 FRB가 기축통화인 달러를 거둬들이는 과정에 앞서 신흥국 경제는 몸살을 앓는다.

　중국 경제는 제조업 생산 과잉과 수요 부족으로 경착륙 위기에 몰렸다. 대한상의는 중국의 4대 위협을 경고했다. 중국 정부가 위안화 절하와 금리 인하에 나섰지만 수입·소비·투자·금융에서 감속 브레이크가 걸렸다. ① 중국이 소재·부품산업을 육성해 중간재 수입을 중국산으로 대체하는 '차이나 인사이드'가 늘어난다. ② 소비 둔화로 자동차, 가

전 등 내구재 판매는 급감했다. ③ 인건비 상승에 해외 기업의 투자도 위축된다. ④ 중국 기업 자금난으로 국내 기업은 매출 채권 회수에 차질을 빚는다.

신흥국 경제는 사면초가에 빠졌다. 국제신용평가사 스탠더드앤 드푸어스S&P는 2015년 9월 10일 브라질 국가신용등급을 투기등급인 'BB+'로 강등했다. S&P는 브라질 재정수지 악화와 정치적 혼란, 세계 경제 불확실성 증가, 원자재 가격 하락 등을 그 배경으로 설명했다. 브라질 헤알화 가치는 급락하며 신흥국 통화 중 가장 약세를 나타냈다. 터키, 말레이시아, 인도네시아, 러시아, 남아프리카공화국 등 경제가 취약한 신흥국 통화 가치도 하락의 늪에서 허덕인다.

금융완화 호시절은 끝났다. 빚잔치로 불어난 거품 경제는 쓰라린 대가를 치른다. 가계부채나 국가의 대외 채무나 속성은 똑같다. 저금리기에 빌린 돈은 금리 상승 땐 상환 부담이 가중된다. 신흥국 기업의 해외 채권 발행 규모는 2008년 1분기 2,048억 달러에서 7년 사이에 5,713억 달러로 2배 이상 증가했다. 중국 기업의 해외부채_{외자 도입+채권 발행}는 같은 기간 3.5배 늘었다. 이젠 신흥국에서 외국 자본 이탈이 확산된다. 중국 외환보유액은 최근 2년 동안 감소세를 나타냈다. 2016년 4월 현재 3조 2,000억 원 수준이다.

부진한 세계 경제는 기업 경영을 옥죈다. 회복까진 오래 걸릴 수 있다. 블루오션은 사라지고 레드오션만 늘어난다. 매출 증가율은 정체 내지 둔화된다. 수익성은 갈수록 악화된다. 컨설팅사 맥킨지는 세계 기업의 이익이 1980년 세계 GDP의 7.6%에서 2013년 9.8%로 증가했다고 분석했다. 그러나 이익 증가세가 감퇴되면서 2025년에 다시 1980년 수준인 7.9%로 낮아질 것으로 예측했다.

게다가 글로벌 무역이 위축되면서 한국 수출에 먹구름을 드리운다. 2015년 세계 무역 성장률이 당초 예상됐던 3.3%보다 크게 낮은 1%에 그칠 것이라는 전망이다. 최근 네덜란드 경제정책분석연구소_{CPB}는 2015년 세계 무역이 1분기 1.5% 감소에 이어 2분기에도 0.5% 뒷걸음질 쳤다고 발표했다. 선진국의 리쇼어링 전략과 신흥국 보호무역주의 경향으로 글로벌 무역 부진은 확대됐다. 각국 산업의 분업화 구조가 약화되면서 글로벌 공급사슬이 변화됐고, 중간재 교역 증가율 감소로 이어졌다.

이 와중에 희소식이 터졌다. S&P는 2015년 9월 15일 한국 국가신용 등급을 A+긍정적에서 AA-안정적로 상향 조정했다. 재정 악화로 국가신용등급이 전격 강등된 일본A+ 안정적을 추월한 것이다. S&P는 우호적 정책환경, 견조한 재정상황, 우수한 대외건전성 등을 한국 신용등급 상향 요인으로 꼽았다.

하지만 긴장의 끈을 놔선 안 된다. 신흥국 자본 이탈은 한국에 불똥이 튈 수 있다. 2015년 7월 이후 한국 증시를 떠난 외국인 자금은 무려 6조 원이 넘는다. 외국인 '현금인출기'로 활용된 셈이다. 최악의 시나리오를 상정해 선제적 대응책을 마련해야 한다. 환율 안정과 외환보유액에 대한 체계적인 관리가 절실하다. 아울러 투기자금 유출입에 대한 모니터링을 강화해야 할 것이다.

리쇼어링Reshoring이란?

기업이 생산기지를 해외에 투자했다가 다시 본국으로 옮기는 것을 의미한다. 이는 비용 절감, 시장 개척, 원료 확보 등을 이유로 해외에 나간 자국 기업이 다시 국내로 돌아오는 현상이다. 기업의 생산기지 해외이전을 뜻하는 오프쇼어링Off-Shoring의 반대 개념이다.

과거 선진국 기업은 인건비 상승 등 고비용 문제를 해결하기 위해 인건비가 비교적 저렴한 중국·인도·동남아 등 개도국으로 생산기지를 대거 이전했다. 하지만 이후 신흥국 임금 상승으로 이곳에서도 비용 상승 문제에 직면하자 다시 생산기지를 본국으로 이전하는 리쇼어링이 활발해지고 있다. 선진국은 일자리 창출을 겨냥해 U턴 기업에 대해 공장 입지, 금융 지원, 세제 상의 혜택 등 다양한 유인책을 제공하고 있다.

〈매경이코노미〉 2015.12.2

YS서거·외환위기의 교훈

금융실명제 등 경제개혁 추진했지만 외환위기로 추락
탐욕·과도한 빚은 위기 초래···1,200조 원 가계부채 빨간불

2015년 87세로 타계한 김영삼 전 대통령의 업적이 재조명받는다. "옳은 길에는 거칠 것이 없다." 이 같은 뜻의 대도무문大道無門은 김 전 대통령의 좌우명이었다. 김 전 대통령은 집권 초기 금융실명제, 정경유착 근절, 공직자 재산 등록 등 개혁에 과감한 추진력을 발휘했다. 그는 고질적 병폐인 지하경제를 발본색원하고 투명하고 올바른 경제 질서를 만드는 초석을 다졌다.

사실 문민정부1993~1997년는 경제적으로 성공과 실패의 쌍곡선을 그렸다. 김 전 대통령의 경제 개혁은 집권 후반으로 접어들면서 퇴색하고 만다. 당시 성장·물가·경상수지란 '세 마리 토끼'를 잡겠다는 정부의 호언은 공염불에 그쳤다. 정책 실패와 대기업·금융회사의 탐욕에 그동안 쌓아 올린 공든 탑이 한순간에 무너졌다. 선진국클럽OECD 가입에 들뜬 나머지 샴페인 마개를 너무 빨리 따고 말았다. 고도성장이

지속되리라는 착각과 과욕은 OECD 가입 후 불과 1년여 만에 거품 붕괴로 이어졌다.

1997년 말 외환위기는 기업의 과도한 차입 경영과 자본시장 개방정책 실패가 낳은 합작품이었다. 문민정부는 OECD 가입 조건을 맞추기 위해 1996년부터 단계적인 외환·자본시장 자유화에 나섰다. 하지만 장기 자본시장보다 단기 자본시장을 먼저 개방함으로써 이중불일치Double Mismatch 문제를 초래했다. 종금사 등 금융기관은 해외 자본시장에서 무분별하게 단기 외채를 빌려 기업에 장기 대출하거나 해외 위험

자산에 투자했다. 단기 외화자금을 조달해 장기로 운용해 화를 자초한 것. 외자 유입 증가에 고평가된 환율은 수출 경쟁력을 훼손했다. 경상수지 적자를 자본수지 흑자로 메꾸는 불균형 상태를 한국 경제는 버텨내지 못했다.

또한 1990년대 중반까지 정부의 과보호 아래 성장한 대기업은 경쟁적으로 대규모 중화학 산업에 과잉 투자했다. 무모한 차입 경영과 외형 경쟁은 중복 투자 폐해를 낳았다. 당국의 위기 경보 시스템은 가동되지 않았다. 결국 과다 부채를 견디지 못한 대기업의 수익성은 떨어지고 부실경영에 연쇄 부도 사태가 발생했다. 대마불사 신화는 무너지고 말았다. 아시아 지역경제가 불안해지자 외국계 기관은 자금 회수에 나섰다. 국내 금융기관은 극심한 외화 부족 사태에 직면했다. 물밀듯이 유입됐던 해외 자본은 과소비를 조장하고 부동산과 주식시장에 거품을 만든 뒤 썰물처럼 빠져나갔다. 결국 한국은행의 외환보유액이 바닥났다. 정부는 치욕을 감수하고 IMF에 구제금융을 요청할 수밖에 없었다.

IMF 외환위기는 우리에게 중요한 교훈을 남겼다. 공짜 점심은 없다. 지나친 탐욕과 과도한 부채는 위기를 초래한다. 하지만 반복되는 위기에도 불구하고 과잉 부채의 위험에 대한 경고를 망각하기 일쑤다. 故김대중 대통령이 집권한 국민의 정부 시절인 2002년에는 신용카드 대란이 발생해 400만 명의 신용불량자를 낳았다. 이번엔 사상 최고치를 기록하며 눈덩이처럼 불어난 가계부채가 문제다. 한국은행은 2015년 말 가계부채가 1,200조 원을 넘어섰다고 발표했다. 한국의 가처분소득 대비 가계부채 비율은 2015년 말 170%로 OECD 평균134%을 36%포인트 웃돌며 위험수위를 넘어섰다는 경고등이 켜졌다. 미국은 같은 비율이 서브프라임 사태가 발생한 2007년 143%로 정점을 찍은 뒤 105% 수준으로 떨어졌다. 리먼사태 이후 금융규제·감독 강화와 디레버리징 Deleveraging, 부채 감축 추세와는 달리 한국에선 단기적 경기 부양을 위해 빚을 늘리는 정책에 주력한 결과다.

가계부채 증가는 민간 소비를 위축시키고, 가계 재무건전성을 악화시킨다. 자칫 금융 시스템을 위협하는 뇌관이 될 수 있다. 금융정책 당국은 내년부터 주택담보대출에 대한 규제를 강화한다. 공급과잉의 경고등이 켜진 부동산시장은 점차 수급 불균형에 빠질 우려가 있다. 경기회복 부진에다 소득 감소 여파로 영세 자영업자와 서민층은 벼랑 끝에 몰렸다. 미국 금리 인상으로 국내 금리가 상승하면 가계의 원리금 상환 부담은 가중된다. 일자리 창출과 가계소득 증대만이 가계부채의 근본적인 해법이다. 개인도 상환능력을 감안한 대출금 관리에 만전을 기해야 할 것이다.

||||||||||||||||||||||||||||||||||||||||||||||||||||||||||||||||||||||||||||||||||||||||||||||||||||||||||

이중불일치Double Mismatch란?
대외 차입이 주로 달러로 이루어져 역내 통화로 채무를 상환할 수 없는 외환불일치 문제와 단기로 자금을 조달해 장기로 자금을 운용하는 데 따른 만기불일치 문제를 의미한다.

디레버리징Deleveraging은?
디레버리징부채 감축은 세계적인 현상이다. 세계금융위기로 경제가 큰 타격을 입은 미국·유럽 등에서는 2008년 이후 기업과 가계부채를 감축하는 디레버리징이 진행됐다. 이 때문에 세계금융위기 이후 글로벌 경제는 '디레버리징 시대'라는 이름을 얻었다. 국내에서도 뒤늦게 금융당국의 가계부채 연착륙 대책, 은퇴를 맞은 베이비붐 세대의 빚 처분, 부동산 가격 상승세 둔화 등 디레버리징이 일어나고 있다.

||||||||||||||||||||||||||||||||||||||||||||||||||||||||||||||||||||||||||||||||||||||||||||||||||||||||||

〈매경이코노미〉 2015.12.23

진흙탕 各自圖生으로 통과하기

저성장·저물가·교역축소 '뉴노멀' 세계 경제에 한파
한국은 메르스·수출위기·가계부채에 '국회 망국론'

역사는 세상의 스토리인 씨줄과 날줄이 얽혀서 쓰인다. 불황기의 사료로 짠 천의 색조는 어둡고 칙칙하다. 줄 하나하나가 역경과 고난의 흔적이기 때문이다. 2015년 한 해는 '진흙탕 통과하기 Muddling Through'와 같았다. 숱한 시련과 난관을 헤치며 한발 한발 힘겹게 나아간 해였다. 모두가 각자도생 各自圖生을 위해 발버둥 쳤다. 격동의 사건들이 파노라마처럼 전개됐다.

2015년 세계 경제는 지난 2007년 미국 서브프라임 사태 이후 최저 성장률을 기록했다. 대부분 국가가 저성장, 저물가, 교역량 감소라는 '뉴노멀 New Normal'에 고전했다. OECD는 세계 경제성장률이 2014년 3.3%에서 2015년 2.9%에 그칠 것으로 분석했다. 축소 지향 글로벌 경제의 앞날엔 먹구름이 여전하다. 단기간에 동반 회복세로 돌아서긴 힘들다는 암울한 전망이 우세하다.

　G2미국과 중국 경제는 상승과 하강 기류를 탔다. 통화 정책도 서로 엇
갈리는 대분열Great Divergence 양상을 보였다. 미국은 경기회복이 가시화
하면서 9년 반 만에 금리를 인상했다. 세계의 성장 중심이 중국에서 미
국으로 옮겨간다. 하지만 미국이 세계 경제에 햇살을 비추기엔 역부족
이다. 중국은 과잉투자, 자산버블 후유증에 시달린다. 중국의 성장 둔

화와 만에 하나 경착륙 가능성을 모두가 우려한다.

유럽은 분열위기에 직면했다. 영국의 EU 탈퇴_{Brexit, 브렉시트} 투표는 국제금융시장을 뒤흔들었다. 이에 앞서 재정 파탄에 처한 그리스는 2015년 6월 IMF에 18억 유로를 갚지 못해 유로존 탈퇴 위기에 내몰렸다. 테러 세력 이슬람국가_{IS}의 준동은 파리 대참사 등 테러 공포에다 400만 명에 달하는 시리아 난민 사태를 낳았다. 10년 만에 최저치로 떨어진 원유값 하락 사태는 중동 산유국과 신흥국 경제를 수렁에 빠뜨렸다. 글로벌 성장 부진에 따른 원유 수요 감퇴에다 이란의 원유 증산 등 산유국의 치킨게임, 달러 강세까지 겹쳤다. 휘발유값이 우유·커피값보다 싸졌다. 제조업은 심각한 디플레이션에 휘말렸다. 유가 폭락 여파로 금속, 곡물 등 원자재·상품 시장이 된서리를 맞았다.

한국 경제는 수출·내수 부진 여파로 혹한기에 접어들었다. 국민들은 쪼그라든 살림살이에 무력감과 자괴감에 빠졌다. 1,200조 원을 넘어선 가계부채에 민생은 파탄 일보 직전이다. 지난 2015년 6월 메르스_{MERS, 중동호흡기증후군} 사태는 내수에 직격탄을 날렸다. 해외 시장 침체에 스마트폰, 가전, 자동차 등 주력 품목 수출마저 하향곡선을 그렸다. 교역 규모 1조 달러 금자탑이 5년 만에 무너졌다. S&P는 한국 국가신용등급을 AA−로 올렸지만 기업신용등급은 추풍낙엽처럼 떨어졌다. 2015년 2.6%의 GDP 성장률조차 정부의 금리 인하, 추경예산, 소비세율 인하에 힘입은 바 크다.

기업인 수난시대였다. 해외 자원 개발 비리로 검찰 수사를 받던 성완종 전 경남기업 회장은 리스트를 남기고 스스로 목숨을 끊어 파문을 낳았다. '재벌 집행유예 공식'은 깨졌다. 이재현 CJ 회장이 횡령, 탈세 혐의로 징역 2년 6개월 실형을 선고받았다. 장세주 전 동국제강 회장은 해외 도박 혐의로, 박성철 신원 회장은 거짓 파산 혐의로, 조석래 효성 회장은 분식회계 등 혐의로 각각 재판을 받고 있다.

국가 지도력은 부재 상태다. 역사교과서 논쟁에 국정은 표류했다. 경제활성화 정책은 '국회선진화법'에 발목 잡혔다. 정부가 제출한 각종 법안이 19대 국회를 통과하지 못하고 자동 폐기되고 말았다. 당리당략과 정치적 야합에 정부가 추진하는 경제정책이 힘을 잃고 제대로 성과를 내지 못했다. 심지어 '국회 망국론'이 대두될 정도다. 기업 구조조정과 노동 개혁은 한 발짝도 나가지 못했다. 그나마 다행인 것은 중국·베트남·뉴질랜드 자유무역협정FTA이 비준돼 경제영토 확장에 숨통을 텄다는 점이다.

〈매경이코노미〉 2015.8.26

일자리 소멸과 미래 직업

"20년 내 현재 직업 절반 없어진다"…'일자리 위기' 현실화
기술 혁신의 시대, 창조적 업무 이끌 '미래형 인재' 키워야

구글의 인공지능Artificial Intelligence '알파고AlphaGo'가 세계 정상의 바둑 기사 이세돌과의 대결에서 압승을 거뒀다. 서울에서 2016년 3월 9일부터 15일까지 5차례 벌어진 알파고와 이세돌 9단의 대국은 진땀을 쥐는 승부였다. 유튜브로 생중계된 흥미진진한 대국에 지구촌의 관심이 집중됐다. 당초 객관적 실력은 변화무쌍한 수를 읽는 이세돌이 한 수 위로 평가됐다. 하지만 빈틈없는 정확한 수읽기로 알파고가 4승 1패를 거두는 이변을 연출했다.

바둑에 이어 장기도 인공지능AI에 인간이 패했다. 일본의 장기 고수 야마자키 다카유키 8단은 2016년 5월 23일 인공지능 로봇 '포난자'와 치른 2국에서 118수 만에 항복을 선언했다. 2012년 프로기사와의 첫 대전을 치른 포난자는 이후 스스로 학습하며 수읽기에서 놀랄만한 진화를 거듭했다.

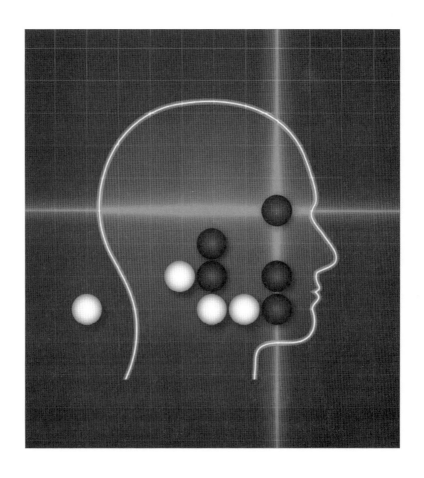

인공지능은 일상에서 널리 활용된다. 신문 기사와 소설을 쓴다. 돈을 버는 지름길도 찾아준다. 인공지능 CCTV는 스스로 범인을 추적한다. 건강진단과 치료를 돕고 쇼핑에선 차별화된 고객 경험을 제공한다. 인공지능은 비즈니스 패러다임을 바꾸는 혁신의 중심이다.

인공지능이 세상에 대변혁을 일으킨다. 사람처럼 생각하고 지식을 축적하며 추론하는 일까지 척척 해낸다. 딥러닝Deep Learning과 머신러닝

Machine Learning 같은 자기학습능력을 통해 인공지능은 발전한다. 특히 인공지능은 사물인터넷IoT, 빅데이터, 로봇, 자율주행차 등과 결합돼 제4차 산업혁명을 일으키는 '두뇌 중추' 역할을 한다.

핀테크에서 인공지능은 꽃을 피운다. 로보어드바이저는 '퀀트금융공학자'를 넘어 금융투자자문의 지평을 확장한다. KB국민은행은 로보어드바이저 서비스인 '쿼터백 R-1'을, KEB하나은행은 '사이버 PB'를 각각 선보인다. NH투자증권은 고객 성향 분석을 통해 투자 대상과 매매 전략을 제안하는 'QV로보어카운트'를 출시했다. 인공지능은 중위험·중수익을 겨냥한 금융상품 투자자문에서 실력을 발휘할 것으로 기대된다.

또한 인공지능은 뉴미디어 분야에서 변화를 선도한다. 데이터를 기반으로 한 속보 뉴스에 인공지능은 경쟁력이 있다. 'IamFNBOT'은 이준환·서봉원 서울대 교수 연구팀이 파이낸셜뉴스와 함께 개발한 주식 시황 기사 작성 알고리즘 로봇이다. 해외에선 AP통신이 2014년 7월부터 인공지능에 금융 속보 작성을 맡기고 있다. 점점 기업 실적 분석과 주가 전망, 스포츠 기사로 적용 분야가 넓어진다. 중국 TV에선 날씨를 예보하는 인공지능 기상캐스터가 등장했다. 소설가, 영화 시나리오 작가를 대체할 로봇작가 등장도 현실화한다. 이인화 이화여대 교수는 한국형 스토리텔링 지원 프로그램 '스토리헬퍼'를 엔씨소프트와 공동 개발했다.

유엔미래포럼과 영국 BBC는 2045년에 인간의 지능보다 뛰어난 슈퍼지능머신이 출현할 것으로 예측했다. 인간의 감정, 욕망, 애증을 갖기는 힘들지만 적용 분야는 언어지능, 시각지능, 음성처리, 뇌공학 등 무궁무진하다. 인공지능은 의료·교육·산업 현장에 적용될 때 혁신 효과가 증폭될 수 있다.

하지만 국내 인공지능 기술력은 세계 일류인 구글의 알파고와 IBM의 왓슨Watson에 비하면 아직 걸음마 단계다. 빅데이터를 활용해 인공지능을 개발하는 고급 전문가도 절대 부족하다. 정부의 2017년 R&D연구개발 예산 편성은 인공지능을 비롯한 IT기술을 중심으로 한 융합 기반의 산업 혁신 및 신산업화를 육성하는 데 집중된다. 미래부의 중장기 투자전략 9대 기술은 사물인터넷IoT, 신약 및 의료기기, 로보틱스, 5G 이동통신, 스마트자동차, 빅데이터, 에너지저장·신재생에너지, 소재·나노 등이다.

기존 기술의 한계를 뛰어넘는 와해성Disruptive 기술을 육성하는 데 정부와 과학계, 재계가 힘을 모아야 할 것이다. 융합기술 발전을 막는 규제를 혁파하고 핵심기술 개발에 인재와 자본을 집중 투자해야 한다. 제한된 예산과 인력으론 선택과 집중 전략이 필요하다. 그래야 우리나라가 추격자Follower에서 퍼스트 무버First Mover로 올라설 수 있다. 인공지능기술과 응용 분야에서 경제 재도약의 기회를 살려야만 할 때다.

〈매경이코노미〉 2016.3.16

주택 공급 〉수요 '경고등'

가격·거래·청약 위축에 미분양…부동산시장 난기류
공급물량 조절하고 수요 급랭 차단해 '위기' 막아야

영화 〈브루클린의 멋진 주말〉은 흑인 화가와 은퇴한 백인 교사 부부의 훈훈한 스토리다. 아카데미상 수상자 '모건 프리먼'과 '다이안 키튼'이 잔잔한 감동을 연기한다. 이들 노부부는 뉴욕 이스트 강변의 명소, 브루클린 다리가 보이는 전망 좋은 빌라 5층에서 40년을 살아왔다. 계단을 오르내리기 힘든 남편의 건강을 걱정하는 아내는 엘리베이터가 있는 집으로 이사하기를 희망한다.

하지만 생전 첫 부동산 매매. 살고 있는 집은 제값에 팔기 어렵고, 살려고 하는 집은 싼 가격에 사기 힘들다. 마른 하늘에 날벼락처럼 이슬람계 테러 의혹 사건까지 터졌다. 노부부의 빌라 매도 희망가격은 100만 달러약 12억 원. 다행히 매수 희망자 간 경쟁가격이 희망가격 가까이 올라왔다. 부부는 발품을 판 끝에 이사할 도심 아파트를 찜했다. 유리한 가격에 성사되는 듯했던 계약은 막판에 깨졌다. 인종차별에 억눌린

남편의 잠재적 분노가 폭발한 것. 모든 게 원점으로 돌아갔다. 부부는
정든 집을 새단장하고 분위기를 바꾸면서 서로를 아끼고 사랑하는 마
음을 재확인한다.

최경환 전 경제부총리 시절 부동산 시장은 반짝 활황을 보였다. 지난해까진 '빚내서 집 사라' 식의 단기 부양책으로 집값이 오르고 거래량이 증가했다. 저금리 기조와 총부채상환비율DTI, 주택담보대출비율 LTV 규제 완화는 이젠 약발이 떨어졌다. 부동산 시장은 봄 같지 않은春來不似春 분위기다. 정부가 내수 진작을 위해 동원했던 부동산 부양책이 도리어 발목을 잡는다.

부동산 시장이 난기류에 휘말렸다. 주택 거래량, 아파트·분양권 가격, 신규 주택 청약경쟁률 등 각종 지표가 일제히 요동친다. 지난 2013년 9월 이후 29개월 연속 오름세를 타던 전국 주택 가격은 상승세가 한풀 꺾였다. 서울 아파트 가격도 내림세로 돌아섰다. 2016년 2월 서울 아파트 매매 거래는 4,997건으로 지난해 같은 달보다 42%나 줄었다. 특히 강남권 아파트 거래량은 반 토막 났다. 같은 달 전국 주택 청약경쟁률도 평균 5.35 대 1을 기록, 전년 동기8.07 대 1 대비 크게 낮아졌다. 상승세가 이어질지 예측불허다. 이 와중에 전세에서 월세 전환은 계속된다. 전셋값 고공행진에 수도권 '반전세보증부 월세' 거래가는 4년 새 2배로 올랐다.

주택 공급과 수요의 균형이 무너진다. 첫째, 무조건 짓고 보자는 식의 주택 공급과잉이 판친다. 2015년 수도권 아파트 허가 면적은 96.9%나 늘어 2017년 말이나 2018년 준공 물량 증가로 이어질 것으로 예상된다. 강남 재건축 열기와 지방 부동산시장의 냉기류가 교차한다.

재개발·재건축의 경우 2016년 전국 일반분양 물량이 5만여 가구로 2000년 이후 최대 수준을 기록할 전망이다. 하지만 2016년 1월 말 전국 미분양 아파트는 6만 606가구로 석 달 새 2만 8,000여 가구나 증가했다.

특히 용인·김포·화성 등 수도권에서 미분양이 누적된다.

둘째, 대출 규제 강화는 주택 수요를 옥죈다. 2016년 2월 1일 시행된 주택담보대출 규제 여파로 부동산 구매 수요가 위축된다. 1,200조 원을 넘은 가계부채를 잡기 위해 금융당국이 원리금 분할상환, 소득증빙 자료 제출을 강화한 조치다. 중도금 집단대출도 은행 문턱이 높아졌다. 동시에 대출금리까지 오른다. 게다가 주택도시보증공사HUG는 분양보증을 엄격하게 심사한다.

부동산 시장이 고꾸라지면 가뜩이나 어려운 내수를 위축시켜 경기 회복에 찬물을 끼얹는다. 집값 버블을 막고 가계부채를 줄이면서 부동산 거래도 활성화하는 '트릴레마'를 풀어야 한다.

정부와 지자체, 민간 모두 부동산 수급 조절에 손발을 맞춰야 한다. 대단지 분양을 지양하고 주택 건설 인허가와 분양 일정을 조정해 선제적인 공급 조절에 나서야 한다. 저소득층뿐 아니라 중산층까지 혜택을 볼 수 있도록 임대주택 공급은 더 확대해야 할 것이다. 은행 대출 일변도에서 프로젝트 파이낸싱, 크라우드펀딩을 활용한 주택 건설 방식도 검토할 필요가 있겠다.

〈매경이코노미〉 2016.3.23

중국 '공급 측 개혁' 주목하라

과잉생산 해소·과감한 구조조정으로 효율성 제고
경제체질 개선·미래산업 육성의 골든타임 잡아야

　한국과 중국 간 경계가 사라진다. 대중가요, 드라마, 예능에서 이 같은 현상이 두드러진다. KBS 드라마 〈태양의 후예〉는 한국뿐 아니라 중국에서도 폭발적인 인기를 모았다. 과거 히트작 〈별에서 온 그대〉를 능가한 것. 국내에선 28.5%의 최고 시청률을 기록했다. 각본, 주연, 스토리, 제작 방식 등 4대 흥행 요소가 대박을 뒷받침했다. 이 드라마는 중국에서도 실시간으로 방영됐다. 하루 동영상 조회 건수가 4억 건을 넘었다. 중국 여성에게 '송중기 상사병' 주의보가 내려질 정도였다.

　한류가 중국에서 위세를 떨친다. 〈무한도전〉, 〈런닝맨〉, 〈아빠 어디가〉, 〈나는 가수다〉 등 수많은 한류 예능 프로그램이 중국 안방을 점령했다. 중국 예능 방송에서 한류가 40% 이상을 차지한다. 한류 가수와 예능 스타 인기도 상한가를 친다. 특히 가수 황치열은 국내보다 중국에서 인기가 대단하다. 탄탄한 가창력과 여심을 사로잡는 강한 포스로

그는 중국판 〈나는 가수다〉에서 2차례 1위에 올랐다.

한국 경제도 한류처럼 창조적이고 경쟁력을 갖추면 얼마나 좋으랴. 경제 정책에선 도리어 중국이 여러 수 앞서간다. 시진핑 정부는 올해부터 '공급 측 구조 개혁'에 착수했다. 부패 척결에 이은 일사불란한 정책 실천이다. 지속 가능한 성장을 위해선 과잉생산을 해소하는 게 급선무다. 과감한 구조조정을 통해 경제를 좀먹어온 문제를 뿌리 뽑겠다는 의지다. 아울러 파산, 청산을 통해 '좀비기업' 정리에 나선다. 공기업, 지방정부의 악성 부채도 해소가 시급하다. 저품질·비효율을 개선하고 첨단산업 육성에 올인하겠다는 전략이다. 중국 정부는 이를 위해 기업 합병M&A과 사업 재편을 촉진하고 설비 개선을 지원한다.

중국의 '공급 측 구조 개혁'은 1980년대 레이건 미국 대통령이 채택한 '공급 중시 경제학Supply–Side Economics'과 닮았다. 이는 케인스식 수요 관리의 한계를 극복하려는 시도다. 세율 인하·규제 완화로 물가와 성장이란 '두 마리 토끼'를 잡는 정책 패러다임이다. 즉 세율 인하를 통해 노동 공급을 늘리고 기업 투자 확대를 유도해 총공급을 늘리는 정책이다.

2016년 최대 국가행사인 양회3월 3~16일에서 중국 정부는 감세와 기업 비용 절감으로 경착륙을 막고 경기를 적극 부양하겠다는 의지를 밝혔다. 5월 1일부터 세제 개편을 단행했다. 영업세를 증치세부가가치세로 전환하면서 건축업, 부동산업, 금융업, 생활서비스업 등을 새로 포함시킨 것. 세수 감소로 2016년 재정적자는 전년 대비 5,600억 위안 증가한 2조 1,800억 위안에 달할 전망이다. 재정적자율은 GDP국내총생산의 3%로 높아질 전망이다.

시진핑 경제 정책은 공급 측 구조 개혁을 비롯해 다양한 화두를 담고 있다. '신창타이新常態, 뉴노멀'는 중국이 13차 5개년 계획2016~2020년 중 경제성장을 고속에서 중속으로 낮추는 것을 의미한다. 중국은 2016년 성장 목표를 6.5~7%로 잡았다. 또한 일대일로一帶一路, 육해상 실크로드, 아시아인프라투자은행AIIB, 인터넷 플러스, 중국 제조 2025 정책을 펼친다. 지역 균형발전과 첨단산업 육성에 박차를 가한다. 아울러 혁신, 조화, 녹색성장, 개방, 공유의 '신발전이념'을 견지해 나간다는 전략이다.

다만 시진핑 주석의 리더십 강화 추세 속에 리커창 국무원 총리의 반격 등 권력투쟁이 심화될 경우, 경제정책에 혼선을 초래할 수 있다는 점에서 주목된다.

한국은 어떤가. 기술 변화의 속도가 빨라지는데 앞장서서 방향을 제시하는 깃발이 안 보인다. 정부는 손을 놓고 있다. 무기력하다. 사안이 터지기 전에 앞장서서 문제를 규명하고 대처방안을 내놓아야 하는데 문제가 표면화될 때 챙기는 식의 뒷북 행정에만 급급하다. 수출·내수 부진에 민생은 어려워진다. 기업 구조조정은 답보 상태다. 애꿎게 기업 활동만 옥죈다. 세무조사 강화에 규제 또한 여전하다. 장기 비전은 커녕 정책 대안을 제시하지 못해 답답할 지경이다. 중국의 공급 측 구조 개혁은 우리에게 시사하는 바가 크다. 강 건너 불구경할 때가 아니다. 경제 체질 개선, 신산업 육성의 골든타임을 놓치면 미래가 없다.

〈매경이코노미〉 2016.4.20

서비스업 혁신만이 살길

서비스업 생산성 40% OECD 꼴찌···규제혁파 권고
융합형 제품혁신 촉진하는 '제조업 서비스화' 절실

　고객이 전화나 인터넷으로 주문한 '치맥'을 배달하는 서비스가 과태료 부과 대상이라니···. 전통주에 대해선 규제가 없는데 와인이나 맥주가 규제 대상이 되는 것도 좀처럼 납득이 가질 않는다. 국세청은 술을 인터넷이나 전화로 팔고 배달하면 세금 탈루가 일어나고 미성년자들이 쉽게 사게 돼 문제라고 주장한다. 우리나라 주류산업이 발전하지 못하는 이유는 현실과 동떨어진 세정당국의 규제 탓이 크다. 결국 여론 힘에 밀려 국세청은 규제를 풀었다.

　경제협력개발기구OECD는 〈성장을 향하여 2016 보고서〉에서 한국 정부에 서비스 부문 생산성 제고를 권고했다. 한국의 서비스 분야 생산성은 OECD 26개 회원국 가운데 꼴찌다. 전체 고용에서 70%가 서비스산업 종사자다. 총부가가치에서 서비스산업 비중은 60%에 그친다. 1인당 부가가치는 제조업의 40%에 불과하다. 이탈리아, 미국, 프랑스

등 선진국은 서비스 생산성이 제조업의 80%를 넘는다. 국내 서비스산업은 생산성뿐 아니라 고용구조, 연구개발, 대외 경쟁력 등에서 후진적인 구조를 갖고 있다.

세계는 서비스 혁신으로 앞서 달려 나간다. 한국만 '우물 안 개구리' 신세다. 제조업보다 10배나 많은 규제가 서비스산업의 발목을 잡는다. 정보통신, 법률, 회계, 의료 등 전문직 서비스 분야는 높은 진입장벽과 규제 때문에 혁신의 중추 역할을 제대로 수행하지 못한다. OECD는 규제와 조세 정책의 투명성 강화를 강력 권고했다. OECD는 한국에 최우선 개혁 과제로 네트워크산업, 전문 서비스업, 소매유통업에서 경쟁과 혁신을 저해하는 규제 완화를 주문했다. 특히 국민신문고를 통해 검토된 다수의 규제 관련 법률 개정, 외국인 투자에 대한 규제 개혁에 착수하라는 메시지를 전달했다.

그동안 국내에서 서비스산업은 사치성 소비재나 국가가 공급하는 공공재로 잘못 인식돼왔다. 그래서 서비스산업은 규제의 대상으로 평가절하된다. 경쟁이 제한되면서 고비용, 저효율 구조가 고착화하고 혁신보다 이권 추구 행위가 판친다. 특수이해관계집단의 큰 목소리와 공직사회의 규제 개혁 마인드 부재는 핵심 규제를 발본색원하는 데 최대 걸림돌로 작용한다.

서비스산업 육성은 내수 진작과 일자리 창출이라는 두 가지 난제를 해결하는 중요한 정책과제다. 경제의 서비스화는 선진국 도약의 관건이다. 고령화, 저출산 등 환경 변화로 서비스산업 수요는 계속 늘어난다. 부가가치 창출력이 낮은 도·소매업, 숙박, 음식점, 부동산 임대업 등 전통적 서비스산업보다 성장성과 수익성을 갖춘 창조적인 영역을 집중적으로 육성해야 한다.

내수와 수출의 동반 부진에 직면한 제조업 또한 서비스화를 통한 경쟁력 제고로 활로를 찾아야 한다. 산업구조 혁신과 신성장동력 창출을 위한 기술개발과 서비스 융합이 필요하다. 제조업 생산에 서비스 중간 투입을 늘리면 제조업 경쟁력을 높이고 서비스업 발전도 촉진할 수 있다. 나아가 혁신 기술과 제품을 기반으로 강력한 서비스 플랫폼을 구축해 부가가치를 창출해야 한다.

서비스산업 생산성 향상을 위한 법적, 제도적인 장치 마련과 걸림돌 제거가 절실하다. 국회는 2012년 제출된 '서비스산업 발전 기본법'을 조속히 통과시켜야 할 것이다. 면세점 등 성장형 유통사업에는 신규 사업자 참여를 늘려 경쟁을 유도해야 한다. 소프트웨어 융합서비스 사업을 찾아내고 크라우드펀딩을 통해 투자를 활성화해야 한다.

기업의 소프트웨어 투자 촉진을 위한 세제 지원도 강화할 필요가 있다. 의료·교육·관광·금융 분야의 정보화 사업에 특수목적법인SPC 방식의 투자자금 유입을 적극 유도해야 한다. 차제에 포지티브 방식 규제를 네거티브 방식으로 전환해야 할 것이다. 즉, 법에서 정한 것 외에는 무엇이든 새로운 융합서비스를 창조할 수 있도록 규제시스템을 확 바꿔야 한다. 그래야만 까다로운 행정 절차와 허가를 얻어야만 사업을 할 수 있는 구태를 벗고 창의적인 비즈니스를 창출할 수 있다.

〈매경이코노미〉 2016.4.27

최저임금 인상과 기본소득 도입 논쟁

과도한 최저임금 인상 땐 일자리 줄고 기업부담 가중
선진국형 기본소득 도입은 시기상조, 재정파탄 초래

유럽·미국 등 선진국에서 최저임금 인상이 잇따른다. 경기 부진 장기화에 빈부격차는 날로 심해진다. 각국 정부가 소득 양극화 현상을 완화하기 위해 꺼내 든 처방전이 최저임금 인상이다. 동시에 취약한 소비 기반을 확충하는 효과도 있다. 근로자 소득 증가에 따른 소비 활성화로 내수 진작을 도모하는 정책이다. 저임금 근로자의 최저임금 인상은 정부의 복지지출 부담을 기업에 떠넘기는 조치이기도 하다.

벨기에, 호주, 프랑스 등은 법정 최저임금이 세계 최고 수준이다. 영국 정부는 '생활임금' 개념을 처음 도입해 최저임금을 2016년 4월 1일부터 시간당 6.5파운드에서 7.2파운드약 1만 1,900원로 올렸다. 영국은 이를 2020년 9파운드약 1만 5,000원까지 끌어올릴 계획이다. 일본 정부는 최저임금을 매년 3%씩 올려 1,000엔약 1만 원까지 인상한다는 목표를 세웠다. 러시아도 7월부터 최저임금을 20%가량 인상한다.

　미국에서도 7.25달러_{약 8,500원}인 최저임금 인상 논의가 활발하다. 연방 최저임금을 10.10달러_{약 1만 1,600원}로 올리려는 버락 오바마 미국 대통령의 시도는 공화당 반대로 무산된 바 있다. 하지만 뉴욕 주는 10인 이상 대도시 사업장에 대해 2018년까지 최저임금을 15달러_{약 1만 7,000원}로 올리도록 법제화했다. 캘리포니아 주도 최저임금을 2022년 15달러로 인상하기로 했다. 민주당 대선 후보 힐러리 클린턴 전 국무장관은 연방 최저임금을 15달러까지 올리는 데 이견이 없다.

　나아가 일부 유럽 국가는 '기본소득_{국민배당}'제도를 도입하려는 움직임이다. 이는 소득·재산·근로 여부와 관계없이 국민에게 동일한 금액을 매달 지급하는 제도를 말한다. 음식비, 주거비, 교통비 등 최소한의 생활을 영위하도록 국가가 국민에게 소득을 지원하는 것이다. 사회보장제도 개혁 차원의 기본소득제도는 실업과 분배 문제의 해법이 된다. 핀란드, 네덜란드는 보편적 기본소득제도 도입을 눈앞에 두고 있다. 하지만 스위스에서는 2016년 6월 5일 국민투표에서 성인에게 매달 2,500스위스프랑_{약 300만 원}을 지급하는 방안이 부결됐다.

한국에서도 최저임금 인상 논의가 활발하다. 2016년 한국의 시간당 최저임금은 6,030원이다. 최저임금을 인상하면 소비여력을 높여 소득 주도 성장에 기여할 수 있다. 하지만 무작정 올릴 수는 없다. 인상 속도가 관건이다. 노동계는 당장 1만 원까지 올릴 것을 요구한다. 최저임금 인상 폭은 전체 기업의 지급 능력을 감안해 결정해야 한다. 과도한 최저임금 인상은 기업별 임금협상에도 연쇄 파장을 미친다. 아파트 경비원을 무인경비 시스템으로 바꾸는 등 저임금 일자리가 줄어드는 부메랑도 예상된다. 현재 최저임금을 제대로 지급하지 못하는 영세 중소기업들도 적지 않다. 이들 영세 중소기업과 자영업자가 줄도산하지 않도록 합리적인 범위에서 합의를 도출해야 할 것이다.

재계가 주장하는 최저임금제도 개편은 빈곤층 생계비 보전이란 본래 취지에 초점을 맞춰야 한다. 사실 국내 최저임금은 통상임금이 아닌 기본급에 가깝다. 기업들은 외국처럼 상여금이나 외국인 근로자에게 제공되는 숙박비, 급식수당, 가족수당을 최저임금에 포함시켜야 한다는 입장이다. OECD는 소득별, 업종별로 최저임금을 달리 적용하는 방안을 한국에 권고했다. 마이너스 소득세인 근로장려세제_{EITC}와 접목해 생활이 어려운 근로 가정에 실질적인 도움을 주는 쪽으로 제도를 보완해야 할 것이다.

기본소득제도 국내 도입은 시기상조다. 현행 기초생활보장제도, 근로장려세제, 실업급여, 기초연금 등 제도 보완과 복지 사각지대 해소가 우선이다. 기본소득제도를 도입하려면 막대한 재원이 소요된다. 돈이 하늘에서 떨어지는 게 아니다. 증세 없는 무모한 재정지출은 후세에 재앙이 된다. 자칫 소득세와 부가세 인상 땐 소비 위축과 거센 조세 저항에 직면할 수 있다. 법인세율을 올리면 기업활동을 위축시키는 결과를 초래한다. 저소득층 채무 탕감, 무조건 퍼주기식 복지는 재정 파탄의 지름길이다.

마이너스 소득세란?

음의 소득세Negative Income Tax 또는 부負의 소득세는 고소득자에게는 세금을 징수하고 저소득자에게는 보조금을 주는 소득세를 말한다. 근로장려세제勤勞獎勵稅制, Earned Income Tax Credit는 마이너스 소득세의 대표적인 사례. 이는 사회보험이나 기초생활보장제도의 혜택을 받지 못하는 저소득 근로자에게 정부가 생계비 등을 보조해주는 세금 제도이다. 2008년 도입된 제도로서 연소득부부합산이 1,700만 원 미만이고, 재산합계액이 1억 원 미만이며, 18세 미만의 자녀를 2인 이상 부양하는 무주택가구를 대상으로 근로의욕을 높이는 효과가 있다.

금융

FINANCE

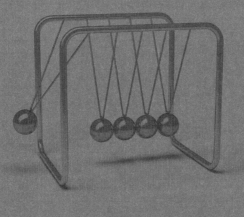

〈매경이코노미〉 2014.11.19

세계는 핀테크 전쟁…
한국만 낙오할 순 없다

미국·중국 IT기업, 금융업에 진출 승승장구
창조경제 핵심 성장동력으로 적극 육성해

'退稅就用支付寶알리페이로 세금을 환급받자.' 요우커중국인 관광객를 겨냥해 서울 명동 곳곳에 나붙은 중국어 광고 문구다. 알리페이는 중국 전자 상거래기업 알리바바의 모바일 결제대행회사다. 이용자는 알리페이 전용계좌에 현금을 충전해 가상화폐로 사용한다. 한국 고객을 겨냥한 서비스도 머지않았다.

알리바바는 2014년 11월 11일 중국 광군제光棍節, 독신자의 날에 하루 매출 10조 원약 93억 달러을 달성하며 대박을 냈다. 당시 매출의 43%는 모바일 결제로 이뤄졌다. 알리바바는 소액대출 서비스와 온라인 머니마켓펀드MMF 상품인 위어바오余額寶를 선보인 데 이어 인터넷 전문은행 마이뱅크MyBank도 설립했다.

금융과 정보기술IT이 융합된 핀테크Fintech, 금융기술혁명이 전 세계를 강타하고 있다. 스마트폰은 그 중심에 있다. 영화표 예매, 음식값 계산,

택시요금 지불에 현금이나 카드를 사용할 필요가 없다. 선불·신용 결제에 송금도 손끝 터치 몇 번 만에 척척 해결된다. 모바일 쇼핑 앱은 가격 할인에 사은품 혜택으로 고객을 유혹한다. 은행 업무·증권 거래·자산 관리에 보험 가입까지 모바일 금융이 대세로 떠올랐다.

핀테크기업은 플랫폼 사업으로 돈을 버는 촉매기업의 대표적 사례다. 신기술로 무장한 IT기업들은 싼 수수료와 간편한 서비스를 앞세워 은행이 독점하던 지급결제 업무를 잠식한다. 미국에선 페이팔을 위시해 구글, 애플, 스퀘어 등이 모바일 결제 주도권 전쟁을 벌인다. 전주錢

±와 차주(借主)를 연결하는 P2P 대출도 성업 중이다. 은행은 예금 유치와 대출 시장에서 갈수록 설 땅을 잃어간다.

국내에도 핀테크 바람이 확산되고 있다. 카카오는 3,000만 명이 넘는 회원을 상대로 간편결제 선불 서비스를 시작했다. '뱅크월렛카카오' 플랫폼에는 금융결제원과 16개 은행이 동참했다. 이용자는 뱅크월렛카카오에 최대 50만 원을 충전, 한 번에 10만 원까지 송금할 수 있다. SK플래닛, LG유플러스와 NHN, 삼성전자도 간편결제나 모바일 송금 서비스 경쟁에 나섰다.

국내 핀테크 산업이 글로벌 경쟁력을 갖추려면 갈 길이 멀다. 이동통신사, 인터넷 포털, SNS업체, 전자상거래업체, 휴대폰 제조사, 카드사, 전자지급결제대행업체PG 등이 합종연횡하면서 이전투구를 벌인다. 온라인과 콜센터에서 예금을 받고 대출을 취급하는 인터넷 전문은행이 등장하려면 산 넘어 산이다. 일부 은행에서 자회사 설립을 검토하지만 풀어야 할 과제가 한둘이 아니다. IT기업의 금융업 진출은 금산분리 원칙과 전자금융감독규정 등이 발목을 잡는다. 산업자본의 은행 지분 보유한도는 4%로 묶여 있다. 은행법 개정안은 야당의 반대로 국회 통과가 보류되고 있다.

핀테크혁명은 은행엔 위협이자 기회다. 인터넷 전문은행, 모바일 결제 등으로 글로벌 시장의 틈새를 파고들어야 성공한다. 미래형 점포나 스마트브랜치 등 점포 혁신을 통한 체질 개선은 물론이고 첨단 금융 경쟁력을 한 단계 끌어올리는 계기로 삼아야 한다. 이를 위해 IT, 빅데이터와 금융에 정통한 융합 금융인을 키우는 일이 급선무다. 고객의 참여를 이끌어내 맞춤형 핀테크 상품을 개발하는 전략도 필요하다.

정부의 핀테크 육성에 대한 강력한 의지가 절실하다. 정치권도 정부시책을 발목 잡을 게 아니라 적극 도와야 한다. 핀테크 산업을 창조경제의 핵심 신성장동력으로 키워야 한다. 미국과 중국 기업은 나는데 한국 금융 산업만 바닥을 기게 해선 곤란하다. 금융위원회는 IT·금융 융합 협의회를 가동했다. 글로벌 경쟁력을 갖춘 IT·금융 융합 서비스가 등장할 수 있도록 장기적인 안목에서 폭넓은 제도와 규제 정비를 추진해야 한다. 동시에 모바일 보안시스템을 강화해 정보 유출·해킹에 따른 소비자 피해 예방에도 만전을 기해야 함은 물론이다.

핀테크Fintech란?

금융Finance과 기술Technique의 합성어로 금융과 IT의 융합을 통해 새롭게 등장한 서비스와 기술을 통칭한다. 핀테크 서비스는 지급결제·송금, 전자화폐가상통화, 대출, 금융 소프트웨어 등 4가지 분야로 나뉜다. 금융서비스의 변화로는 모바일, SNS, 빅데이터 등 새로운 IT기술을 활용하여 기존 금융기법과 차별화된 금융서비스를 제공하는 기술기반 금융서비스 혁신이 대표적이다. 혁신적 비금융기업이 보유 기술을 활용하여 지급결제와 같은 금융서비스를 이용자에게 직접 제공하는 현상이 두드러진다. 애플페이, 알리페이 등을 예로 들 수 있다.

〈매경이코노미〉 2014.12.10

靑 문고리 권력과 서금회

정권마다 판치는 정치 코드인사에 금융가 뒤숭숭
청와대 배경에 서금회 약진…비정상의 정상화 요원

"서! 서! 서!" 발딱 일어서자는 건배사는 서강대 동문의 트레이드 마크다. 술자리의 힘찬 구호처럼 서강인이 요즘 금융계 파워그룹으로 전면에 떠올랐다. 전직 공무원 낙하산 인사가 사라지자 박근혜 대통령의 모교인 서강대 출신 인사가 줄줄이 금융회사 수장으로 중용된다.

부산상고, 고려대, 그리고 서강대…. 정권을 잡은 대통령의 모교 출신 동문은 예외 없이 집권기간 금융권에서 막강 파워를 과시해왔다. 지배구조가 취약한 금융권은 밀물처럼 왔다가 썰물처럼 밀려나는 정치권 인사 개입의 온상이다. '정치政治금융'이란 비판도 아랑곳하지 않고 청와대는 낙점 인사를 밀어붙인다.

정권 교체 후 대권 주자를 지지한 폴리페서와 금융인은 공훈에 따른 전리품 인사를 기다린다. 박근혜 정권에서 서강대 출신 금융권 인사의 첫 단추는 홍기택 전 KDB금융 회장이 꿰었다. 중앙대 경제학과 교수

를 역임한 그는 경제1분과 인수위원 출신으로 2013년 4월 KDB금융그
룹 회장 겸 산업은행장에 올랐다.

2014년 3월 이덕훈 수출입은행장이 선임되면서 '서강금융인회_{서금회}'

는 본격 부상한다. 그는 박근혜 캠프에서 일했던 동문 공명재 전 계명대 교수를 감사에 앉혔다. 홍기택 전 회장은 서강대 후배인 홍성국 리서치센터장 겸 부사장을 KDB대우증권현 미래에셋대우 사장에 낙점했다. 그 뒤를 이어 서금회 출신 이광구 우리은행 부행장이 행장에 오르는 파란이 연출됐다. 공식 행장 선출기구가 가동되기도 전에 파다하게 퍼진 소문이 현실화되자 금융권은 술렁거렸다. 서명석 유안타증권 사장과 정연대 코스콤 사장도 서금회 출신이다.

서금회는 2007년 박 대통령이 대선 후보 경선에서 탈락하자 이를 안타까워한 동문들이 결성했다고 한다. 18대 대선을 앞두고 회원이 급증해 현재는 300여 명이 넘는다. 박정희 정부 시절 남덕우 전 국무총리를 위시한 서강학파는 경제개발 5개년 계획을 세우고 성장을 주도했다. 이제 그들만의 리그를 형성한다. 대를 이어 지도층에서 위세를 떨치는 셈이다.

서금회 위상은 이명박 전 대통령 집권기 '4대 천황'을 휩쓴 고려대 학맥고금회 혹은 호금회에 비견된다. MB정부 당시 김승유 전 하나금융 회장과 어윤대 전 KB금융 회장, 이팔성 전 우리금융 회장 등은 재계를 주름잡은 동지상고 출신과 더불어 막강 파워를 과시했다.

노무현 전 대통령 시절에는 부산상고 출신이 금융계를 휘어잡았다. 교목인 백양목을 딴 은행권 인사 모임인 '백은회'는 한국은행 이성태 전 총재와 최연종 전 부총재, 김지완 전 하나대투증권 대표를 중심으로 금융권 감사 자리를 싹쓸이했다.

권세는 오래 못 간다. 2013년 노 전 대통령 부산상고 선배인 이장호 전 BS금융지주 회장은 직전 대선에서 문재인 민주당 후보를 지원했다는 후문에 임기를 채우지 못하고 물러났다. "내가 연임되면 조직이 난장판되는 거지. KB금융 완전히 끝났잖아. 임영록 꼴 나는 거야." 2014년 이광구 행장에 밀려난 이순우 전 우리은행장^{현 상호저축은행중앙회 회장}은 언론 인터뷰에서 '보이지 않는 주먹'의 연임 포기 압박을 이같이 시사했다.

청와대 '문고리 권력'과 정부 내 실세 당국자 몇 명이 유령처럼 금융권 인사를 좌지우지한다. 금융당국 수장들은 정치권 의중을 전하는 메신저일 뿐이다. 매 정권마다 반복되는 금융기관장 밀실·파행 인사로 금융계는 멍든다. 실력보다 정치권에 줄 잘 서는 금융인만 출세하는 '코드 인사'는 가뜩이나 취약한 금융산업 경쟁력을 갉아먹는다.

정치권 인사 개입은 금융산업 발전을 위해 사라져야 마땅하다. 말로는 비정상의 정상화를 외치면서 뒤에선 인사 개입을 통해 금융산업 경쟁력을 후퇴시키는 모순된 행태는 즉각 시정돼야 한다. 정치권만 바라보는 금융인 스스로도 반성해야 한다. 학맥을 앞세운 '그들만의' 패거리 문화로 권력과 위험한 동침을 하는 풍토를 뿌리 뽑아야 한다. 그래야만 정치금융의 폐해를 걷어내고 금융 지배구조를 올바로 개혁할 수 있는 것이다.

〈매경이코노미〉 2015.4.22

고령화와 노동·연금개혁

임금피크제 연착륙 유도…공적연금 개혁 미뤄선 안 돼
노동개혁 4대법안 국회통과 절실…골든타임 놓칠 수도

공기업 부장 A씨. 임원 승진을 연락받고는 되레 심기가 불편하다. "정년이 한참 남았는데…." '신의 직장' 공기업에서 임원을 기피하는 현상이 벌어진다. 그 이유는 3가지다. ① '직장의 별' 임원의 연봉이 고참 부장보다 적다. ② 권한에 비해 책임은 막중하다. ③ 정년 연장 혜택도 없다. 잘해야 2~3년 파리 목숨이다. 공기업 부장으로 60세까지 버티는 게 최선의 선택이다.

관가도 다를 게 없다. "가늘고 길게 일하자. 잘나가단 퇴직만 빨라진다." 사무관, 과장에서 국·실장, 차관보 승진을 늦추려는 풍조가 만연하다. 세종시−서울을 오가는 고난의 행군에 김영란법, 공무원연금 개혁까지 겹쳐 공직 사회엔 복지부동이 확산된다. 강화된 공직자윤리법에 따라 옷을 벗는 고위직은 재취업 길이 3년간 막힌다. '관피아' 추락과 고령화 그늘에 공공서비스의 질은 갈수록 떨어진다.

　하물며 서민은 오죽하랴. 박봉의 샐러리맨과 영세 자영업자는 노후 대책이 없다. 나이 들수록 눈앞이 막막해진다. 우리나라 고령화 속도는 베트남에 이어 세계에서 두 번째로 빠르다. 지하철 귀퉁이 노인석 3자리는 너무 비좁다. 1955년에서 1963년 사이에 태어난 810만 베이비붐 세대는 2020년부터 머리가 허옇게 센 노인층에 접어든다. 평균수명이 길어지면서 65세 이상 노인 비율은 2013년 전체의 12.2%를 기록했다. 통계청 장래인구추계로 보면 오는 2017년 고령사회14%에 진입한다. 이에 따라 2026년에는 '초고령사회20%'에 들어설 전망이다.

고령화는 두 가지 비극을 낳는다. 경제성장 둔화와 재정위기다. 세계은행WB은 한국의 15~64세 생산가능인구가 2010년부터 2040년 사이 15% 이상 줄어들 것이라고 내다봤다. 생산가능인구가 줄면 성장동력이 약해진다. 또한 공적연금 적자는 빛의 속도로 증가하며 국가 재정을 위협한다. 2014년 공무원연금·군인연금 충당부채가 47조 3,000억 원 늘었다. 국가부채 증가액 93조 원의 절반을 넘는다.

대재앙을 막을 대책이 시급하다. 일단 근로자 정년이 2016년부터 60세로 3년 연장됐다. 고령 인력 활용과 소득 보장 차원의 법적 조치다. 노벨경제학상 수상자 에릭 매스킨 하버드대 교수는 "은퇴 시기를 늦추면 그만큼 노년층을 부양하지 않아도 되므로 바람직하다"고 말했다. 한국은행에 따르면 정년 연장은 총노동투입량과 은퇴자 저축을 늘려 총자본량을 증가시킨다. 연금 재정 적자도 일부 개선된다.

그러나 고임금 근로자의 정년 연장을 기업이 감당하긴 버겁다. 연공형 임금체계를 개편해야 인건비 가중 없이 청년층 일자리도 늘릴 수 있다. 정년 연장과 임금피크제 연착륙은 노동시장 구조 개혁의 첫 단추다. 정년 연장 시행 후엔 자율적인 임금피크제 도입이 힘들다. 정부가 총대를 메야 하는 이유다. 이 와중에 노사정 협상이 결렬되면서 통상임금 명확화, 근로시간 단축, 노동시장 이중구조 개선 등이 차질을 빚게 됐다. 설상가상으로 노동개혁 추진을 위한 4대 법안의 19대 국회통과가 무산됐다. 근로기준법, 산재보상보험법, 고용보험법, 파견근로

자보호법 등은 야당의 강력한 반대에 부딪히며 개정이 좌절된 상태다.

임박한 '고령화 쇼크'를 막을 노동 개혁의 골든타임을 놓쳐선 안 된다. 노사정위원회를 정상화해 기존 합의사항부터 제도화하는 작업에 나서야 할 것이다. 정부와 재계, 노동계가 다시 협상 테이블에 앉아 노동 개혁을 포지티브섬Positive-Sum 게임으로 만드는 합리적인 해법을 도출해야 한다.

공적연금 개혁도 절실하다. 연금을 받는 현재 세대가 재원을 책임져야 한다. 미래 세대에 부담을 떠넘기면 곤란하다. 국민연금은 기금 운용의 효율성 제고가 급선무다. 공무원연금은 보험료율을 높이고 소득대체율을 합리적으로 조정해 적자를 줄여야 한다. 기초연금만으론 노인 빈곤 문제를 해결하지 못한다. 사적연금인 개인연금에 대한 지원책을 보다 강화해야 할 것이다.

〈매경이코노미〉 2015.4.8

福不福 이기는 주식투자

경제학의 대가 케인스와 피셔, 투자 성과는 극과 극
초저금리 시대, 주식 등 위험자산 투자 확대가 대세

돈이 돈을 버는 시대다. 하지만 돈의 시간 가치인 금리는 뚝뚝 떨어진다. 유럽중앙은행이 양적완화에 나선 뒤 유로존 국채수익률은 마이너스로 추락했다. 일본은행도 경기 부양을 위해 마이너스 금리 정책을 동원했다. 한국은행도 기준금리를 내렸다. 초저금리 현상이 글로벌 금융시장을 지배한다.

기관·개인 모두 금리 민감도가 높아졌다. 연 1%대 예금 이자로는 성에 안 찬다. '고위험 고수익High Risk, High Return'이 투자의 본질이다. 주식 등 위험자산 투자를 더 늘려야 수익률을 높일 수 있다. 고배당 주식이나 펀드, 고수익 채권, 대체투자 상품으로 자금이 대이동한다. 해외 증시에 투자하는 상품도 각광을 받는다.

세계 주식시장은 미 뉴욕 증시가 쥐락펴락한다. 월가에서 1등 주식은 급변하는 산업트렌드를 반영한다. 시가총액 1조 달러를 향해 상승

가도를 달리던 애플이 굴욕을 맛봤다. 2016년 1분기 실적이 부진한 데다 하반기 신형 아이폰에 대한 시장의 기대감이 낮아 애플 주가는 2년 만에 최저치로 떨어졌다. 반면 구글의 지주회사 알파벳이 애플을 제치고 시가총액 1위 '대장주'로 올라섰다. 소프트웨어가 하드웨어를 누른 것이다. 월가를 지배했던 대장주 IBM, 마이크로소프트, GE, 엑손모빌의 뒤를 이었던 애플 신화가 막을 내렸다.

유동성의 힘에 위험자산 투자가 늘면서 거품 논쟁도 벌어진다. 경기 부양을 위해 시중에 풀린 돈이 주가를 밀어 올리는 현상에 대한 우려도 대두된다. 아직까지 과열 경보가 울리진 않았다. 하지만 미 중앙은행이 기준금리 인상 신호만 던져도 국제금융시장은 큰 충격의 회오리에 휘말릴 가능성이 높다.

장단기 주가·금리·환율을 정확히 맞히긴 힘들다. 경마나 복권 당첨만큼 어려운 일이다. 돈 버는 건 운에 달렸다는 복불복福不福이 맞는 걸까? 펀드매니저와 침팬지의 우스꽝스러운 주식 투자 대결은 웃음을 자아낸다. 펀드매니저가 선정한 종목이 침팬지가 다트로 찍은 종목에 졌다는 수익률 실험 결과다.

이와 일맥상통하는 이론도 있다. '주가는 술 취한 사람의 걸음처럼 움직인다.' 버튼 멜키엘 미 프린스턴대 교수는 랜덤워크가설로 주가 불규칙성을 설명한다. 미래 주가는 과거 패턴에 영향받지 않는다는 주장이다. 그는 펀드매니저가 공격적으로 운용하는 액티브펀드보다 시장을 따라가는 인덱스펀드를 권한다.

아무리 유명 경제학자라도 주식 투자에선 성공을 장담하지 못한다. 존 메이너드 케인스와 어빙 피셔는 경제학 기틀을 다진 대이론가다. 케인스는 유효수효이론으로 미국 대공황기 뉴딜정책을 이끌어냈다. 피셔는 물가가 화폐의 증감에 따라 등락한다는 화폐수량설을 주창했다. 하지만 두 거장의 투자성적표는 극과 극이다.

케인스는 영국 케임브리지대 킹스칼리지의 자산운용을 25년 동안 맡아 시장수익률보다 연평균 6%포인트 웃도는 성과를 냈다. 케인스의 성공 비결은 거시경제 예측에 기초한 투자전략을 과감히 포기한 데 있었다. 그는 초기 경기순환론을 활용한 투자에선 3~4년간 시장보다 크게 부진한 수익률을 기록했다. 이후 그는 숲을 보는 대신 나무를 봤다. 수익성과 배당이 뛰어난 우량 종목을 장기 보유하는 전략으로 대박을 냈다.

하지만 피셔는 1929년 블랙먼데이에 2주 앞서 "증시가 영원한 호황 국면에 들어갈 것"이라고 호언장담했다. 피셔는 자신의 주가 예측이 맞으리라 확신했다. 그는 당시 자금을 빌려 주식에 몰빵 투자했다. 게다가 주가가 곧 반등할 것이라고 주장하며 대폭락 초기 손절매 기회를 놓쳤다. 사기실현적 예언은 통하지 않았다. 그는 빈곤 속에 비참한 종말을 맞았다.

케인스와 피셔 스토리는 몇 가지 교훈을 준다. 첫째, 주가가 오른다고 지나친 낙관론에 빠지는 것은 금물이다. 과욕에 신용을 곁들여 투자에 나섰다간 패가망신을 자초할 수 있다.

둘째, 마음을 열고 전문가 조언에 귀를 기울여야 한다. 과신과 고집은 자신을 배신하기 쉽다. 셋째, 평소 투자 성과를 기록하고 상황 변화 땐 과거 실패를 교훈 삼아 전략을 재점검해야 한다. 마지막으로 운보다는 기업 실적에 대한 합리적 전망에 기초해 장기 투자하는 것이 바람직하다.

〈매경이코노미〉 2015.6.24

백만장자 보고서 유감

전 세계 백만장자 1,700만 명…미국 700만·중국 400만 명
한국은 18만 2,000명…기업가정신 고취·증시 활성화 필수

한국 부자의 금융 재테크 성적표가 초라하다. 2014년 아시아 경쟁국 가운데 꼴찌에 머물렀다. 금리 하락에다 증시가 게걸음하면서 한국은 지난해 개인 금융자산 증가율이 1%에도 못 미쳤다. 중국에선 주식시장 활황 덕에 1년 새 백만장자가 100만 명이나 급증해 부러움을 샀다.

보스턴컨설팅그룹BCG의 〈세계 부富 보고서〉에 따르면 세계 62개국 백만장자가 글로벌 주식시장 호황으로 2014년 200여만 명13% 늘어난 1,700만 명에 달했다. 이들 '슈퍼리치'는 금, 은행 예금, 증권 등 세계 금융자산 164조 달러41%를 보유하고 있다. BCG가 조사한 백만장자는 부동산이나 소유 기업, 소장품, 보석류를 제외한 개인 금융자산이 100만 달러약 11억 원가 넘는 자산가를 말한다.

미국 백만장자 수는 약 700만 명으로 세계에서 가장 많았다. 중국은 2014년 백만장자가 400만여 명으로 세계 2위에 올랐다. 중국은 같은

해 상하이종합지수가 52.9% 상승하는 등 증시가 활황세를 보였다. 세계 3위 일본은 엔저에도 100만여 명의 백만장자를 보유했다.

하지만 우리나라 백만장자의 투자 수익률은 바닥을 긴다. 〈BCG 보고서〉에서 한국은 2014년 개인 금융자산 증가율이 0.4%에 그쳐, 일본을 제외한 아시아태평양지역 평균29.4%에도 크게 못 미쳤다. 이는 낮은 예금 금리, 박스권에 갇힌 주식시장, 내수 경기 부진 등이 겹친 결과다. 특히 2014년에는 국내 주식_2.1%과 채권1.4% 수익률이 모두 저조했다. 브렌트 비어즐리 BCG 시니어 파트너는 "전 세계 부가 증가하지만 정책·규제 변화 등 잠재적 위험을 간과해서는 안 된다"고 지적했다.

같은 시기 KB금융지주가 내놓은 〈2015 한국 부자 보고서〉에 따르면 한국의 백만장자 수는 중국의 20분의 1 수준이다. 2014년 말 기준 한국 부자금융자산 10억 원 이상 개인는 약 18만 2,000명으로 추정된다. 이는 2013년 말에 비해 8.7% 증가한 것으로 2008년 이후 연평균 증가율 13.7%에는 크게 못 미친다.

〈KB금융지주 보고서〉는 한국 부자에 관한 몇 가지 흥미로운 트렌드를 제시했다. 첫째, 한국 부자의 45.2%는 강남 3구 등 서울에 집중돼 있으나 지방 부자의 증가로 지역적 쏠림 현상이 완화되는 추세다. 둘째, 부동산 비중에 뒤지는 금융자산 비중이 점차 높아지고 있다. 셋째, 자산이 많을수록 빌딩과 상가에 대한 선호도가 높고 금융자산은 주식·펀드·ELS나 채권 비중이 예금보다 높다. 넷째, 저성장·저금리가 지속될 것으로 우려하며, 부동산 투자를 긍정적으로 보지만 고수익을 기대하진 않는다. 다섯째, 한국 부자 5명 중 1명은 투자 의사결정 시 '절세와 세금 혜택'을 수익성이나 안전성보다 중요하게 고려한다.

자본주의 국가에서 '부의 추구'와 재산 축적은 경제활동의 기본이다. 개인은 소득과 재산이 늘어날 때 보람과 성취감을, 돈을 쓸 때 만족과 행복을 각각 만끽한다. 그래서 열심히 일해 저축하고 돈이 되는 곳에 투자해 부를 키우려 모두가 애쓴다. 제도경제학의 권위자 최영백 뉴욕 세인트존스대 교수는 "기업가정신을 우대하는 자유주의적 제도 개혁만이 부의 창조와 경제적 번영을 낳는다"고 주장한다.

하지만 국내 주식시장은 맥을 못 추고 활력을 잃은 채 무기력한 모습을 지속해왔다. 코스피는 2011년 중반 이후 6년째 1800선에서 2000선 초반 사이의 박스권에서 벗어나질 못한다. 1900선 가까이에서 주식을 사서 2000선 언저리에서 팔라는 투자조언이 설득력을 얻는다. 지수 2000선에 매도 물량과 펀드 환매가 몰려있다 보니 웬만한 힘이 아니고선 매물벽을 넘어서기 힘든 형국이다. 개인과 외국인 투자 증가로 다소 체력이 살아나는 듯하더니 수출 부진과 기업실적 악화 등으로 투자심리가 다시 위축되는 양상이다. 국부 증대에 자본시장 발전은 필수다. 증시는 산업의 성장을 촉진하는 심장이다. 정부는 국민 가운데 백만장자가 많이 늘어나고 조화로운 부의 증대를 이루도록 규제 완화와 취약한 증시 체질 개선에 앞장서야 할 것이다.

〈매경이코노미〉 2015.7.1

삼성 공격한 엘리엇 꼼수

행동주의 헤지펀드 '먹튀' 행각에 우려되는 국부 유출
국내외 자본 역차별 시정과 주주우대·투명경영 절실

　재난과 사고는 허점과 구멍에 스며든다. 방심하고 빈틈을 보이면 눈 뜨고 코 베이는 세상이다. 바이러스나 범죄는 무방비 상태를 뚫고 들어와 시스템을 공격한다. 굶주린 하이에나와 같이 약점 많은 먹잇감을 호시탐탐 노린다. 제아무리 잘나가는 글로벌 기업도 넋 놓고 있다간 기업 사냥꾼에 속수무책으로 당하기 일쑤다.

　2015년은 삼성그룹 수난의 해였다. 삼성서울병원은 메르스 확산의 중심이란 오명을 쓰게 됐다. 제일모직은 김포 물류센터 화재로 큰 손실을 입었다. 헤지펀드 공격에 삼성물산은 제일모직과의 합병에 변수가 생겼다. 휴대폰 신화가 한풀 꺾인 삼성전자는 영업이익이 하향곡선을 그렸다. 악재 연속에 이재용 부회장 리더십과 삼성 브랜드 이미지가 흔들렸다.

　삼성물산과 제일모직 합병은 삼성그룹 경영권 승계를 위한 핵심 포

석이다. 미국계 행동주의 헤지펀드, 엘리엇매니지먼트_{이하 엘리엇}는 이 점을 노리고 합병 반대 소송에 나섰다. 2003년 SK를 공격한 소버린, 2004년 삼성물산 경영권 분쟁을 일으킨 헤르메스, 2006년 KT&G를 위협한 칼 아이컨과 같은 냉혹한 투기자본의 습격이다. 이들은 국경을 넘나들며 기업을 사냥한다. 법적 분쟁을 일으켜 주가를 띄운 뒤 주식을 팔아 먹튀하는 약탈적 투자집단이다.

엘리엇은 이번 사태보다 13년 전 삼성과 이미 악연이 있다. 삼성전자 우선주의 보통주 전환 금지에 반대 소송을 내 승리한 바 있다. 엘리엇은 콩고, 아르헨티나, 페루 등 채무상환 위기에 빠진 국가도 공격했다. 해당국 국채에 알박기식 투자 후 소송을 걸어 거액을 챙기는 수법으로 악명이 높다. 오바마 미국 대통령조차 "세계 금융체제의 안전을 손상시킨다"고 말했을 정도다.

행동주의 헤지펀드는 지배구조가 취약한 기업이 주된 공격 대상이다. 기업 주식을 매집한 뒤 경영에 참여해 수익을 극대화하는 전략을 쓴다. 이들은 지배구조·사업전략·배당정책 변화와 자사주 매입·경영진 교체까지 요구한다. 순환출자구조를 해소하거나 지주회사체제로 전환하는 과정에서 외국인 지분이 대주주 우호 지분보다 많은 기업은 경영권 위협에 노출되기 쉽다.

주주행동주의가 기업의 장기 성장과 주주가치 제고에 기여하는지는 논란이 많다. 행동주의 헤지펀드는 주주가치 극대화를 위해 제 목소리를 낸다고 주장한다. 하지만 이들은 단기 수익에 주력한 나머지 기업 경쟁력을 훼손하는 역기능도 낳는다. 공격 대상 기업은 경영전략이 흔들리고 투자 위축이나 의사결정에 큰 차질을 빚는다.

엘리엇은 5% 룰을 교묘히 회피했다. 삼성물산 주식 4.95%를 매집하곤 합병 발표 직후 지분을 7.12%로 늘렸다. 합병비율이 불공정하다고 주장한 엘리엇은 삼성물산이 보유한 삼성전자 주식 4.1%에 눈독을 들였다. 엘리엇은 주총 결의로 중간배당을 하도록 정관을 개정하라는 황당한 주주제안서를 삼성물산에 보냈다. 하지만 중간배당 정관 변경은 현행법상 이사회 결의로만 가능해 성사되지 않았다.

국내 증시가 글로벌 투기적 자본의 놀이터가 돼선 곤란하다. '먹튀' 헤지펀드가 떠난 뒤 기업은 멍들고, 개인투자자는 손실만 떠안는다. 헤지펀드 농간에 의한 국부 유출은 막아야 한다. 토요타, 구글, 언더아

머 등 글로벌 기업도 헤지펀드 공격에 대비한 방어막 구축에 안간힘을 쓴다. 장기 우호주주를 영입하기 위한 종류주식이나 무의결권주식을 발행하거나, 차등의결권 제도를 도입하는 방법을 통해서다.

우리나라도 차등의결권 도입 등 기업의 경영권 방어를 위한 장치를 보완할 필요가 있다. 황금낙하산은 허용됐지만 외국인 지분이 높은 기업은 정관 변경이 힘들다. 포이즌필을 허용해도 같은 문제가 생긴다. 외국과 국내 자본 간 역차별도 해소해야 한다. 백기사에 자사주 처분을 금지하는 법을 만들어선 곤란하다. 기업도 주주 이익에 부응하는 투명경영에 힘써야 할 것이다.

황금낙하산Golden Parachute

적대적 M&AMerger and Acquisitions, 기업인수·합병를 방어하는 대표적인 전략의 하나. 인수 대상 기업의 CEO최고경영자가 인수로 인하여 임기 전 물러나게 될 경우를 대비하여 거액의 퇴직금, 스톡옵션저가 주식 매입권, 일정기간 동안의 보수와 보너스 등을 받을 권리를 사전 고용계약에 기재하여 경영 안정성을 확보하는 동시에 적대적 M&A 시도자의 인수 비용을 높이는 방법이다.

포이즌필Poison Pill, 독소 조항

적대적 M&A가 발생하는 경우 기존 주주가 시가보다 훨씬 싼 가격에 주식을 매입할 수 있도록 미리 권리콜옵션를 부여하는 제도. 이로써 적대적 M&A 시도자는 지분확보가 어렵게 된다. 이 제도는 자사주 매입이나 우호지분 확보 등으로 소요되는 비용을 절감하고 이를 투자비용으로 전환할 수 있으며, 회사를 매각하더라도 적대적 M&A 시도자와 가격협상에서 우월한 지위를 확보할 수 있다. 반면에 기업의 경영권을 지나치게 보호하여 정상적 M&A까지 가로막음으로써 자본시장의 발전을 저해하고 경영의 비효율성을 높일 수 있다는 것이 단점이다. 기업 소유나 경영진 및 대주주의 모럴해저드, 외국인 투자 위축과 주가하락을 불러올 가능성도 있다.

〈매경이코노미〉 2015.8.19

美 금리인상에 대비하라

'그레이트 로테이션' 이미 시작…외국자금 증시 이탈
기업·노동시장 구조 개혁으로 글로벌 충격 흡수해야

　미국의 추가 금리 인상설이 고개를 든다. 미국 경제가 인플레이션을
유발하는 성장 국면에 접근했음을 확인하는 신호탄이다. 연방준비제
도이사회Fed의 추가 금리 인상 시기는 통화긴축을 선호하는 매파와 통
화완화정책을 주장하는 비둘기파의 힘겨루기에 달렸다. 연준 내 비둘
기파는 저물가 지속을 지적하며 금리 인상을 서두를 필요가 없다는 입
장이다. 이에 반해 매파는 노동시장 호조 등 미국 경제의 양호한 개선
흐름으로 볼 때 조건은 무르익었다는 판단이다.

　연준이 경제지표의 호조 여부를 판단하는 두 가지 요건은 낮은 실업
률과 높아진 물가상승률이다. 고용 증가에 따라 6년째 하락한 미국 실
업률은 5%대에 진입하며 이미 자연실업률에 도달한 것으로 분석된
다. 또한 유가 반등과 달러화 약세, 근원 소비자물가지수CPI 상승을 감
안하면 2%의 인플레이션 목표에 다가가는 것으로 판단된다. 하지만

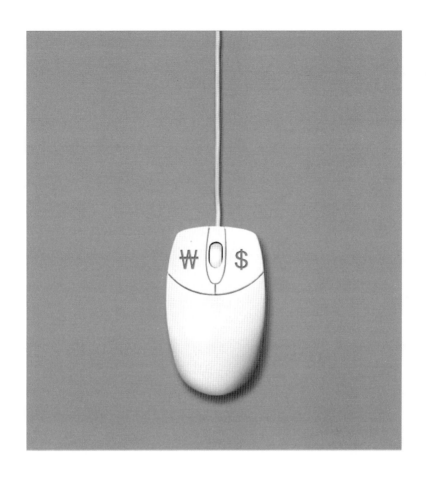

미국 경기가 뚜렷한 상승기류를 타고 있다는 확신을 갖지 못하자 연준
은 금리인상 속도를 조절하고 있다.

　지난 2008년 12월 이후 연준의 제로금리(0~0.25%) 정책으로 미 기준금
리는 평균 0.1%대를 유지했다. 미 기준금리는 2015년 말 한 차례 인상
돼 0.35%로 올랐다. 과거엔 연준이 가파르게 금리를 올렸다. 하지만 이
번엔 다른 분위기다. 미 금리 인상은 '경보'가 아닌 '주의보' 수준이 될

것으로 보인다. 2015년 하반기 연준의 내부 자료에 따르면 2016년 말 기준금리는 1.26%, 2017년 말에는 2.12% 수준에 각각 도달할 것으로 예상됐다. 글로벌 금융시장의 충격 등을 감안할 때 이 같은 시나리오가 현실화되기는 쉽지 않을 전망이다.

미 연준은 '슈퍼달러'를 원치 않는다. 자칫 회복 기류를 탄 성장세가 다시 둔화될 수 있기 때문이다. '기준금리 인상→장기금리 급등→달러화 강세→경기 재침체'로 이어질 수 있다는 이야기다. 그래서 연준이 점진적으로 완만하게 추가 금리 인상을 단행할 것이라는 예상이 설득력을 얻는다.

시장은 미 금리 인상에 앞서 반응한다. 예상되는 미국 통화정책 변화에 글로벌 자금이 대이동한다. '그레이트 로테이션Great Rotation'에 진입한 것이다. 미국의 양적완화로 세계에 풀린 달러화가 미국으로, 다시 유럽·일본 증시로 유입된다. 국내 주식·채권시장에선 외국인 투자 자금이 빠져나간다. 원유 등 국제 원자재 가격은 동반 약세다. 브라질 등 신흥국 통화가치는 하락한다.

국제결제은행BIS은 '생각할 수 없었던 위험들의 일상화'를 경고했다. 곳곳이 지뢰밭이다. 그리스 구제금융을 어렵사리 매듭지었지만 중국 증시 폭락을 겪은 글로벌 금융시장은 위안화 절하에 요동친다. 게다가 영국의 유럽연합EU 탈퇴, 즉 브렉시트 충격까지 겹쳤다. 숨 돌릴 만하면 위기가 터진다. 한국은 1990년대 초 투신 사태, 1990년대 말 외환위기를 겪었다. 2000년대 들어서자 한국은 IT 버블 붕괴에 이어 카드 대란의 고통을 치렀다. 잠시 세계 경제는 저물가와 안정된 성장을 바탕으로 대완화Great Moderation라는 환영에 빠졌다. 결국 2008년 미국의 리먼

사태와 글로벌 금융위기가 발발했다.

　이제 또 다른 위기가 다가온다. 하지만 마땅한 대처 수단이 없다는 게 걱정이다. 경기가 또다시 고꾸라지더라도 금융완화, 재정 확대 카드를 과감히 사용하기 힘들다. 금리가 사상 최저로 떨어진 상황에서 금융완화는 예전처럼 유효한 정책이 못 된다. 미국이 금리를 올리는 경우 금리를 낮추기는커녕 외국계 자금이탈을 막기 위해 되레 금리를 올려야 할 판이다. 재정 확대도 마찬가지다. 정부가 눈덩이 재정적자를 감수하면서 재정지출을 늘리기엔 재정 건전성이 너무 취약하다.

　미 금리 인상을 비롯한 글로벌 충격을 흡수하려면 경제주체 부채구조 개선, 수출 경쟁력 강화, 내수 활성화, 금융기관 건전성 확보에 만전을 기해야 한다. 또한 기업 구조조정·생산성 혁신과 아울러 노동시장 구조 개혁을 차질 없이 추진해야 경제 재도약이 가능할 것이다. 과거 미셸 캉드쉬 IMF 총재는 "한국의 외환위기는 위장된 축복Disguised Blessing이 될 수 있다"고 말했다. 당시 한국이 위기를 축복으로 바꾼 비결은 뼈를 깎는 구조 개혁에 있었다는 점을 상기해야 한다.

〈매경이코노미〉 2015.9.2

은행 수수료 자율화 해법

인하-인상에 정부입장 비대칭적…은행 수익구조 엉망
우간다 수준 금융 경쟁력 탈출 위해 과감한 개혁 절실

　국내 금융산업 발전 수준은 한심하다. 심지어 아프리카 우간다와 비교된다. 세계경제포럼WEF은 한국 금융 경쟁력을 80위권으로 평가했다. 금융산업의 낙후된 경쟁력은 기업 성장을 발목 잡고 소비자에게 큰 부담을 지운다. 외형 경쟁과 규제 때문에 은행 생산성은 20년 전으로 뒷걸음질 쳤다. 수익이 줄어들자 외국 금융회사도 한국 영업을 축소하고 철수할 정도다.

　금융개혁은 공공·노동·교육개혁과 더불어 박근혜 정부의 4대 개혁 가운데 하나다. 금융회사의 경영 자율성 보장은 핵심 중 핵심이다. 금융위원회는 수수료·금리 등 가격변수에 대한 당국의 인위적 개입을 근절하겠다는 방침을 천명했다. 법률로 정한 경우가 아닌 가격 결정에는 일체 관여하지 않겠다는 입장이다. 물론 무조건적 자율화라곤 할 수 없다. 은행의 공정하고 투명하며 합리적인 가격 결정 체계 마련이

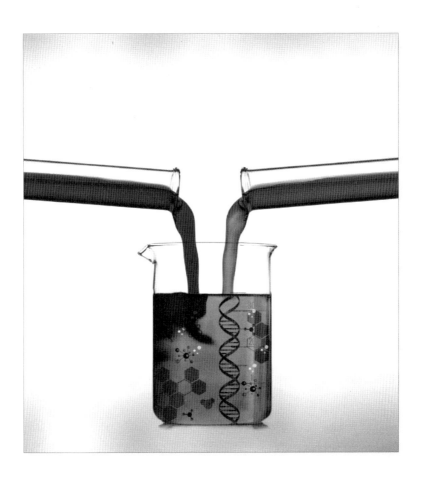

전제조건이다.

국내 은행의 수익구조는 선진국 은행에 비하면 말이 아니다. 예금–대출금리마진 의존도가 지나치게 높다. 반면 비이자수익은 은행 총이익의 10%대에 그친다. 수수료가 비이자수익에서 차지하는 비중은 63% 정도다. 특히 송금·ATM 등 대고객 수수료는 수수료 수익 가운데 7.5%에 불과하다. 그러다 보니 경기 상황, 금융시장 변동, 대손충당

금에 따라 이익이 들쭉날쭉해진다. 반면 미국 대형 은행은 비이자수익 비중이 40%대에 달하고 수수료 수익 비중은 한국 은행보다 10%포인트 이상 높다.

낙후된 은행 수익구조를 개선해야 한다는 점에선 이론의 여지가 없다. 하지만 그 방식에 있어 금융당국 생각은 은행과 차이가 크다. 금융지주 회장을 거친 임종룡 금융위원장은 "금융당국 규제 때문에 은행이 수수료를 올리지 못한다고 주장하는 것은 지나치다"고 강조했다. 임 위원장은 "은행 수수료의 25%는 과거 금융당국이 낮춰줬으면 좋겠다고 밝혔거나 지시했던 게 유효하게 작용하는 부분"이라고 밝혔다. 그러나 그는 "나머지 75%는 은행이 경쟁에서 이기기 위해 스스로 안 받거나 깎아주는 수수료"라고 주장했다.

그렇다면 은행의 수수료 인상이 과연 가능할까? 이에 대한 정부의 신호는 떨떠름한 편이다. 임 위원장은 "자율화가 금융회사 이익을 보전하기 위해 금리와 수수료 인상을 허용하겠다는 의미는 아니다"라며 애매한 화법을 사용했다. 은행 마음대로 수수료를 올리는 것은 곤란하다는 입장을 드러낸 것이다. 인상·인하 두 개의 대안 가운데 비대칭적인 선택만 가능하다는 얘기다. 정부의 가격 자율화 정책은 한계를 내포한다.

금융개혁이 성공하려면 이런 벽을 깨야 한다. 드러나지 않는 그림자 규제를 우선적으로 철폐해야 할 것이다. 장기 대출금리 규제 등 금융중개 기능을 훼손하는 일부터 없애야 한다. 30년 만기 안심전환대출 금리가 연 2.6%로 미국의 30년 만기 모기지 금리보다 1.2%포인트 낮은 것은 규제의 산물이라는 지적이다. 동시에 은행 경영에 인위적 개입과 창구지도를 근절해야만 한다. 수수료를 올리든지 내리든지 은행이 결정토록 해 스스로 책임지게 하고 소비자 선택에 맡기는 게 맞다. 시장 기능을 복원해야만 왜곡된 금융서비스 가격이 정상화할 수 있다.

은행도 외형 경쟁을 지양하고 엄정한 비용 분석으로 수수료 체계를 개편하는 차별화 전략을 펴야 한다. 고객의 니즈에 부응하면서 고객의 만족을 높이고 신뢰를 얻는 일이 중요하다. 긴밀한 고객관계를 통해 시너지형 상품의 교차판매에 나설 필요도 있다. 특히 복합점포를 활용해 증권·보험·자산운용을 망라하는 융복합 자산관리서비스를 확대해야 한다. 아울러 모기지 대출 등 다양한 신상품을 개발해야 할 것이다. 이와 함께 해외에서 비이자수익을 창출하는 데 적극 나서야 한다. 일본 은행처럼 동남아지역 SOC사업을 지원하는 신디케이트론에 참여함으로써 해외 수익원을 다변화하는 전략이 필요하다.

〈매경이코노미〉 2015.9.16

험로 넘어야 하는 '금융빅뱅'

인터넷전문은행 겨냥 기업 – 금융회사 합종연횡 활발
복합점포 확산 · 계좌이동제 · ISA 도입 … 은행권 대변혁

　한국 금융지도가 확 바뀐다. 은행 · 증권 · 보험상품을 한 곳에서 판매하는 '복합점포'가 늘어난다. 은행이 그동안 취급하지 않았던 연 6~9%짜리 중금리 모바일 대출도 속속 선보인다. 2015년 10월부터는 고객이 여러 은행 계좌와 함께 자동이체 항목까지 다른 금융회사로 한꺼번에 이전할 수 있는 '계좌이동제'가 시행됐다. 온라인으로 기부하고 창업자금을 모으는 '크라우드펀딩'도 2016년 1월부터 가능해졌다. 또한 계좌 1개로 예적금뿐 아니라 펀드, 파생상품까지 자유자재로 갈아타는 세금 우대 '개인종합자산계좌ISA'가 등장했다.

　금융산업 '빅뱅'의 새 장이 열린다. 영업 칸막이가 걷히고 업무영역이 파괴된다. 은행산업은 대대적인 지각변동에 휩싸인다. '인터넷전문은행' 탄생에 앞서 금융권 안팎이 들썩인다. 인터넷전문은행은 2015년 9월 예비인가 신청이 시작됐다. 정부는 개방형 API Application Programming

Interface 시스템을 준비하면서 '테스트 베드'를 구축했다. 아울러 은행법을 고쳐 인터넷전문은행의 최소자본금을 낮추고1,000→250억 원 산업자본의 지분 보유한도를 확대4→50%해주기로 했다.

기업과 금융회사는 '합종연횡合從連衡' 전략을 짰다. 다음카카오와 KT가 대주주 지분을 확보하는 지배구조의 카카오뱅크와 K뱅크가 인터넷전문은행 본인가를 받고 영업을 시작할 전망이다. 모든 절차가 순탄하게 진행되면 금융과 비금융의 융합으로 새로운 가치가 창출된다. IT, 통신, 유통, 자동차, 가전 업종의 고객에게 다양한 금융 서비스가 제공될 수 있다.

가상공간에서 금융거래가 이뤄지는 인터넷전문은행은 '핀테크의 꽃'이라 불린다. 계좌 개설을 비롯한 모든 거래는 비대면 채널을 활용한다. 물리적 점포가 필요 없다. 인력도 최소화할 수 있다. 모바일결제·대출은 신속, 편리해지고 전자화폐 보급도 확산된다. 고객의 소비 패턴이나 인터넷 검색 습관 등 빅데이터를 대출 심사나 맞춤형 금융상품 마케팅에 활용할 수 있다. 예를 들어 신차 검색 빈도가 급증한 고객에겐 자동차 대출을 권유한다. 주가를 자주 검색하는 고객에게는 주식형 펀드를 추천한다. 통장에 들어오는 월급에 비해 사치품 소비가 지나친 고객에겐 신용도 하락만큼 대출 이자를 더 받는다.

인터넷전문은행은 시장 선도자의 이득이 큰 '네트워크 비즈니스' 특성을 갖는다. 다만 기대처럼 '황금알을 낳는 거위'가 될지는 두고 봐야 한다. 비용이 적게 드는 만큼 예금 금리는 올리고, 대출 금리는 낮출 여지가 생긴다. 각종 수수료도 싸진다. 고객 입장에선 기존 은행보다 유리한 금리와 수수료 혜택을 받게 된다. 하지만 은행산업의 '오버뱅킹'이 문제다. 고금리 예금을 유치하고 고위험 대출을 남발하단 출혈경쟁을 낳고 부실경영에서 헤어나기 힘들다.

금융 혁신의 대표 사례인 인터넷전문은행의 핵심은 소프트웨어다. 성패는 기존 인터넷·모바일뱅킹과 차별화된 '킬러 서비스'에 달렸다. 국내를 넘어 세계 시장에서 통하는 정교한 사업모델이 관건이다. 정부는 빅데이터를 활용한 자산관리_WM, P2P 중금리 대출, 크라우드펀딩, 이메일 송금, 증권투자 스윙어카운트 등 인터넷전문은행이 특화하려는 혁신적 사업모델을 과감하게 허용해야 한다.

업무 인가를 '포지티브 시스템열거주의'보단 '네거티브 시스템포괄주의'

으로 바꾸되 모니터링을 강화해야 한다. 추후 비금융기업이 자산 5조 원 이상 상호출자제한기업으로 성장할 경우 대주주 자격에 대한 논란 이 일 수 있다. 정부는 인가에 앞서 법령을 명확히 정비해야 한다. 또한 해킹 위험을 막는 보안 시스템을 강화해 고객의 불안을 없애고 신뢰를 확보해야 할 것이다.

하지만 '은행법 개정안'이 결국 19대 국회를 통과하지 못하고 자동폐 기 수순을 밟게 됐다. 국회의 발목잡기에 따라 인터넷전문은행의 조기 출범이 불투명한 것 아니냐는 우려가 나온다. IT대기업에 최대 10%까 지만 지분소유를 허용한다면 이들이 핀테크 사업을 해야 할 이유가 없 다. 인터넷전문은행은 시작하기도 전에 존립자체가 위협받을 수도 있 다. 금융의 재벌 사금고화 문제는 동일인 여신한도 건전성규제 등으로 개선해 나가는 것이 바람직하다. 세계적인 모바일 금융 비즈니스 육성 추세에서 은산분리 완화와 과감한 규제혁신이 뒤따르지 않는다면 한 국만 낙오될까 우려된다.

〈매경이코노미〉 2015.9.16

삼성페이의 결제혁명

모바일·오픈마켓 간편결제 고객잡기 전쟁 치열
글로벌 시장 경쟁력 강화 위해 정부 지원 절실

고객이 원하는 상품과 서비스를 언제 어디서나, 구매하고 편리하게 쓸 수 있는 세상이 열린다. '주문형 경제On Demand Economy' 시대가 도래했다. 온라인과 오프라인을 연결하는 O2O Online To Offline 서비스도 획기적으로 업그레이드된다. 고객과 기업이 다면시장Multi-Sided Market에서 상호작용하는 플랫폼 비즈니스 혁신은 무궁무진하다.

스마트폰이 소비 스타일을 바꾸는 중심이다. 동전, 지폐, 카드에 이어 모바일 페이가 대세다. '제4의 결제혁명'이 전개된다. '페이 전쟁'이 뜨겁다. 삼성페이와 카카오페이를 비롯해 시럽페이·네이버페이·티몬페이 등 군웅이 할거한다. 저마다 모바일 결제와 오픈마켓 간편결제 시장을 선점하기 위해 치열한 싸움을 벌인다.

모바일 결제에서 '돌풍의 핵'은 삼성페이다. 음식점과 편의점, 할인점, 백화점 등 오프라인 전매장에서 사용실적 증가는 폭발적이다.

2015년 8월 20일 출시된 삼성페이는 두 달 만에 '10·100·1000'을 기록
했다. 즉 하루 결제 건수 10만 건, 누적 가입자 100만 명, 누적 결제금액
1,000억 원을 넘어선 것. 10장까지 신용카드·직불카드·선불카드를 등
록할 수 있어 지갑이 필요 없을 정도다. 가입자 수가 네이버페이_{1,600만}
_명나 카카오페이_{500만 명}에 비하면 크게 뒤지지만 결제실적은 압도적인
우위를 과시한다. 2015년 말까지 누적 결제금액은 2,500억 원을 기록하
며 양_{가입자 수, 거래 건수}보다 질_{결제금액}이 우선임을 입증했다.

최대 장점은 편리함이다. 삼성페이는 물건을 사고 카드단말기에 스
마트폰을 갖다 대기만 하면 간편하게 결제할 수 있다. 어떤 종류의 단

말기라도 구애받지 않는다. 새로운 근거리무선통신NFC 방식뿐 아니라 전통적인 마그네틱보안전송MST 단말기에서도 통하는 범용성을 갖췄기 때문이다. 삼성은 미국 솔루션업체 '루프페이'를 인수해 혁신을 이뤘다. 구형 단말기에선 사용할 수 없는 애플페이나 안드로이드페이 등 글로벌 경쟁자를 따돌린 건 짜릿한 쾌거다.

삼성페이와 금융이 결합되면서 소액 지급결제 파괴력은 무한 확장된다. 예전에 볼 수 없던 새로운 핀테크 서비스가 탄생한다. 고객은 은행 현금자동입출금기ATM에서 삼성페이로 현금을 찾을 수 있다. 올해 안에 교통카드 기능과 카드 마일리지 적립, 멤버십 서비스, 현장 할인 기능도 갖춰진다. 위치 기반 서비스와 보관함 서비스, 카드 대출현금 서비스도 가능해진다. '삼성페이 생태계'가 요새처럼 구축된다. 삼성페이 덕에 삼성의 프리미엄 스마트폰이 주목받는다. 휴대폰 실적 개선에 효자가 될 수 있다.

보안 기능도 중요하다. 삼성페이는 화면을 밀어 올리고 지문으로 확인하는 단계만 거치면 바로 결제가 가능하다. 실제 카드번호 외에 1회성 암호를 사용한다. 녹스KNOX 기술로 외부 접근을 실시간 탐지하고 차단한다. 해킹이 힘들다는 얘기다. 하지만 기술 진보엔 저항과 마찰이 따른다. 지문 인식에 의한 본인 확인 절차로 전자전표 수거가 무의미해졌다. 그러자 일부 카드사가 삼성페이로 결제한 전자전표를 밴사로부터 매입하지 않기로 한 것. 신용카드밴협회는 줄어든 전자전표 수수료를 삼성전자에 청구하려는 움직임이다.

핀테크는 국경이 의미 없다. 앞선 IT기술과 지급결제 서비스로 글로벌 시장을 공략해야 한다. 삼성은 미국 버라이즌 등 4대 이동통신사와 손을 잡았다. 비자, 마스터카드 등 카드사와 뱅크오브아메리카, 씨티뱅크 등 주요 은행과도 제휴했다. 삼성페이는 미국에 이어 중국을 찍고 스페인·영국 등 유럽에도 출시된다.

미국 정부는 공공기관이 애플페이를 우선 채택하도록 배려하는 등 자국 핀테크 육성에 발 벗고 나섰다. 글로벌 시장에서 우리 핀테크 기술이 활짝 꽃필 수 있도록 정부는 과감한 규제 완화에 나서야 한다. 핀테크 생태계의 발전을 위해 IT기업·카드사·은행·이동통신사 간 긴밀한 협력이 절실하다. 그래야만 모두가 산다.

〈매경이코노미〉 2015.12.9

P2P·인터넷은행과 중금리 대출

중금리 대출 활성화되면 가계부채 해결에 보탬
낮은 신용등급 대출자 연체율 관리가 최대 관건

은행과 저축은행 대출 사이엔 큰 절벽이 존재한다. 연 10%대 중금리 대출은 금리 절벽을 메꾸는 역할을 한다. 서민, 자영업자, 소상공인 등 신용 4~7등급 2,000여만 명을 고객으로 한 대출상품이 주목을 받는다. 연 6% 이하 은행 저금리 대출은 중·저등급 신용자들에겐 '그림의 떡'이다. 이들은 그동안 신용도에 비해 금리가 과도한 카드사, 할부금융 등 2금융권 대출로 내몰릴 수밖에 없었다.

이제 P2PPeer To Peer, 개인 간 대출이 금융권에 새바람을 일으킨다. P2P 대출은 자금 보유자가 중개인을 통해 돈이 필요한 사람에게 돈을 빌려주는 플랫폼 금융상품이다. 중위험·중수익 성향의 자금 공급자에겐 돈 버는 기회가 열린다. 자금 수요자는 합리적인 금리로 돈을 쉽게 조달한다. 누이 좋고 매부 좋은 거래방식이다. P2P 대출 중개업체는 여러 건의 소액 대출을 모아 신용위험을 낮추면서 수수료를 얻는다. P2P 대

출 중개는 대금업법에서 금지하는 유사 수신행위는 아니다. 채무불이행에 따른 원금 손실 시 플랫폼 업체는 손실금을 보전해주지 않는다.

　P2P 금융은 시장 실패를 완화한다. 부족한 재무적 신용정보는 플랫폼 업체가 생산한 재무적 행태와 네트워크 정보로 보완 가능하다. 대출자의 비재무적 정보는 소비 패턴, SNS 사용 습관, 인터넷 검색 등 빅데이터로 체계화된다. 위험을 평가하고 관리하며 대출상품 가격을 적정하게 결정할 수 있다. 이로써 중·하위 신용등급에 대해 절벽이 없는 연속적인 금리구조를 갖는 대출상품이 등장하게 되는 것이다.

　전북은행이 플랫폼 업체와 제휴를 맺고 틈새시장인 P2P 대출에 뛰어들었다. 수익 확대 등 여러 조건이 맞아서다. 은행이 P2P 대출상품을 취급하면 대출자가 믿고 거래할 수 있다. 기존 고객과 겹치지 않아 은행의 자기시장잠식카니발리즘 가능성도 적다. 또한 카카오뱅크와 K뱅크 등 인터넷전문은행의 등장도 중금리 대출을 활성화하는 촉매제가 된다. 점포가 없는 인터넷전문은행은 경비의 20~30%를 차지하는 인건비와 지점 관리비를 절감할 수 있다. 그래서 예금과 대출 영업에서 기존 은행에 비해 우월한 금리 경쟁력을 갖는다.

중금리 대출이 활성화하면 가계부채와 신용양극화 해결에 보탬이 된다. 1,200조 원을 넘어선 가계부채 가운데 2금융권 고금리 대출이 시한폭탄이다. 경기 침체와 소득 감소에 허덕이는 서민은 악성 부채의 원리금 상환 부담에 질식당하기 일보 직전이다. 저축은행, 캐피털, 카드사가 취급하는 대출상품 금리는 연 15~20%를 훨씬 웃돌기도 한다. 이들 금융사 고객이 고금리 대출에서 중금리 대출로 갈아타면 이자 부담을 낮출 수 있다.

비우량 고객의 연체율 관리는 중금리 대출의 성패를 가른다. 영국의 신용카드 뱅퀴스Vanquis는 중·저 신용자의 특성을 철저히 파악했다. 고객 카드 이용실적과 소진율을 분석해 고객 신용한도를 5개월마다 재조정했다. 또한 1년에 한 번씩 고객이 원하는 달에 결제대금을 이월할 수 있는 '지불휴가제'를 시행했다. 퇴직과 전직으로 소득이 불안정해진 고객에 대해서는 최장 2년간 대금 납부를 유예했다. 그 결과 연체율은 낮아졌고 고객충성도와 수익성은 높아졌다.

하지만 중금리 대출은 여러 위험을 수반한다. 플랫폼 업체의 투명성이 떨어지고 정보 비대칭성 문제가 클 경우 사회적 손실을 초래한다.

P2P 대출 중개업체의 부실 때 피해 구제장치 마련이 시급하다. 이와 관련해 2016년 5월 세계 최대 P2P 대출업체, 미국의 렌딩클럽 최고경영자 르노 라플랑셰와 임원진이 부정대출 사건에 휘말려 사임하는 사태가 발생했다. 이에 따라 P2P 대출 전반에 대한 회의론이 대두되기도 했다. 미국 새무부는 온라인 대출회사의 거래투명성 제고와 유동성 확보 등 정책대응 및 관리 감독을 강화한다는 방침이다.

중금리 대출을 취급하는 은행엔 평판 리스크와 건전성 악화라는 위험요인도 존재한다. 신용등급이 낮은 고객집단의 빅데이터를 확보해 고객의 신용위험을 철저하게 관리할 필요가 있다. 자칫 수익이 난다고 무작정 중금리 대출을 늘리다 보면 부실을 자초할 우려가 크다. 2016년 7월부터 시중은행은 연 6~10%대 중금리 '사잇돌 대출'을 취급하기 시작했다. 4~7등급 중간 신용자에게 서울보증보험이 보증서비스를 제공해 698만 명이 혜택을 보게 된다. 앞으로 금융권의 '메기'로 등장할 가능성이 있는 인터넷전문은행의 공격적인 영업도 주의가 요망된다. 초기엔 적자가 불가피한 만큼 고객의 대규모 예금 인출 시 유동성 위기에 처할 수 있다. 출자 은행이 유동성 공급을 확약하더라도 근원적인 경영 안정책은 되지 못한다.

〈매경이코노미〉 2016.1.13

박현주 도전은 계속된다

'샐러리맨 신화' 미래에셋 자산 320조 원 금융그룹 도약
글로벌 투자와 기업가정신을 앞세운 '변화의 핵' 주목

2016년 새해 벽두, 글로벌 증시가 동반 급락하며 출발했다. 중국 제조업 경기 부진에 불안한 중동 정세와 유가 하락, 북한 수소폭탄 실험 등으로 투자심리가 꽁꽁 얼어붙었다. 변동성이 큰 장세에 일희일비하는 투자자들이 적지 않다. 극한 상황에서 히말라야 정상을 정복한 한국 산악인의 기개와 도전정신은 우리에게 감동을 준다. 시련과 고난을 극복해야 성취할 수 있다.

박현주 미래에셋그룹 회장은 '샐러리맨 신화'의 주역이다. 그는 '저축의 시대'를 '펀드 투자의 시대'로 바꿔 자본시장 발전의 새 장을 연 장본인이다. 한국이 외환위기를 맞은 1997년, 자본금 100억 원의 미래에셋은 이후 '폭풍 성장'을 거듭했다. SK생명에 이어 대우증권을 인수한 미래에셋은 19년 만에 고객자산 320조 원, 자기자본 10조 원이 넘는 금융그룹으로 우뚝 섰다. 재계 서열도 30위권에 진입했다.

사진 왼쪽부터 김정태 하나금융그룹 회장, 박현주 회장, 한동우 신한금융그룹 회장, 윤종규 KB금융그룹 회장

"세상의 변화 속도는 광속인데 우리 사회만 멈춰 섰다. 인식은 있어도 행동이 없다." 타성에 젖은 우리 사회에 박현주 회장은 야성을 촉구하는 돌직구를 던진다. 새로운 산업 트렌드는 경제구조를 급속도로 변화시킨다. "작금의 경영 환경은 명량 울돌목의 소용돌이와 같다. 울돌목에서 133척의 배가 12척의 배에 힘없이 패했다." 엄중한 경쟁의 시대다. 승자만이 생존한다.

박 회장은 상상의 힘을 믿는다. 그는 "정주영 현대 회장이나 이병철 삼성 회장이 꿈꿨던 세상은 당시 생각으론 불가능한 세상이었다. 우리 사회에서 불가능한 상상을 현실로 만드는 기업가 정신을 보고 싶다"고 말한다. 그는 "문명사적 변화를 주도하는 것은 기업의 파괴적 혁신"이라고 강조한다. 그는 신성장산업에서 세계 1등이 되는 한국 기업을 꿈꾼다.

'투자전략가' 박현주는 새로운 시장과 부를 창조하는 혁신적인 투자만이 한국 경제의 유일한 탈출구라고 주장한다. 박 회장은 한국 금융의 삼성전자가 되기 위해 열정을 갖고 도전한다. 통합 증권사 '미래에셋대우증권'은 자본금이 8조 원에 달하는 국내 최대 증권사가 된다. 그는 1+1이 3 이상 될 수 있다고 확신한다. 그는 "아직도 목마르다"고 말한다. 센터원, 5성호텔 '포시즌'을 세운 그는 한국 금융산업에서 대체투자의 선구자다. 전 세계를 돌며 미래를 먹여 살릴 글로벌 자산 인수합병M&A에 적극적으로 나선다. 글로벌 투자은행IB센터를 세워 벤처모험자본 투자와 PEF, 부동산, SOC 투자를 최전선에서 이끌겠다는 포부다. 그는 미래를 내다보고 승부한다. 앞으로 관광산업이 성장할 것으로 본다. 동해안 시대 개막을 예견해 강원도 홍천에 블루마운틴CC를 개발했다.

"소득 증대는 외식 문화를 만들어 동네 식당에서 된장국도 먹고, 이탈리안 식당도 가고, 외출도 많이 해서 돈이 흐르도록 할 수 있다. 돈이 투자로, 소비로 흐르는 경제는 후세대에 대한 현세대의 선물이 될 것이다." 그는 소비하는 사람이 애국자로 대우받는 선진 자본주의를 희구한다. '고객 동맹'의 원칙하에 절대수익, 대체투자, 글로벌 채권 운용,

글로벌 자산 배분을 추진한다. 그는 의사결정 과정에 고객 중심 문화를 정착시키려 한다. 모든 혜택은 고객으로부터 나온다는 신념에 기초한 경영방침이다. 고객의 인생과 생각 파트너로서 고객의 소득 증대와 부채 축소에 기여한다는 구상이다.

프런티어 정신의 소유자인 그의 혁신가적 기질이 한국 금융에 또 다른 역사를 만들지 관심이 모아진다. '미래에셋대우증권'의 출범은 '승자의 저주'를 넘어 '변화의 핵'이 될지 주목된다. "바람이 불지 않을 때 바람개비를 돌리는 방법은 앞으로 달려 나가는 것뿐이다." 그의 생각과 말, 그리고 행동은 구조적 저성장 시대 한국 기업인들에게 귀감이 된다. 중국발 미세먼지처럼 불확실성에 한 치 앞을 내다보기 힘들지라도 목표를 향해 굳건히 나아가는 도전 정신이 필요한 때다.

〈매경이코노미〉 2016.2.24

딜레마에 빠진 금리정책

경기 부양·통화 약세 겨냥 '마이너스 금리정책' 확산
폴리시믹스·미중일 정책 공조로 외부 충격 막아내야

　은행에 돈을 맡길 때 오히려 이자를 뜯긴다니…. 마이너스 금리 Negative Interest 는 돈값이 양陽에서 음陰의 영역으로 떨어지는 기현상이다. 시간이 지날수록 돈의 가치가 오르는 게 아니라 되레 떨어지는 역설적 금융거래다. 돈의 시간 가치에 대한 상식이 무너진다. 예금하거나 돈을 빌려주면 응당 이자를 받던 사람에겐 '금융의 원리'가 깨진 것과 같다. 흰 백조의 세상에 검은 백조가 나타난 것과 마찬가지다.

　일본은행이 2016년 2월 16일부터 마이너스 기준금리 대열에 동참했다. 유로존을 비롯해 덴마크, 스웨덴, 스위스 등 유럽 중앙은행들과 같이 극약처방을 동원한 것. 제로금리나 양적완화를 넘어서는 사상 초유의 금융실험이다. 마이너스 금리는 경기 부양과 통화가치 방어란 두 마리 토끼를 겨냥한다. 불황기엔 소비와 투자가 미덕이다. 저축 대신 소비하고 생산활동에 참여하라는 강력한 메시지다. 또한 통화가치 하

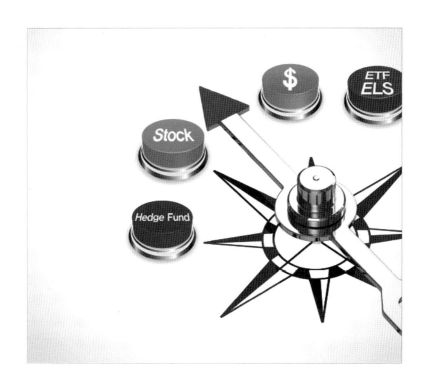

락을 유도하는 조치다. 비거주자 예금에 페널티 이자를 물리거나 단기
성 외환거래에 토빈세를 부과하는 것과 기대효과가 유사하다.

과거 곡물이나 금과 은을 화폐로 쓰던 시절, 보관료나 관리비를 받
고 실물 화폐를 맡아 가치 훼손을 막아주는 서비스가 있었다. 귀중품
을 도둑이나 강도에게 빼앗기거나 부주의로 분실하지 않도록 금고에
보관해주고 수고비를 받았다. 이젠 금융회사가 보관료를 받고 돈을 맡
아주는 기현상이 벌어진다. 이런 상황에선 예금자와 채권자는 날벼락
을 맞는다. 반면에 은행 대출자와 금고 제조업자, 부동산 투자자는 휘
파람을 분다.

하지만 마이너스 금리정책의 실효성을 놓고 논란이 증폭된다. 국제 피셔이론은 자금–외환시장을 연결하는 균형 조건이다. 자국 금리 인하로 내외 금리 차가 벌어지면 자국 통화가치가 약세_{평가 하락}로 변한다는 가설이다. 그래서 이번 일본 당국의 결정에 전문가들은 엔화를 빌려 다른 통화에 투자하는 '엔캐리트레이드_{Yen Carry Trade}'가 증가할 것으로 예상했다. 그러나 시장의 반응은 정반대였다. 엔화가치가 하락하기는커녕 역으로 강세를 나타냈다. 엔화 약세를 예상했던 일본은행은 허를 찔린 셈이다. 글로벌 금융시장에서 불안이 증폭되자 금과 엔화 등 안전자산에 대한 수요가 촉발됐기 때문이다. 마이너스 금리에도 일본 국채 수요는 여전하다. 일본 기업들은 예상 밖의 엔화 강세에 다시 고통을 호소한다.

더욱이 경기 부양 효과도 기대난이다. 독일의 경제학자 실비오 게젤은 1910년대 "마이너스 금리를 물리면 실질자본 증가가 빠르게 이뤄진다"는 이론을 폈다. 그는 시간이 흐를수록 액면가치가 떨어지는 '스탬프 화폐' 도입을 주장했다. 그러나 이처럼 소비와 인플레를 자극하려는 중앙은행의 구상은 약발이 먹히질 않는다. ING은행이 마이너스 금리정책과 관련해 유럽과 미국, 아시아의 1만 3,000명 소비자를 대상으로 설문조사한 결과 저축 대신 소비를 늘리겠다고 답한 응답자는 10%에 불과했다. 더욱이 11%의 응답자는 낮은 금리를 보상하기 위해 오히려 저축을 늘리겠다고 답변했다.

2008년 글로벌 금융위기 이후 장기 침체로 금리정책과 실물경제의 연결고리가 약화됐다. 게다가 많이 풀린 돈이 잘 돌지 않는 '돈맥경화'가 심해졌다. 모르핀 효과처럼 웬만한 충격요법으론 경제가 반응하지 않는다. 결국 중앙은행의 정책 신뢰도가 추락한다. 마이너스 기준금리가 장기화하면 자칫 금융시스템을 왜곡시킬 가능성이 크다.

마이너스 금리 파장은 한국에도 몰아닥친다. 한국은행은 추가 금리 인하 카드를 꺼내들었다. 시장에선 브렉시트 충격에 추가 기준금리 인하 가능성을 점친다. 2016년 총선을 앞두고 한국판 양적완화가 필요하다는 주장이 제기되기도 했다. 하지만 금리정책이 경기 활성화에 만능은 아니다. 외화자금 이탈 가능성도 감안해야 한다.

경제학자 틴버겐은 일찍이 '한 가지 정책 수단으론 여러 정책목표를 달성하지 못한다'는 정리를 내놓은 바 있다. 복잡하게 꼬인 경제문제를 해결하기 위해서는 재정·금융·외환·산업 등 최적의 정책조합이 필요하다. 또한 미·중·일과의 국제 정책공조 시스템을 강화해야 한다. 그래야만 기축통화국들이 자국 이익만 챙기는 통화전쟁에서 소규모 개방경제인 한국이 엉뚱하게 입을 수 있는 피해를 최소화할 수 있을 것이다.

〈매경이코노미〉 2016.3.30

ISA 가입하면 대박이 난다?

국민 재산 형성 돕는 재테크 '만능통장' 판매 경쟁 치열
금융상품 경쟁력 높일 지렛대…서비스 질적 향상 필수

　금융권에서 '이사하라'는 모토의 광고를 앞세워 고객 유치 경쟁이
치열하다. 개인종합자산관리계좌ISA가 첫선을 보였다. 새로운 세제 혜
택 금융상품이다. 말도 많고 탈도 많다. 신규 계좌 할당량을 창구에 배
정한 은행이 적지 않다. 직원은 '1만 원 계좌' 만들기에 내몰린다. 실적
을 올리기 위한 '깡통계좌'도 양산된다. 유치 계좌 부풀리기에 나서다
보니 일부에선 불완전판매 의혹도 커진다.

　2016년 3월 14일 출시된 ISA는 재테크 '만능통장'으로 불린다. 저금
리·고령화 시대에 국민의 재산 형성을 돕기 위해 정부가 선진국을 벤
치마킹해 도입했다. 개인이 상품을 스스로 구성·운용하는 신개념 종
합통장이다. ISA 가입자 수는 은행이 증권사를 크게 앞선다. 반면, 1인
당 가입 금액은 증권사가 월등히 많다. 증권사는 환매조건부채권RP 특
판을 앞세워 가입을 유도한다.

ISA는 금리절벽 시대에 분산투자로 중위험·중수익을 추구하는 금융상품이다. 1인 1계좌만 가능하다. 금융회사와 고객 간 1 대 1 맞춤형 상품이다. 납입 한도는 연 2,000만 원이다. 근로소득자는 의무가입 기간이 5년이다. 총 1억 원까지 납입이 가능하고 순이익 200만 원까지 비과세 혜택이 주어진다. 비과세 한도 초과분에 대해서는 9.9% 분리과세가 적용된다. 가입자는 예·적금 이외에 국내외 주식·채권펀드, 파생상품 등에 자금을 운용할 수 있다. ISA 종류는 고객이 개별 저축상품을 직접 고르는 신탁형과 모델 포트폴리오를 통해 알아서 돈을 굴려주는 일임형으로 나뉜다. 신탁형은 일임형에 비해 수수료가 싸다.

기존 상품과는 차원이 다른 혁신적 구조지만 우리나라보다 앞서 제도를 시행한 영국이나 일본에 비하면 상품 구색이 다소 미흡하다. 가입 자격이 제한적인 데다 세제 혜택도 매력적이라 볼 순 없다. 수수료를 떼기 전에 연 5~6% 운용수익률을 내야 비과세 혜택 효과가 빛난다. 국내 잠재고객이 2,300만 명에 달한다지만 가입을 서두르지 않고 관망하는 개인이 많다. 또한 가계부채 상환에 허덕이는 서민에겐 '끝판왕'이나 '복덩어리'가 아닌 '그림의 떡'일 수 있다.

판매 창구에선 고객 불편 사례가 속출한다. 금융회사 직원의 전문성이 부족하다. 상품 구성과 수수료에 대한 설명이 미흡하다. 게다가 수익성, 위험, 유동성 등을 종합적으로 고려한 고객의 투자성향 분석도 쉽지 않다. 맞춤형 모델포트폴리오 추천이 제대로 안 되는 이유다. 그래서 상품 특성을 잘 모른 채, 자신에 맞는 투자대상과는 동떨어진 상품에 가입하는 고객이 적지 않다. 판매 초기엔 상품 가입 시 절차가 복잡하고 시간이 많이 소요된다는 불만도 제기됐다. 소득증명원 등 가입 서류에 대한 고지 미흡으로 발걸음을 돌리는 고객도 있었다.

금융 신상품이 정상궤도에 진입해 안정화되려면 적지 않은 시간이 걸린다. ISA는 금융산업 실력의 가늠자다. 성공하면 금융상품 경쟁력 향상의 지렛대가 될 수 있다. 저축시대에서 투자시대를 여는 계기가 된다. ISA가 경쟁력을 갖춘 상품으로 자리 잡으려면 가입대상과 세제상 혜택 확대 등 제도적 보완·개선뿐 아니라 금융계의 비즈니스 체질 개선이 급선무다. 금융회사는 양적 성장이 아닌 질적 성장을 도모해야 한다.

금융회사는 ISA 출시를 계기로 고객의 부를 창조하는 신개념 서비스를 개발하고 제공해야 한다. 외형을 중시하는 구시대적 판매 방식 대신 고객 수익률 제고를 목표로 차별화된 사업 모델을 추구해야 성공할 수 있다.

특히 고객과 시장의 빅데이터를 기반으로 컴퓨터가 학습하는 딥러닝 기술을 탑재한 인공지능을 활용, 맞춤형 금융자산 운용 서비스도 제공해야 할 것이다. 직원 전문성 교육에도 만전을 기해야 한다. 아울러 고객이 합리적인 판단과 현명한 의사결정을 내릴 수 있도록 금융지식 함양을 도와야 한다. 고객에게 금융정보를 전달하는 기능을 강화해 지식 사각지대를 없애고 정보 비대칭성을 해소하는 일도 중요하다.

〈매경이코노미〉 2016.5.25

국책은행 자본확충 유감

선제적 구조조정 실기한 국책은행장에 책임론 대두
부실기업을 장기간 방치하고 밑 빠진 독에 물 붓기

　기업 구조조정은 한국 경제가 당면한 핵심 과제다. 산업은행과 수출입은행 등 국책은행은 부실기업을 장기간 방치하고 밑 빠진 독에 물 붓기 식으로 지원해 화를 키웠다. 인사가 만사다. 해운·조선업 몰락도 따지고 보면 사람이 문제였다. 인사권자의 용인술이 기업과 조직의 운명을 좌우한다. 정책 실패는 적재적소 배치의 원칙을 무시한 기관장 인사에서 비롯된 것이다.

　정부와 국책은행은 선제적 구조조정에 나설 절호의 기회를 놓쳤다. 홍석우 전 지식경제부 장관은 인터뷰에서 "제가 장관이던 2011년 말부터 2013년 초가 대우조선해양 매각의 골든타임"이었다고 실토했다. 홍 전 장관은 "산업은행 수장을 포함한 모든 정책 결정자가 매각 이후 헐값 매각이나 특혜 시비에 휘말릴까 걱정했다"고 해명했다. 정부와 국책은행이 '변양호 신드롬'에 함몰돼 있었다는 얘기다. 논란을 일으

키는 사안이나 책임질 만한 결정을 회피하는 공직사회의 보신주의 때
문에 골치 아픈 구조조정을 덮어두고 뒤로 미루기 바빴다.

　그동안 국책은행은 방만 경영의 온상이었다. 국책은행 자본확충
에 앞서 책임규명과 국민 부담 최소화 원칙을 확립해야 한다. 무엇보
다 부실을 초래한 장본인에게 책임을 물어야 한다는 여론이 비등하
다. STX조선해양이 결국 법정관리에 들어간다. 산업은행 등 채권단이
STX조선과 자율협약을 맺고 공동관리에 들어간 것은 2013년 4월. 이
후 3년 2개월 동안 4조 원을 더 쏟아부었다. 그동안의 지원과 회생방안
이 잘못된 것이다.

이젠 조선 '빅3' 구조조정이 발등의 불로 떨어졌다. 부실이 가장 심한 곳은 대우조선해양이다. 그동안 산업은행은 대우조선에 대한 관리·감독 책임을 방기해왔다. 심지어 고위직에 산은 출신을 낙하산으로 내려보내는 등 '젯밥' 챙기기에 혈안이 됐다. 최운열 더불어민주당 정책위부의장은 "대우조선에 공적자금을 쏟아부었지만 정상화가 안 됐다. 역대 산업은행장은 다 책임을 져야 한다"고 지적했다. 특히 2012년 대선 캠프에서 활동한 홍기택 전 산업은행 회장과 서금회_{서강금융인회} 출신 이덕훈 수출입은행장은 박근혜정부의 대표적인 낙하산 인사들이다. 게다가 홍기택 전 회장은 정부의 비호 아래 아시아인프라투자은행_{AIIB} 부총재로 영전했다.

거대 담론으로 치닫던 한국판 양적완화 논란은 국책은행 지원에 초점이 맞춰진다. 국책은행은 자금 수혈에 앞서 스스로 뼈를 깎는 자구 노력에 나서야 한다. 사실 공적자금 투입이든 발권력 동원이든 절차가 다를 뿐, 국민 경제에 주름살이 지는 건 마찬가지다. 혈세를 투입하거나 통화 공급 확대로 국민의 실질 소득이 줄어드는 고통을 낳기 때문이다. 구조조정은 시간을 끌수록 돈이 더 들어간다. 속전속결이 필요하다. 국민 부담을 최소화하는 방식을 선택해야 한다. 왜 민간 자율에 맡기지 않고 정부가 개입하느냐는 지적도 나온다. 하지만 시장의 명백한 실패에 정부가 뒷짐을 지는 건 올바른 대처가 아니다. 더 큰 위기를 맞기 전에 정부가 앞장서서 컨트롤타워를 확립하고 난제를 해결해야만 한다.

해운·조선산업 구조조정은 청사진부터 확실히 그려야 한다. 국책은행 자본 확충은 그다음이다. 정부와 한국은행은 국책은행에 대해 직접 출자와 자본확충펀드를 통한 간접출자 방식을 병행한다는 계획이다. 국책은행 자본확충펀드 규모는 부실기업 구조조정 시나리오에 따라 최소 10조 원에서 최대 30조 원까지 불어날 수 있다. 문제는 국책은행에 자금이 투입되더라도 모든 게 끝난 게 아니라는 데 있다. 철강·건설·석유화학 등 취약 업종이 다음 타자로 기다린다. 막연히 "경기가 살아나겠지"하고 저가 수주와 출혈경쟁을 일삼던 부실기업들도 정신을 차려야 한다. 국가가 개입해 혈세를 투입하는 사태가 다시는 없도록 책임경영에 만전을 기해야 할 것이다.

채권단은 부실기업에 대한 채무 탕감, 출자전환, 구제금융과 동시에 다운사이징, 사업 통폐합이나 합병도 병행해야 할 것이다. 대주주 책임 또한 반드시 물어야 한다. 좀비기업의 썩은 부실은 과감히 털어내고 가능성이 있는 곳은 자금을 투입해서라도 살려내야 한다. 정치권이 노조 편을 들다간 구조조정에 차질이 빚어질 수 있다. 또한 주력 업종 경쟁력 약화에 대처할 신성장 산업 지원을 강화해야 한다. 차제에 정책금융을 개편, 산업은행의 비구조조정 사모펀드와 상업은행 업무는 민간에 넘겨야 할 것이다. 수출입은행과 무역보험공사의 중복되는 기능도 합칠 필요가 있다. 금융공기업 기관장 인사는 낙하산 대신 공모제로 바꿔 유능한 CEO가 활약할 수 있는 기반을 조성해야 한다.

〈매경이코노미〉 2014.12.17

"자산 140조 원
아시아 40위 금융그룹 도약"

5위 금융그룹 오른 BNK금융지주 성세환 회장
부산·경남은행 '투뱅크' 시너지 전국구 영업 강화

지난 2014년 12월 첫날 금융인들의 잔치인 '대한민국 금융대상' 시상식장. 은행대상 수상자로 선정된 성세환 BNK금융 회장이 헐레벌떡 시상식장으로 들어섰다. 오전에 부산에서 행사를 마치고 부랴부랴 공항에 갔는데 기상 악화로 비행기가 연착됐기 때문이다. 수상과 기념촬영도 잠시, 그는 또 다른 일정 때문에 부산으로 내려가야 했다. "예전엔 지역만 챙기면 됐는데 회사가 커지면서 여기저기 챙겨야 할 일이 한둘이 아니다"라고 말했다. 경남은행 인수를 깔끔하게 마무리 지으며 국내 5위 금융그룹의 수장이 된 유명세를 톡톡히 치르는 모습이다. 성 회장은 2020년까지 BNK금융을 총자산 140조 원 규모의 아시아 40위 지주사로 키우겠다는 청사진을 펼쳐 보인다.

Q 2014년 금융계에서 주목할 만한 빅딜로 BNK금융의 경남은행 인수를 꼽는 이가
　 많습니다. 결과적으로야 잘된 일이지만 중간에 고비가 무척 많았습니다.

A 지역 상공인들이 연합한 경남은행 인수추진위원회가 상당히 압박
　 을 많이 했습니다. 경남도청, 창원시 등은 주거래은행을 다른 곳으
　 로 옮기겠다고 했고 노조 반발도 극심했지요. 그래서 한때 우리 직
　 원들이 흔들리는 모습을 보이기도 했습니다. 당시 저는 입찰에서 떨

어지더라도 중간에 포기는 없다고 설득했습니다. 노조도 '어차피 달라지는 건 없다', '힘을 합치면 민간은행으로 더 성장할 수 있다'고 달랬고요. 자금 조달을 문제 삼는 이도 많았는데 금융당국과 주주들에게 2008년 금융위기 직후 이미 자본 확충을 해놔 큰 문제가 없다는 것까지 조목조목 설명했습니다. 사운이 달린 인수전인데 허투루 준비했겠습니까.

Q 경남은행 인수에 따른 시너지 효과가 나고 있나요?

A 인수하고 나니 지역 민심이나 여론도 호의적으로 바뀌고 있고 내부 분위기도 어느 정도 안정화됐어요. 당장 지주에 경남은행 출신이 들어와서 일하기 시작했습니다. 더불어 두 은행을 견줘 보며 장점을 이식하는 작업도 병행하고 있습니다. 부산은행에는 있는 CRM고객관계관리, 종합수익관리시스템, 이상거래탐지시스템FDS 등이 경남은행에는 없었는데, 아무래도 정부 지분이 다수였던 은행이다 보니 장기비전에 따른 투자엔 소홀한 측면이 있었기 때문이 아닌가 싶습니다. 이런 부분들을 보강하는 한편 경남은행이 갖고 있는 지역기업들의 영업관리 노하우는 부산은행이 배워야 할 부분이라고 보고 인력상호교류를 강화하고 있습니다.

Q 2020년 아시아 40위 금융그룹 진입을 청사진으로 내걸었고, 이제 외형상 전국구인데 지역금융을 계속 강조할 수만은 없을 듯합니다.

A 이미 인천, 대전, 대구, 구미, 광주 등에 지점을 내고 있긴 합니다. 하지만 모든 게 하루아침에 이뤄지겠습니까. 우리가 갖고 있는 내부

역량이 어느 정도 갖춰졌을 때 추가로 확장해야 한다는 입장입니다. 아직까지는 부산, 경남 기반 기업들의 전국 진출을 지원하는 수준이지요. 예를 들어 대전에 부산·경남 향토업체 50곳 정도가 나가 있습니다. 이들 기업이 보폭을 넓히는 데 함께하는 게 1차 전략이고 2차 전략은 현지 밀착 영업을 해야겠지요.

Q 전국 영업망을 갖춘 금융회사를 인수하는 건 어떤가요?

A 염두에 두고 있습니다. GS자산운용BNK자산운용을 인수한 것도 이런 맥락입니다. 더불어 명실상부 전국구 금융회사로 성장하기 위해 보험 쪽도 많이 들여다봤습니다. 하지만 당장은 우리 여건에 맞는 매물이 없어 보류한 상태입니다. 중요한 건 내실입니다. 경남은행과 시너지 효과를 잘 내게 만들어서 2015년 자산 100조 원, 당기순이익 4,800억 원 정도를 2~3년 연속 달성하면 당장 1조 원 이상의 실탄이 마련됩니다. 이를 바탕으로 충분히 괜찮은 금융사 인수를 고려해볼 수 있을 것입니다. 꼭 큰 은행보다는 자본을 건실하게 축적한 강소은행에 기회가 올 수 있다고 봅니다.

Q 해외 진출이 금융업계 화두인데요, BNK가 미얀마에서 이색적인 접근법으로 각광을 받고 있다고 들었습니다.

A 미얀마에서 한국 금융사들이 은행 인가를 못 받았어요. 미얀마는 은행이나 캐피털사 업무 구분이 안 돼 있다는 걸 알았습니다. 그래서 캐피털사 인가를 받고 오토바이 할부 프로그램을 운영하는 등 틈새 시장을 공략하고 있습니다. 불교국가는 빚을 안 갚으면 지옥 간다는

인식이 있어 연체율도 상당히 낮은 편입니다. 미얀마에서 가능성을 본 만큼 캄보디아, 베트남, 라오스 등에서의 영업도 좀 더 공격적으로 할 계획을 세우고 있습니다.

Q 핀테크Fintech 확산 등 금융환경이 급변하고 있습니다. 대규모 지점 확대보다 스마트금융이 대세가 될 것이라는 예상도 나옵니다.

A 이 같은 환경은 BNK에 당연히 기회입니다. 상대적으로 저희는 은행이 작으니 의사결정이 빠릅니다. 제가 행장이 되자마자 신금융사업본부를 만들어 전자금융, 스마트뱅킹 상품을 2년 전부터 시판했습니다. 요즘 텔레뱅킹 사기 사건으로 문제가 되고 있는데 이를 방지할 수 있는 FDS도 규모가 작으니 일찌감치 구축할 수 있었지요. 지금 들여다보고 있는 건 인터넷전문은행입니다. 현행법이 허가되면 바로 출범할 수 있도록 준비 작업을 거의 마친 상황입니다.

Q 30년 넘는 은행원 생활 끝에 최고의 자리에 올랐습니다. 후배들에게 들려주고 싶은 얘기가 많을 것 같습니다.

A 스스로는 잘난 게 별로 없습니다. 하지만 웬만하면 남들 못 해 본 일, 궂은 일을 택하려 애썼습니다. 제가 본점 근무를 상대적으로 많이 하다 보니 기획통으로 알려져 있지만 지점 발령이 날 때 일부러 작은 점포를 자원했고 IMF 외환위기 때는 부산리스 정리 작업을 자청했습니다. 2008년 금융위기 때 자본 확충을 위해 신용자본증권 발행을 해야 하는데 조건 맞추느라 애를 먹었고요. 그러면서 깨달은 건 '늘 위기는 온다, 대신 위기는 일종의 감기다, 그러니 조금만 징후가

보여도 대비하자'였습니다. 2000년대 중반 선박금융에 한창 치중할 때도 부산은행은 남들 돈 몰리는 곳은 가지 말자고 주장했는데 결과적으로 그래서 건전성을 확보할 수 있었지요.

BNK금융그룹은?

부산은행 모태로 출범 금융업 반세기
중국·미얀마에서 해외영업 본격 전개

모태는 1967년 설립된 부산은행이다. 부산을 기반으로 은행업 외에 투자증권, 캐피털, 신용정보 등 다양한 영역으로 손을 뻗쳐왔다. 2011년 지방은행으로서는 최초로 금융지주회사로 전환했다. 경남은행 인수전에 뛰어들어 한 식구를 만들면서 자산 규모는 100조 원을 넘어섰다. BNK금융지주 산하에 부산은행, 경남은행 '투뱅크' 체제로 운영된다. BNK금융은 신한·KB국민·하나·NH농협에 이어 국내 5대 금융그룹이 됐다. 한국씨티은행, SC제일은행도 가뿐히 제쳤다. BNK금융은 전국권으로 지점을 확대함과 동시에 해외 시장 개척에도 열심이다. 다만 2015년 6억 원의 적자를 기록한 BNK자산운용은 부실채권NPL 시장 진출을 추진하고 있지만 아직까지 이렇다 할 성과가 나오지 않았다. 2012년 지방은행 최초로 해외 영업점중국 칭다오을 연 데 이어 국내 금융회사 중 처음으로 미얀마에서 본격 영업을 시작했다.

성세환 회장은?

1952년생/ 배정고/ 동아대 경제학과/ 1979년 부산은행 입행/ 2011년 BS금융지주 부사장/ 2012년 부산은행장현/ 2013년 BS금융그룹 회장/ 2015년 BNK금융그룹 회장현

〈매경이코노미〉 2015.10.26

'투뱅크' 상품·서비스·스피드 차별화

종합금융그룹 도약하는 김한 JB금융 회장
광주은행 인수…틈새시장 공략으로 약진

    2010년 전북은행 자산은 불과 7조 원대였다. 그해 취임한 김한 행장은 이후 왕성한 인수합병 전략을 앞세워 전북은행을 순식간에 자산 37조 원의 서남권 대표 금융지주사인 JB금융으로 변신시켰다. 특히 2014년 매물로 나온 광주은행을 인수한 건 '신의 한 수'란 인정을 받았다. 지방은행을 전국구 금융회사, 나아가 해외 진출을 꾀하는 종합금융그룹으로 만들어보겠다는 복안이 제대로 먹혀들었다는 평가다.

Q 2010년 행장 취임 후 전북은행에 엄청난 변화의 바람이 몰아쳤습니다.

A 행장 취임 초기에는 지방 금융사의 장단점, 즉 '내가 누군지 알아야 한다'는 데 많은 시간을 보냈습니다. 지방은행이 대형 시중은행과 경쟁해 대기업 상대 영업을 할 것도 아니고 그렇다고 해외에 나가 막대한 자본금을 쏟아부으며 영업할 수도 없습니다. 그렇다면 틈

새시장을 찾아야 하는데 두 가지가 보이더군요. 서비스와 스피드입니다. 전북은행장 취임 후 제일 먼저 한 일은 '페이퍼리스Paper Less' 시스템 구축입니다. 종이 문서를 없애고 결재 시스템 전산화를 통해 의사소통을 보다 빠르게 할 수 있게 만든 거지요. 규모는 작지만 지주사 전환을 빨리해서 자본 확충 여력도 늘렸고요. 이를 바탕으로 M&A에 나서면서 비은행 계열사 비중을 높였습니다. 결과적으로 JB금융 네트워크를 통해 은행 외에도 다양한 금융 서비스를 쉽고 빠르게 받을 수 있게 됐습니다.

Q 지역 기반 금융지주사인데 최근 수도권에서 전북은행과 광주은행 간판을 많이 볼 수 있습니다.

A 서비스 차별화가 가능하기 때문에 하는 겁니다. 전북은행, 광주은행 서울 지점을 보면 목 좋은 1층에는 거의 없습니다. 2층에, 그것도 직원 4~5명의 소형 점포로 운영됩니다. 주로 담보대출, 신용대출을 하는데요, 외부에서는 그렇게 해서 영업이 되겠느냐 하는데 영업이 잘됩니다. 대기업을 제외한 일반 직장인이 시중은행에 가면 특별히 대우를 받을 수 있을까요? 은행권은 현재 상위 13%의 고객이 87%의 수수료를 책임집니다. 그러니 대형 은행들은 자산이 많은 고객부터 챙기지요. 전북·광주은행에 오면 누구든 제대로 대접을 받을 수 있습니다. 우리는 신규 고객을 발굴해야 하는 입장이니까요. 재미있게도 직원 1인당 매출액이 시중은행보다 높거나 어깨를 나란히 하는 편입니다. 대출 수요는 많았지만 원활하지 못했던 중소기업이나 중서민이 저희 핵심 고객으로 자리 잡으면서 나타난 결과입니다.

Q 지난해 더커자산운용에 이어 광주은행까지 인수해 화제가 됐습니다. 식구가 늘어난 만큼 이제는 PMI, 즉 인수 후 통합 작업에 힘을 기울여야 할 것으로 보이는데요.

A 전북은행과 광주은행은 통합하지 않고 투뱅크 체제로 운영하고 있습니다. 두 은행 모두 지역에서 이미 확고하게 자리 잡은 브랜드 파워가 있기 때문이기도 하고 영업 구역이 전혀 다르기 때문에 경쟁 관계를 유지할 수 있다고 봤습니다. 다만 두 은행 노조와 만나 "지금 호남 지역 인구는 계속 줄고 있다. 게다가 애매한 크기의 두 은행이

자산을 계속 불리는 대형 은행을 당해낼 재간이 없다. 살아남으려면 똘똘 뭉쳐야 한다. 비용을 줄이는 대신 순이익을 늘릴 방법을 찾아보자"고 말했습니다. 절박감이 통했는지 은행 간 공동망 운영, 공동 상품 개발, 연계 영업 등 자회사 간 시너지 효과를 내는 일에 노조도 적극 협조하고 있습니다.

Q 금융권 최초로 무기계약직과 일반직을 없애고 한 직급으로 신입사원을 뽑는 인사 실험을 한 것이 금융권 화제입니다.

A 은행은 통상 정규직과 비정규직으로 이원화해 채용해왔습니다. 그런데 처음 뽑을 때부터 정규직, 무기계약직 등으로 나눈다고 해서 정규직이 월등히 낫다든지 무기계약직 지원자가 능력이 떨어진다든지 그런 건 없습니다. 직급 차이로 인한 위화감을 없애고 또 신입 직원 고임금 구조를 조정, 채용 인원을 늘리는 식으로 바꿨습니다. 채용 방식도 이전 CEO와는 다르게 접근했습니다. 지역 대학에서 우수 학생을 추천해주면 거기서 신입사원을 주로 선발하게끔 했습니다. 이렇게 하니 대학들도 보다 공정하고 책임감 있게 학사 운영을 하더군요. 또 이 전형을 통해 선발한 인원들이 입사 후에도 큰 어려움 없이 적응을 잘하더라고요. 대학 추천은 스펙을 초월해 개인별 능력 중심 채용이 가능한 데다 은행 입장에서도 비용 절감 효과가 있어 일석이조입니다.

Q 4대 금융지주 중심의 거대 금융지주와는 분명 갈 길이 달라 보입니다. JB금융지주만의 갈 길은 무엇인가요?

A 호남 지역은 주로 농촌입니다. 농업이 사양사업이라고 보는 이도 있지만 우리는 오히려 기회가 있다고 봅니다. 6차 산업이라고도 불리는 농업은 알고 보면 할 수 있는 게 많습니다. 농업을 과학화하면 바이오산업의 근간이 됩니다. 농협이 할 일도 있겠지만 농촌 지역을 누구보다 밀착 영업해온 덕분에 바이오산업 펀드 조성, 농업 관련 해외 금융사와의 제휴 등에선 틈새시장이 보이더군요. 더불어 우리는 덩치가 상대적으로 작은 만큼 은행에 대한 의존도를 더 빨리 줄이고 계열사 간 연계 영업을 활발히 할 수 있다는 점도 차별화 포인트지요. 인터넷전문은행 컨소시엄에는 못 들어갔지만 핀테크 등 모바일 기반 신금융 시장에 적극 뛰어들 겁니다.

Q 금융권에선 해외 진출이 화두인데 지방 금융사의 해외 진출은 좀 달라야 하는 것 아닌가요.

A 해외 진출을 적극 검토는 하고 있습니다. 아시아 시장에 우선 진출하려 합니다. 성장 잠재력이 풍부한 베트남, 인도네시아 등이 1차 목표 국가로, 시장조사를 하고 있습니다. 국내 금융산업 ROE자기자본이익률가 5% 정도인데 동남아 국가 금융산업 평균은 20% 수준이더군요. 은행 대신 JB우리캐피탈을 앞세울 겁니다. 그 나라 대표 운송수단인 트럭, 오토바이 할부 등 해당 시장 현지화 상품을 마련할 수 있으리라 보입니다. JB우리캐피탈 베트남 대표사무소가 문을 열고 현지화에 성공한 후 은행 등이 진출하는 전략을 추진할 겁니다.

Q M&A 시장에서 왕성한 행보를 보여 왔습니다. 최근 유상증자도 마무리 짓고 하니 시중에 매물로 나온 보험사, 증권사 인수전 때마다 이름이 거론됩니다.

A 물론 관심이 없다고 하지 않겠습니다. 하지만 원칙은 간명합니다. 경쟁이 붙어 비싼 가격에 사야 하는 매물에는 관심을 두지 않을 겁니다. 또 저희가 갖고 있지 않은 금융 분야, 그러면서도 관계사들과 시너지 효과가 있는 금융사라면 들여다볼 용의는 있습니다. 특정 업체 인수전 때마다 이름이 오르내리지만 공식적으로 관심을 갖고 검토하는 곳은 당장은 없습니다.

JB금융그룹은?

중서민·중견기업 전문 금융그룹
모태는 1969년 설립 전북은행

전라북도 지역을 기반으로 한 은행으로 2011년 8월 수익 다각화를 위해 자동차전문 할부금융업체인 JB우리캐피탈을 인수했다. 2013년 7월 전북은행을 모태로 서남권 최초의 금융지주사로 출범했고 지주 출범 이후 2014년 초 더커자산운용^{현 JB자산운용} 인수에 이어 우리금융 민영화 일환으로 매물로 나온 광주은행 인수전에 뛰어들어 한 식구로 만들면서 전북은행, 광주은행, JB우리캐피탈, JB자산운용 등 4개의 자회사를 둔 총자산 37조 원의 중견 금융지주사로 성장했다. 전북은행, 광주은행 투뱅크 체제를 통한 자회사 간 연계 영업과 공동상품 개발, 중서민·중견기업 특화 등 그룹의 시너지를 극대화할 수 있는 다양한 방안을 추진 중이다. 2015년 4월 은행권 최초로 핀테크 경진대회인 '飛上'을 개최, 수상 업체와의 협력, 핀테크 스타트기업 육성 등을 중점 추진 전략으로 삼고 있다. 전북은행은 2016년 캄보디아 은행_{PPCB}을 인수했다.

김한 회장은?

1954년생/ 서울대 기계공학과/ 예일대 경영대학원 석사/ 대신증권 상무/ 삼일회계법인 메리츠증권 부회장/ 전북은행장/ 2013년 JB금융그룹 회장^현